ECONOMICS OF
INTERNATIONAL BUSINESS
A NEW RESEARCH
AGENDA

经济学名家译丛

经济学名家译丛

ECONOMICS OF INTERNATIONAL BUSINESS A NEW RESEARCH AGENDA

〔英〕马克·卡森 著
（Mark Casson）

肖光恩 译

国际商务经济学
一个新的研究议程

北京大学出版社
PEKING UNIVERSITY PRESS

北京市版权局著作权合同登记　图字:01-2007-4073
图书在版编目(CIP)数据

国际商务经济学:一个新的研究议程/(英)卡森(Casson,M.)著;肖光恩译.
—北京:北京大学出版社,2011.5
　(经济学名家译丛)
　ISBN 978-7-301-18862-0

　Ⅰ.①国…　Ⅱ.①卡…②肖…　Ⅲ.①跨国公司-企业管理-研究
Ⅳ.①F276.7

中国版本图书馆CIP数据核字(2011)第081683号

Original edition, entitled ECONOMICS OF INTERNATIONAL BUSINESS, A NEW RESEARCH AGENDA, 1-84064-355-2, by Mark Casson, published by Edward Elgar Publishing Limited.
Copyright © 2000 by Mark Casson.

书　　名:	国际商务经济学——一个新的研究议程
著作责任者:	〔英〕马克·卡森　著　肖光恩　译
责任编辑:	马　霄
标准书号:	ISBN 978-7-301-18862-0/F·2780
出版发行:	北京大学出版社
地　　址:	北京市海淀区成府路205号　100871
网　　址:	http://www.pup.cn
电　　话:	邮购部 62752015　发行部 62750672　编辑部 62752926 出版部 62754962
电子邮箱:	em@pup.cn
印　刷　者:	三河市北燕印装有限公司
经　销　者:	新华书店
	730毫米×1020毫米　16开本　18.75印张　365千字 2011年5月第1版　2011年5月第1次印刷
印　　数:	0001—3000册
定　　价:	48.00元

未经许可,不得以任何方式复制或抄袭本书之部分或全部内容。
版权所有,侵权必究
举报电话:010-62752024　电子邮箱:fd@pup.pku.edu.cn

献给珍妮特——纪念我们结婚二十五周年

中文版序言

我怀着无比激动的心情为《国际商务经济学》这本书的中文版撰写新的序言。中国不仅是一个快速发展的经济体,而且也是进行国际商务研究的最好地方之一。中国的学者,无论是在中国国内工作还是在中国之外的其他地方工作,目前在国际商务研究的许多领域中都处在比较领先的地位。因此,我非常高兴这本书在中国能吸引很多学者的兴趣。

正如《国际商务经济学》英文版序言中所强调的,本书主要有两个重要的作用:一是列举了我在国际商务经济学方面的研究议程;二是解释我这个研究议程在整体上是如何满足专业研究议程的要求。因此,本书从一个独特的视角反映了国际商务经济学的基本原理和本质。

在20世纪70年代初期我开始研究国际商务时,就曾遇到过一个重要的知识挑战:如何解释在国际资本流动统计中显现的对外直接投资国际化方式,尤其重要的是如何解释美国高科技跨国企业在战后显著增长的现象。现实中存在一个明显的悖论:根据国际资本流动的新古典主义经济学的标准理论,资本流动应该是从利润率低的国家向利润率高的国家单向流动。然而,在实践中对外直接投资却是双向流动的,也称之为"双向移动"效应;同时,典型的对外直接投资流动的平衡是从利润高的国家向利润低的国家流动,而不是正好相反。

对于这种悖论,解释的关键在于要认识到对外直接投资转移的是知识而不是资本——资本仅仅是作为知识控制权及其保留的所有权的一种工具而被转移,知识则是双向流动的,因为存在着许多不同类型的知识,完全有可能的是一些类型的知识是单向流动的,而另一些类型的知识则是以相反的方向流动。这些命题可以归纳为对外直接投资是知识在企业中的"内部化"流动。因此,回顾到20世纪70年代国际商务理论研究的初期,就存在一个经验性事实,特别是由对外投资统计所提供的一个经验事实,它指导了理论发展的方向。因此,国际商务理论要求与经验事实具有高度的相关性,这也是它区别于其他社会科学,尤其是新古典主义经济学理论的重要特征。

同样的,本书在写作中注意保持了与经验事实的高度相关性。必须承认的是,对外投资统计无论是在范围方面还是在精确度方面都是有限的;同时必须承认,在国际商务研究中定性事实和定量事实都是重要的。然而,尽管如此,国际商务理论必须保持与事实相关的特征,这一点很重要,这也是本书所论述的理论的一个重要特征。本书中的理论不是"为了理论而理论",而是用于解释跨国企业的行为以及对外投资流动量的大小。

内部化理论一个关键应用就是:当一个企业第一次进入海外市场时,这个企业就必须有一个可供选择的策略范围,其中一些策略涉及出口,另一些策略涉及当地生产;一些策略涉及所有权,而另一些策略则涉及基于各自利益的合同安排,如许可证或特许专营;一些策略涉及伙伴企业,另一些策略则不涉及企业伙伴。内部化理论则为研究企业市场进入决策提供了动力,而且在过去的十多年中收集了一系列令人印象深刻的事实,这些事实都是关于来自不同国家的企业在不同东道国所做出的进入策略或者是在不同行业所做出的进入策略的。解释所有的这些结果则是国际商务理论研究的另一个重要挑战。为了全面地说明所有这些复杂性,就需要一个"系统的方法"。这本书的主要目标之一,就是找出一个研究国际商务的系统方法,并解释这种方法是如何使用的。在目前现有的文献中,这种方法被认为是能正确地预测市场进入的主要方式。

企业一旦进入市场,它就有一系列市场发展策略的选择空间,这个策略选择空间包括从市场快速扩张到市场统治,再到从市场中退出。实际上,一个理性的跨国企业管理者在最初进入市场时就要能预见这种"实物期权"。这种卓识远见的重要性在于当随后的策略需要改变或者撤销时,企业的管理者能决定对一个已选策略所承担的责任。因此,在进入市场时可供一个企业选择的"实物期权"的空间,不仅影响到企业后续的市场扩张策略,也影响到它的市场进入策略。"实物期权"对市场进入策略和后续市场增长的影响也是本书所要论述的又一个重要主题。

当然,假定管理者完全理性这一点是很容易做到的,但困难的是对这些假定的证明,即完全理性的假定就意味着经理人可以自由获得他所需要的相关信息。在实践中,与市场进入过程相随的却是高度的不确定性,因为企业的管理者通常对他所即将要进入的市场并不是很熟悉,管理者不熟悉新市场的一个重要原因是搜集这些市场信息是有成本的。如果搜集市场信息是无成本的,那么企业管理者在做出进入该市场的决定之前则会尽可能多地搜集该市场的相关信息。这实际上意味着做出进入市场决策时就不存在不确定性了。

然而,在实践中信息都是有成本的——事实上这种成本如此高昂,以至于一个管理者在做出决策之前要搜集到需要的所有信息通常是不现实的。一旦信息是有成本的,则更有必要对合理性进行界定,不是根据搜集到可供选择的所有信息来界定,而是根据进一步搜集更多信息的边际收益大于其边际成本的要求来界定,即满足在均衡点之上时的要求。然而,这种计算要求企业管理者能根据增加一单位信息对优化决策的贡献,来评价其所带来的价值。把"实物期权"理论与信息成本理论结合起来,就可以计算增加一单位信息所带来的价值。因此,信息成本理论的发展及其在国际商务决策中的应用就成为本书所要论述的另一个重要主题。

理性的企业管理者都在竭力平衡一个决策做出之后所带来的预期价值与信息成本之间的关系。理论表明这种理性的管理者不仅要使信息的成本最小,而且还要根据特定的顺序来搜集特定的单个信息。企业管理者首先通过搜集最有价值的信息,来使做出一个给定决策所需信息的预期总成本最小化。本书解释了在一个企业内部搜集信息的顺序如何对企业管理结构及组织行为产生影响,进而分析其对跨国企业的管理结构和组织行为的深远影响。

对一个企业管理者而言,减少信息成本最有效的一个方法就是获取二手信息,而不是亲自调查有关的所有信息。加入社会网络是获取二手信息最有效的一个策略,而与其他企业建立伙伴关系则是第二个有效的策略。然而,与竞争对手建立伙伴关系可能是很危险的,因为竞争对手可能运用与你共享的信息来窃取你的消费者或供应商。因此,最为重要的是能够信任一个伙伴企业。有很多不同的理由能说明为什么伙伴企业是值得信赖的,其中一个理由是它们并不是直接的竞争对手,另一个理由则是两家企业都属于某些集团,集团的所有成员将惩罚欺骗集团内其他成员的任何一个企业。因此,对社会网络和合作伙伴协议有很好的理解,对于解释企业在何时何地加入社会网络和建立合作伙伴进而达到信息共享是极其有用的。社会网络与合作伙伴联盟与国际商务行为的相关性则是本书要分析的最后一个重要主题。

我希望中国读者能从我对国际商务理论最新研究的融合中获取一些收益。同时,我也希望我的这种理论融合能进一步激励中国读者运用一些最新的经验事实,也许包括一些中国的跨国企业以及在中国投资的外国企业的经验事实,来亲自检验国际商务理论的一些结论。我还希望这能进一步激励中国青年学者这一令人钦佩的学术群体,能沿着本书所提出的路线在国际商务理论未来的发展中做出重要贡献。

马克·卡森
雷丁大学
2008 年 2 月

中文版序评 | 马克·卡森：国际商务经济理论研究的集成者

陈继勇（武汉大学经济与管理学院院长、经济学教授、博士生导师）

马克·卡森教授是国际知名的跨国公司经济学家，也是跨国公司内部化经济理论的重要拓展者之一，他为国际商务经济学理论的建设和发展做出了杰出贡献。

1975年夏，马克·卡森和彼特·巴克利一起参加里查德·科恩的公司聚会而受到启发，在返回雷丁和布拉德福德的路上，他们决定合作研究跨国公司内部化理论，在约翰·邓宁和鲍勃·皮尔斯教授的帮助下，1975年9月，他们合作写出了《跨国公司的未来》一书的初稿，并分别在雷丁大学和布拉德福德大学做了交流，受到理论界的好评。著名的麦克米伦出版公司于1976年分别在伦敦、贝辛斯托克、德里、香港、东京、纽约、新加坡、墨尔本等地同时出版发行了《跨国公司的未来》(全书正文不足一百页)一书，该书随后于1978年重新印刷发行，此书现已成为跨国公司理论的经典之作。该书最大的理论贡献是把科斯在1937年提出的内部化概念应用到企业的国际化经营活动中，同时，他们对中间产品市场内部化和知识产品市场内部化做了详细的分析，并对传统企业经济理论的两大重要假设"利润最大化"和"完全竞争"做出了修正；把企业经济活动分为研发、初级生产、终级生产和市场营销四个阶段，中间产品和知识产品的特性使内部化分别发生在初级生产和终级生产阶段之间以及研发与生产阶段或市场营销阶段之间，从而把企业边界从国内扩展到国外，企业进而成长为跨国公司，并成为国际商务活动的主体。实际上，他们认为跨国公司就是企业经济活动在全球地理区位上的最优组合。

随后马克·卡森和彼特·巴克利开始了长达几十年的合作，共同致力于研究跨国公司一般经济理论。但是马克·卡森研究的领域更加广泛。1979年，马克·卡森出版了《跨国公司的替代理论》一书。在这本书中，马克·卡森把企业理论、赫克歇尔-俄林(HO)贸易理论和资本流动进行了合成,提出 HO 垂直一体化理论和 HO 水平一体化理论,用这两个经济学模型解释企业对外直接投资、技术转让、国际贸易和资本流动等几种国际商务活动。这是马克·卡森对跨国公司经济理论进行的第一次综合,它有别于约翰·邓宁的生产折中理论。

从 20 世纪 80 年代开始,马克·卡森把跨国公司理论研究拓展到社会科学领域。1982 年,马克·卡森出版了专著《企业家:经济学理论》,他把熊彼特的创新理论和奥地利学派的企业家理论进行了合成,并把它们融入企业理论之中,用企业家精神来解释企业的商务行为;1987 年,马克·卡森出版了专著《企业与市场》,他把企业理论与市场理论进行了融合;1990 年,马克·卡森在《企业与竞争力》一书中用系统的观点正式把企业家精神理论融入国际商务活动之中,强调了企业文化和信用对国际商务活动的重大影响,开始把跨国公司理论研究由单纯的经济领域扩展到社会科学领域;1991 年,马克·卡森在专著《商业文化经济学》中分析了领导力、合作协调、工作团队和社会司法制度对国际商务活动的影响,开始了对一些社会活动的经济学分析,并把这些研究结论应用到国际商务领域之中;1995 年,马克·卡森在专著《企业家精神与商业文化》和《国际商务组织》中,分别对国际商务活动中的企业家精神、信用、信息成本和金融网络等进行了经济学建模,同时把它们与跨国公司理论进行了合成分析;1997 年,马克·卡森在《信息与组织》一书中把信息经济与国际商务理论结合在一起。总之,在这一阶段,马克·卡森教授用社会科学的一些理论对跨国公司理论进行了补充与合成,使跨国公司理论具有更全面、更深入的社会经济学解释。

2000 年,马克·卡森对跨国公司理论进行了回顾与展望,出版了《国际商务经济学:一个新研究议程》,这本书是他二十多年来研究跨国公司经济理论的集成与发展,是一部国际商务经济学理论研究的力作。这本书具有以下几个重要特点:一是归纳了跨国公司理论合成研究必须考虑的重要因素,例如,弹性需求与跨国公司地理边界、弹性需求与跨国公司内部结构以及企业弹性与区位弹性之间的互动关系等;同时,还指出了未来国际商务经济学理论研究的重点内容和研究方向。二是以内部化理论和全球系统的方法为基础,建立了国际商务活动的一般理论,这些理论解释了跨国公司的主要国际商务活动行为,如国际贸易、技术转让、国际投资、国际并购、跨国研发和跨国市场营销等行为,都是解释力很强的国际商务经济学理论。三是用其他社会科学的理论分析了跨国公司国际商务活动行为,例如,从有限理性、学习和记忆经济学、信息经济学、企业家精神等视角分析了跨国公司的国际商务行为,把国际商务经济理论研究扩展到社会科学领域。四是实现了跨国公司理论的动态化,使跨国公司的国际商务活动行为有可预见性,例如,把实物期权理论纳入到国际商务活动决策,使跨国公司商务行为有可预见性;用企业家精神和具有企业家精神的网络来分析跨国公司国际商务活动,可以预测国际商务活动演化的一般规律。五是研究方法的多样化和综合化,使国际商务理论具有很强的兼容性和说服力。因此,本书是马克·卡森教授研究国际商务理论的集成之作,汇集了他几十年来研究国际商务理论的精华。

虽然这本著作在国外出版已经十年了,其中有些理论观点甚至发表在几十年之前,但它们对我国国际商务理论研究仍然具有重要意义。目前,我国理论界对开放经济理论的研究主要集中在国际贸易、国际金融和国际投资领域,而且这些领域的研究之间缺乏内在联系,即各自成为独立的理论体系;同时,这些领域的研究对象主要集中在国家层面和产业层面,即我国对外经济开放理论的构建主要以国家或产业为基础。尽管我国在国际商务经济理论研究方面取得了很大的成绩,但到目前为止,还没有出现以企业作为微观主体而且把企业研发、生产、市场分销或营销、对外直接投资等多种经济活动融合在一起的理论,也没有出现把企业家精神、信用、商业文化、领导力、信息经济学和认识理论等社会科学的知识与国际商务理论进行融合的理论。因此,有远见的北京大学出版社组织翻译出版这本著作,对我国国际商务理论研究将起到重要推动作用,有兴趣的中国学者、企业家、政策制定者和其他社会实践者肯定会从中受到启示。

2010 年 9 月于武汉大学枫园

前言与致谢

为什么要写这本书？可以用几个不同的理由去解释，但也许更为重要的是要解释读者为什么应该阅读这本书。我个人认为这本书是 21 世纪国际商务研究领域中一个新的宣言。我相信还有许多作者也会采取同样的方式在新千年的 21 世纪中竭力宣传他们自己的著作。然而，真正的事实是，无论是否存在新千年，这本书都会被完成。而且，我还认为，这本书是我五年前出版的《国际商务组织》一书的续集，这可能是部分事实。遗憾的是，很少有续集能像原著一样好，因为续集通常都是江郎才尽的人写出来的。我希望对本书而言不是这样，但读者可以自己做出判断。

我认为写这本书完全是出于我自己的利益需要，这也可能是撰写一本书的最差理由之一。当然，除了对本书的最终书稿做进一步的修饰和对一些遗失参考文献进行补充的枯燥工作之外，这本书的写作还是让我获得了很多心灵的享受。就我而言，写作就是一种"治疗"方法，尽管我的家人不这样认为——他们认为写作只会强化我"不善社交"的缺点。但我并不是想对读者说——正如傲慢的经济学家们经常所说的那样——"我之所以写这本著作，是因为我喜欢写作"。除了"治疗"的需要外，我写这本书还是因为在过去的五年中我撰写了大量不同方面的论文或文章，这些论文或文章很有逻辑地表达了我对国际商务最新发展趋势的一些综合性观点。我认为这些观点在单一的论文或文章中并不能充分地表达。因此，要充分地表达和发展这些观点，就需要用一本书的篇幅来阐述。

尽管不是全部，但本书中的大多数内容都是根据我以前发表的论文而完成的。在准备出版这本书的过程中，我对书中的许多题材都进行了重新撰写和修改，还有一些原创性论文是与他人共同写作的，我非常感谢这些合作者贡献出的卓越智慧；同时，我也感谢他们同意以书的形式对他们的著述进行修改和出版。

这些合作者的名字列在本书的目录中以及本书个别章节的标题之下；我还要感谢这些原创论文的出版单位的合作。

本书的第三章和第七章所论述的所有内容在此之前并没有出版发表过，但本书的第一章、第二章、第四章、第五章、第六章、第八章和第九章所论述的内容都是在以前出版的论文的基础上进行修改的。国际商务专业的许多同行对本书的书稿提出了许多评论，我特别要感谢以下这些同行的支持和鼓励，同时也感谢他们的建议和批评。他们是分别是 Tom Brewer, John Cantwell, John Dunning, Jose Paulo Esperanca, Peter Gray, Stephen Guisinger, Bruce Kogut, Ram Mudambi, Bob Pearce, Filipe Ravara, Alan Rugman, Ana Tavares, Christine Weisfelder, Eleanor Westney, Bernard Wolf 和 Bernard Yeung。我也要感谢 Gunnar Hedlund 所贡献的智慧，然而他过早的离世对国际商务专业领域来说是一个巨大的损失。我和他都对跨国公司组织具有相同的强烈兴趣，尽管我们用不同的方法论、从不同的视角对同一个主题进行研究。每当我们相遇时，我们总能围绕这一主题深入地进行讨论。现在，他的很多朋友也都在深切地怀念他。

构成本书基本框架的基础是我以前发表过的论文，但我对这些论文都进行了大量的修改或重写。

第一章来源于 Peter J. Buckley and Mark C. Casson (1998) "Models of the multinational enterprise", *Journal of International Business Studies*, **29**(1), 21—44。

第二章来源于 Peter J. Buckley and Mark C. Casson (1998) "Analysing foreign market entry strategies: extending the internalisation approach", *Journal of International Business Studies*, **29**(3), 539—561。

第三章的内容完全是原创性的(在以前并没有发表过)。

第四章的内容主要来自于 Mark Casson and Nigel Wadeson (1999) "Bounded rationality, meta-rationality and the theory of international business", in Fred Burton, Malcolm Chapman and Adam Cross (eds), *International Business Organization: Subsidiary Management, Entry Strategies and Emerging Markets*, London: Macmillan, 119—140。

第五章是对我的 "The organisation and evolution of the multinational enterprise: an information cost approach", *Management International Review*, **39**(1), 1999, 77—121 一文的修订版。

第六章的内容基于 Peter J. Buckley and Mark C. Casson (1996) "An economic model of international joint venture strategy", *Journal of International Business Studies*, **27**(5), 849—876。

第七章是1998年提交给牛津圣·安东尼学院经济与社会研究理事会(ES-

RC)举行的国际经济学研究学会年会的一篇论文 Mark Casson and Mohamed Azzim Gulamhussen(1998)"Foreign direct investment and real options: implications for globalisation and regionalism"的精简版。

第八章是1988年10月7—10日在维也纳举行的国际商务学会年会提交的论文的修改版,这篇论文的另一个版本也是马克·卡森1999年出版的专著 *The Emergence of International Business*(London: Routledge/Thoemmes Press)中的导论部分的核心内容。

第九章是对"Entrepreneurial networks in international business", *Business and Economic History*, **26**(2), 1997, 1—13 一文的修改和扩展。

第十章的内容主要基于 Mark Casson and Sarianna M. Lundan(1999)"Explaining international differences in economic institutions: a critique of the 'national business system' as an analytical tool", *International Studies of Management and Organization*, **29**, Special Issue。

马克·卡森

目　录

第一章　跨国公司模型：一个新的研究议程
　　　　　马克·卡森　彼得·巴克利／1
　1.1　引　言／1
　1.2　一个新的研究议程／3
　1.3　"黄金时期"的结束／7
　1.4　波动性与对弹性的需求／8
　1.5　探寻国家竞争力／9
　1.6　重塑竞争力的政策／11
　1.7　规避垄断的弹性／12
　1.8　企业的弹性边界：网络与合资／13
　1.9　弹性与内部化组织结构／15
　1.10　公司弹性与区位弹性之间的互动／16
　1.11　弹性与企业特定的竞争优势／17
　1.12　弹性的成本：建立信任／18
　1.13　西方跨国公司与"股东资本主义"／19
　1.14　新的分析技术：一个例子／20
　1.15　结　论／23

第二章　进入海外市场：内部化理论正式扩展
　　　　　马克·卡森　彼得·巴克利／28
　2.1　引　言／28
　2.2　理论的发展历史／29
　2.3　模型的建立／32
　2.4　模型的解／36
　2.5　结论分析／44
　2.6　结论及对未来研究的意义／46

第三章　企业的边界：一个全球系统的视角／51
　3.1　引　言／51

3.2　全系统视角的历史背景／53
　3.3　进一步的思考／55
　3.4　系统观点的更新／56
　3.5　模型概述／58
　3.6　部门区位和地理连接的关系／62
　3.7　内部化的优化："三角形问题"／65
　3.8　三角形问题的解决方法／67
　3.9　简化的范围／69
　3.10　一个数值化的例子／70
　3.11　应用／74
　3.12　模型的扩展／76
　3.13　结　论／78

第四章　有限理性、超越理性和国际商务理论
　　　　马克·卡森　内吉尔·瓦德森／81
　4.1　引　言／81
　4.2　有限理性是一个空箱子？／83
　4.3　理性究竟意味着什么？／85
　4.4　超越理性／87
　4.5　程序和管理常规／88
　4.6　记忆／89
　4.7　内部交流／90
　4.8　外部交流／92
　4.9　理性学习／94
　4.10　总结与结论／96

第五章　跨国公司的组织结构：信息成本的方法／99
　5.1　引　言／99
　5.2　信息成本与交易成本／101
　5.3　市场营销与采购对组织结构的影响／103
　5.4　中间产品流动的协调／105
　5.5　做市商型跨国公司／107
　5.6　信息经济学的原则／109
　5.7　合　成／111
　5.8　决断力：为什么时序性程序有选择值／112

5.9　运用相关性改善决策程序／115

5.10　记忆经济学／116

5.11　惯例与重新创造／118

5.12　症状和观测误差的控制／120

5.13　作为一种副产品的信息／121

5.14　路径依赖／123

5.15　劳动分工与交流／125

5.16　交流成本和权力分散／127

5.17　新信息技术／130

5.18　结　论／131

第六章　国际合资经营

马克·卡森　彼得·巴克利／134

6.1　引　言／134

6.2　国际合资经营的分类／135

6.3　策略集合／139

6.4　策略选择中的内部化因素／142

6.5　全球经济中的创新动态／145

6.6　国际合资经营选择的规范模型／146

6.7　市场规模和波动之间的相互作用／147

6.8　模型的应用：全球经济中的国际合资经营／152

6.9　模型的扩展／153

6.10　结果的普遍化／154

6.11　结　论／155

第七章　国际商务中的实物期权

马克·卡森　穆罕默德·阿瑞姆·库拉姆哈森／158

7.1　引　言／158

7.2　实物期权理论的基本原理／159

7.3　实物期权与金融期权的关系／161

7.4　技术分析／163

7.5　实物投资的时机：国际商务中合约期权的简单规则／168

7.6　不确定性需求的条件／171

7.7　投资的规模和撤销／173

7.8　作为实物期权的对信息搜集的投资／175
7.9　作为实物期权的国际合资经营／177
7.10　在国际枢纽中心的投资／179
7.11　跨国公司内部的生产弹性／182
7.12　广泛的应用：波动、信息搜集和弹性之间的关系／187
7.13　结　论／189

第八章　企业家精神与国际商务体系
——熊彼特和奥地利学派的发展前景／192

8.1　引　言／192
8.2　从国家视角到全球视角／194
8.3　熊彼特主义和奥地利学派的观点／195
8.4　熊彼特主义和奥地利学派观点的局限性／196
8.5　观点之间的互补性／197
8.6　国际商务体系的演进／198
8.7　图解分析／200
8.8　一些"历史的教训"／207
8.9　未来的研究／209
8.10　结　论／211

第九章　国际商务中的网络／214

9.1　引　言／214
9.2　网络的经济学方法／214
9.3　基本概念和定义／216
9.4　信息的质量／217
9.5　操作网络关系的情感机制／218
9.6　功能有益的道德价值观／221
9.7　重叠和相互锁定的团体／223
9.8　企业家精神：波动环境中的决策判断／223
9.9　企业家网络和国际贸易的增长／225
9.10　网络的几何形状／230
9.11　高层企业家网络的地理区位／231

第十章　结论:国际商务中的方法论问题
　　　　马克·卡森　萨瑞娅娜·M.伦丹/235
　　10.1　引　言/235
　　10.2　全球系统的视角——总结与重述/236
　　10.3　建模过程中的跨学科竞争/241
　　10.4　波特的分析框架/245
　　10.5　怀特莱的全球经济"国家商务体系"的方法/248
　　10.6　结　论/255

索　引/261

译后记/277

第一章 跨国公司模型：一个新的研究议程

马克·卡森　彼得·巴克利

1.1　引　　言

国际商务（简称 IB）是一门发展比较成熟的学科。目前它还有一份由三百多人构成的专业性研究团体——国际商务学会——出版的被其他社会科学家广泛引用的期刊——《国际商务研究》杂志。当然，在这一领域还有其他几个声名显赫的期刊。在《国际商务研究》第二次改版之后（Caves，1996），该杂志发表了大量的实证调查与综合性研究的论文。在第二个千年结束之际，国际商务的学术研究出现了一个很好的发展态势。

有时候发展到成熟，也意味着发展的停滞。这一点在一些产业的技术发展中有所体现。在国际商务研究这个"产业"中，智慧的发展也是这样的吗？大量的事实证明了这个观点。国际商务学中的许多核心概念可以追溯到20世纪60年代和70年代，在那个年代，跨国公司的扩张引起了社会和政界的高度关心和重视。可以搜集到大量的数据来说明社会各界对国家主权的强调、对国际资本流动的不平衡以及对美国技术依赖等问题的重视（参见联合国的一些例子，1973；美国关税委员会，1973；Vaupel，Curhan，1974），而对这些数据的解释极大地促进了国际商务理论研究的快速发展。此时，有一些学者用内部化理论来解释跨国公司（McManus，1972；Rugman，1981；Hennart，1982），特别是彼得·巴克利和马克·卡森（1976）运用内部化理论解释为什么美国生产领域的跨国公司主要集中在高科技行业。此后，邓宁（Dunning，1977）发表了著名的折中理论，他试图把内部化理论和海默-金德尔博格的方法（Hymer，1960；Kindleberger，1969）

综合起来(这一综合的方法在这一领域至今还占据着统治地位)。

上述这些理论都把主要力量集中在如何解释有关政治重要性这一主题以及新发现的一些事实之上。他们要求理论例证不仅要在逻辑上严谨,而且证据要非常相关;更重要的是强调这些理论对管理者具有重要的实践价值。

但也是从那时起,社会关注的重点发生了很大的变化,跨国公司的社会和政治影响不再具有争论性;政府以前积极地预防跨国公司对国家主权的威胁,但现在政府却运用税收减让和财政补贴等竞争性措施来吸引跨国公司投资。从20世纪70年代起,美国跨国公司的增长率基本保持不变,而且对美国跨国公司在全球统治地位的担心已经成为社会各界激烈讨论的话题。目前,跨国公司显然已经成为世界经济中一个重要的公共机构。

由跨国公司所引起讨论的激情不断地冷却,似乎也导致了国际商务理论创新的减少。尽管理论创新还在持续,但本质上目前这些创新只是对现有理论的完善,而不是根本的创新。许多跨国公司理论的最新发展都是来源于其他学科,例如经济学和管理学科的理论研究,而不是来源于国际商务学科的内部。

然而,跨国公司的持续变革对跨国公司的理论研究提出了新的挑战。本章将对20世纪70年代以来跨国公司的许多重要发展进行描述,在这些事实背后可以发现跨国公司变革的根本动力,也会发现需要用新的理论模型以更加精确、更加适合的研究方法来分析跨国公司的新变化。

这些新的国际商务理论模型必须以20世纪60年代和70年代已经建立的理论为基础,这些理论基础已经被证实是很坚固的。尽管这些已经建立起来的理论模型很好,但它们各自都限制在一些有限的范围之内,必须要有一个新的研究框架将已有的理论模型与理论创新结合起来,而且重点是必须能说明和解释本书中所描述的一些刚刚出现的问题。

本书对国际商务理论研究提出了一个宏大的研究议程,这个宏大的研究议程可能需要10年或更长的时间去完成。本章的1.2节和1.3节概括介绍了这个议程,这个新的研究议程必须反映全球化所释放出来的巨大经济力量;本章的1.4节到1.6节对这些巨大的经济力量进行了描述,并探讨了它们对公共政策的影响;1.7节到1.13节分别讨论了它们对跨国公司策略和结构的影响;1.14节对如何实践新议程的研究给出了一个例子;1.15节对本章进行了总结。

1.2　一个新的研究议程

这个新的研究议程主要由以下四个方面的内容构成,它们分别是:一是从以特定企业视角来研究跨国发展到以一般系统化的视角来研究跨国公司;二是分析波动性和信息成本对跨国公司组织机构的影响;三是把企业家精神理论与跨国公司理论联系起来;四是把以上这些理论嵌入更广阔的社会和政治背景之中进行研究。

新的研究议程中第一个主题主要是对从20世纪60年代和70年代就已经开始建立的跨国公司理论大厦的完善,这一理论研究主体的完善主要集中在对企业边界的研究上。跨国公司是指一个所有权和控制权跨越任何一个单一主权国家边界的企业。当代世界经济主要是由在不同市场中既相互竞争又相互合作的跨国公司群体所控制。巴克利和卡森的原创研究框架就是要解释如何划分跨国公司的边界,其长期目标就是要解释跨国公司在世界经济中如何来建立其全部的边界。简而言之,其短期研究目标的重点就是单一企业的边界是如何确立的。随后尽管有大批学者加入了这一特定领域的理论研究,但由于不同思想学派(Casson,1986)有不同的理论观点,这些后续的研究逐渐淡出了这一领域,目前面临的最大问题就是,这样一个特定的研究主题最终从公众视线中消失了。现在,正是理论界的同行重新返回这一研究框架的时候了,我们应该从这一重要研究主题淡出的地方重新开展深入的研究。

因此,为了广泛地突出这一理论研究主题,有必要将跨国公司理论放置于全球经济系统化的观点之中。尽管全球经济系统的行为可能比较复杂,但为了用清晰的逻辑思路来分析全球经济系统,我们有必要以更加严谨的方法来建立跨国公司理论。一个有价值的分析跨国公司策略的方法就是在离散变量之间进行理性选择,这一方法将在本书的第二章中进行详细说明。第二章将重点分析对跨国公司扩张至关重要的一个公司策略:外国市场进入策略。

第三章主要介绍全球经济系统理论。这一章不把跨国公司作为分析单位,而是把全球经济作为分析单位。从这个角度出发,跨国公司就是全球经济系统中的生产机构,更确切地说,在这个全球经济系统中,跨国公司之间既相互竞争,也相互合作。全球经济系统还包括许多非国家企业,同样的,在这些非国家企业之间、非国家企业与跨国公司之间也存在相互竞争与合作。从全球经济系统的角度来研究,将比仅仅研究某个独立的跨国公司获得更为广泛的经济预测。

新研究议程的第二个主题是如何理解跨国公司组织结构自20世纪70年代以来发生的巨大变化。像其他组织结构一样,为了更有效地满足当地需求,跨国公司把其授权的金字塔结构更加"扁平化",即分散跨国公司的经营决策权,通过去掉中间管理层把管理组织结构扁平化。在这样一个特定时期内,为什么扁平化的组织结构成为跨国公司流行的组织模式呢?在解决这个问题时,存在一个难题:尽管可以运用一般的经济逻辑来分析企业的边界,但是在国际商务领域,另一种比较流行的方法是运用社会学的概念来分析组织结构问题(Boyacigille and Adler,1998)。研究方法的差异产生了不幸的后果,因为把用这两种研究方法所得出的结论融合在一个理论知识框架之中是异常困难的。

解决这个问题的一种方法,就是将社会学的观点融入经济学之中。实际上,这种方法实现起来并不像看上去那样困难,正如本书第四章中所分析的那样,经济分析的基本原理远比经济学批评者所认为的更具有通用性。只要认识到两个重要的事实——决策者在追求经济目标的同时,也在追求非经济目标;决策者在获取对决策有用的信息时,也会产生成本——那么许多社会学的观点就可以包含在经济模型之中。这是因为,一个企业组织既允许个人满足非经济的需要,也会向组织中单个成员提供他所需要的信息;一旦信息成本和非经济目标纳入经济模型,构建企业组织经济理论的工作就会变得更加简单。

企业组织经济理论的一个重要观点就是:企业组织所处环境的波动方式或易变性是决定企业组织结构的核心。当企业组织结构要更有效率地适应环境波动方式的变化时,这种更频繁的波动就需要企业有更加"扁平化"的组织结构。在这种扁平化的组织结构中,授权者个人就会根据他们自己搜集的信息来决定自己的行动,因为他们不再向上级组织管理者咨询,即不再需要更高级的管理者。环境波动性的增加会导致信息搜集成本的增加,因此,扁平化组织结构对环境波动的反应是最有效率的。组织结构扁平化减少了信息成本,使内部信息流动更加经济。第五章将对这一点进行详细的分析,并重点研究波动性对跨国公司内部不同职能部门的不同影响。

此外,组织环境的波动还会带来其他影响。在一个易变的环境中企业弹性就显得尤其重要。跨国公司过去的决策会约束它对新信息做出反应的能力,因为解决这个问题所需要的有价值的资源或者充分利用市场的机会,受到跨国公司过去的决策结果的制约。将决策推迟到环境的不确定性因素消除之后也许才是明智的选择。这显然对跨国公司进入新市场有影响。例如,跨国公司通过合资方式与国外合作伙伴签订合约,以这种合资的方式来增加企业的弹性。如果没有企业组织环境的波动性,除当地政府对海外并购有限制的情况以外,很难解释为什么合资经营企业方式是完全所有权投资方式的首选替代制度安排。合资经营企业方式在跨国公司扩张中的作用将在本书的第六章中进行详细分析。

合资经营企业方式的价值在于它反映了企业的实物期权。决策者只有在获得所有信息之后才会做出决策,或者在做出决策后也很容易撤销该决策时,这样的决策才会反映企业的真实选择。第七章解释了波动性如何增加企业实物期权的潜在价值。它不仅反映在企业以何种方式来追求弹性或者是企业以何种方式来重建它的组织结构上,而且还反映在企业做出某种决策的方式上。特别的,如试探性投资决策就是对波动性的恰当反应,而大规模先发制人式的投资则不是一种恰当反应。这些对海外投资的时间选择和规模选择都有重要的影响。

对实物期权的分析把跨国公司理论研究从静态研究领域推进到了动态研究领域。因此,跨国公司长期动态分析就成为研究新议程的第三个主题。从长期分析的角度,跨国公司的增长和演化与自然科学知识的积累和商业化开发、文明社会的出现、法律体系的完善、运输与交流技术的进步以及国家层面与超国家层面政治一体化的发展等多种因素密切相关。对跨国公司长期动态的分析促进了社会科学向极限领域发展,并超越其极限。例如,尽管有人极端勇敢地宣称现代全球市场经济代表了"历史的终结"(Fukuyama,1992),但实际上有关资本主义危机的预言并没有实现。

然而,经济学分析工具的发展使得进一步彻底改进理论的愿望成为可能,其中的关键就是把以上描述的严谨的经济学模型与可信的经济事实来源联系在一起,而把国际商务理论应用到商业理论和经济学理论中就能做到这一点。上文已经提到,20世纪60年代积累的大量丰富的数据集合就是推动国际商务理论研究发展的重要诱因,大量的有关跨国公司的资料为此提供了丰富的潜在证据来源。一些学者认为跨国公司的起源可以追溯到几千年之前(Moore and Lewis,1999),另一些学者则认为现代跨国公司的原型就是17世纪的特许贸易公司(Carlos and Nicholas,1988)。然而,这些历史原型与跨国公司的现代形式之间只有很微弱的联系,当代跨国公司是直到19世纪末美国管理革命到达高潮时才出现的(Chandker,1977)。事实上,有关当代跨国公司演进的大量文献在维金斯(Wilkins,1970,1974,1989)的不朽著作中就已有充分的论述。

第八章则重点把理论研究与历史事实联系起来。尽管把理论与历史联系起来有很多种方法,但第八章只重点分析其中一种方法,即用历史的方法来分析企业增长通常能体现企业家的主导作用。与传统理论观点相反的是,该方法强调了企业家精神的作用,它认为企业家的个性特质比任何系统经济效应都更重要。然而,一旦认识到非经济动机和信息成本的重要性,就可以知道,许多这种具有鲜明特质的因素实际上反映了经济系统内部的基本力量。非经济动机的因素也能激励企业家甘愿冒险创新(Schumpeter,1934),尽管企业家的远见卓识能反映企业家使信息成本最小化的能力——这正是行业领导者明显的素质(Marshall, 1919;Knight, 1921)。

把上面所说的系统研究方法与企业家精神理论结合在一起,然后对世界经济长期动态发展过程进行建模,得到的理论模型重点突出了一个独立的具有企业家精神的当地化的项目与复杂的相互依赖的经济系统(每一个当地的项目都是这个系统中很小的组成部分)之间的巨大差异。解决这种巨大差异的一种方法,就是认识到成功的企业家并不是在孤立的社会状态下经营企业,而是作为社会网络中的一个成员去经营企业。这个社会网络向企业家提供所需的相关经济部门发展的信息。实际上,社会网络信息的重要作用,已经远远超过了企业家在建立社会网络中所起的作用。在建立国际贸易新渠道的过程中,社会网络也具有同样重要的作用。第九章从历史的角度来研究企业家精神在这方面的重要作用。

国际商务研究新议程的最后一个重要主题就是社会化网络结点的作用,它是把跨国公司置于社会和政治背景之下进行分析。尽管对跨国公司的经济分析常被认为使企业"去脉络化"而受到批判,但这是经济分析的最低限度的可能形式。本书前面的论述都假定信息成本和非经济目标的经济分析方式都包括了社会和政治体制,因此,这些假定对研究这些体制的运行方式以及体制中成员的行为方式具有重要的意义。

因此,认为不可能运用经济学的方法对跨国公司活动的社会和政治方面进行全面分析的观点是一个巨大的错误。实际上,事实正好相反。如果不用经济学的分析方法,就不可能对跨国公司的运行机制框架进行全面的分析,因为如果不这样做,就会失去很多重要的结论。第十章的内容就是一个例证,该章探讨了国家商业系统方面的内容。跨国公司虽然置身于母国的国家商业系统之中,但还要学会如何在东道国的国家商业系统中运营。第十章首先对不运用经济学分析国家商业系统成本的方法进行检验。结果发现,忽略经济学的观点将会导致错误结论;相反,只有在不同的研究中创造性地运用经济学的方法才有可能避免得出错误结论。这一章的重点是说明如何把跨国公司理论和国家商业系统方法结合在一起。

如果认为上述研究新议程可以分别实现的话,则可能是错误的。一些学者已经认识到议程的某些方面(如下文所述)。同时,如果认为这个研究新议程只不过是不同思想的一个汇总,这种认识也是错误的。这个研究新议程最大的特点就是运用一致性逻辑方法把这些要素建设性地结合在一起,这个研究新议程不仅仅是跨国公司理论发展研究的"预期清单",而且是把这些"预期清单"变成现实的可行性计划。在过去的15年中,这个研究新议程的不同内容已经在国际商务文献中逐渐而且独立地浮现出来。本书最大的目标就是用一个更为宽泛的视角把这些独立的研究成果结合起来,并清楚地说明如何把这些不相关或独立的思想或观点结合在一起。

1.3 "黄金时期"的结束

最初提出研究新议程的动机是出现在西方经济增长的"黄金时期"(Marglin and Schor,1990)结束之后。在西方经济增长的"黄金时期",通过联合国贸易和发展会议(UNCTAD)、欧洲经济共同体(EEC)和欧洲自由贸易联盟(EFTA)等关税同盟组织的推动,全球贸易自由化得到了极大发展。随着个人收入的普遍提高,对廉价耐用消费品的需求达到了历史最高水平。受到1973年石油价格的冲击,"黄金时期"突然终止,从日本和东南亚新兴工业化国家(NICs)进口的工业产品迅速替代了西方国家国内生产的产品,包括曾经是西方经济高速增长的几个"引擎"之一的商品——汽车。亚洲企业已经在很长一段时间之内系统地吸收西方的技术,并使这些技术适应了当地环境,这些事实开始令西方社会有所觉悟。尽管西方社会充分地感受到了国际技术转让和贸易自由化的结果,然而,对这些变化的认识和解释上的滞后,使得它们对国际商务文献的影响,直到20世纪80年代初才出现。

传统国际商务理论只解释向亚洲转让技术所造成的影响。然而,当前跨国技术转让机制与过去的理论研究所得出的结论并不相同,跨国技术转让除受西方国家跨国公司主动性的影响外,还受政府主动性的影响(Fransman,1995)。许可证协议和合资方式被广泛地运用,与跨国公司合作的当地企业通常都是东道国的"冠军"企业,一旦其掌握了国外的技术,这个"冠军"企业就会把该技术扩散到其他企业;当然,向其他大企业扩散技术还受社会网络、工厂之间的互访以及合作研究等因素的影响;向小企业扩散技术则受分包合同安排的影响,因为分包合同涉及大量的技术培训。同样的,小企业在"蓝图"和"反工程学"产品的技术窃取中也发挥直接作用。产品设计比产品技术更容易模仿,因为专利保护相对较弱,结果就导致模仿设计的扩散。

有很多因素导致了亚洲产品的价格优势。如贸易工会组织的弱化(是政治措施的直接结果)维持了工资竞争优势,并使工资处于市场出清的水平(Mirza,1986);范围有限的社会保障给勤奋工作提供了强大的激励;政府支出主要集中在诸如道路、港口、机场和电信等能大量减少中间投入成本(如运输)的基础设施上,在大规模集装箱码头上的投资,减少了向西方市场运输的成本;增加国内电信设施的投资,有利于使库存成本最小化的"即时"生产;开始提倡大规模生产,从而充分利用规模经济的作用;对国内市场的暂时保护有利于迅速增加产品需求,并开始商业性的出口;居民养老储蓄的强烈愿望,确保了国内消费需求并不会挤占长期的出口需要。

这一系列差异在亚洲国家与西方国家之间是显而易见的。在"黄金时期",西方国家的公共投资主要集中在"冷战"和建立"伟大社会"或"福利政府"之上,军事上的支出和对穷人的转移支付挤占了促进生产率提高的投资,即所谓的"即使提高税收,也不鼓励工作和冒险"。"公司经济"的理念使集体谈判和工会的合法罢工权利制度化。工资上涨和"额外雇工"增加了企业成本,特别是中间投入品,如高度一体化产业所提供的运输等成本。

当然,也有一些因素可以解释向亚洲转让技术为什么是如此成功,而向非洲转让技术却是如此的失败(向拉丁美洲转让技术的结果则介于这两者之间)。在非洲的前殖民地国家中,欧洲政府的无效率得到了充分的体现,其产业策略就是在它们的大工程项目中使用先进的科学技术,而不是推动现有技术向这些国家扩散或是对现有技术的改进(Ergas,1987)。与周边国家之间的竞争进一步鼓励政府通过贷款(一旦项目失败就不能偿还)来过度增加公共投资;海外借款除了被政治精英大量挥霍以外,也被用于战争,腐败增加了经济交易的成本;"向内看"的保护政策,扭曲了国内价格,并限制了农业的发展。由于国内市场增长速度缓慢,受保护产业并没有获得规模经济。当20世纪70年代西方国家的跨国公司再次出现萎缩时,为了集中和保护国内的市场,西方国家的跨国公司开始从非洲撤资。

国际商务理论发展的教训是显而易见的。在分析成功的技术转让时,仅仅集中在恰当方式的选择上还是不够的,正如邓宁(1997)所强调的,在比较对外经营方式的成功和失败时,要进行全面的分析,必须考虑诸如东道国结构、东道国政府政策和当地商业文化等区位要素。

1.4 波动性与对弹性的需求

显然,来自于亚洲的竞争,反映了商业环境中虽不明显但却很重要的变化——企业必须面对持续增加的环境波动。波动性是描述企业外部冲击规模和频率的一种方式,它反映了利润流波动的频率与强度。

波动增加了弹性的回报。弹性就是企业对外部变化迅速做出反应,并重新分配资源的能力。外部环境波动越大,企业弹性就越重要。在"黄金时期",经济环境波动在很多时候都是很小的。这种时代特征决定了当时的跨国公司理论研究的议题。

为什么"黄金时期"结束之后环境波动性开始增强了？其主要原因在于当时生产技术的国际转让增加了工业大国的数量,由此也增加了政局不稳、社会动荡的国家的数量。这些国家又对全球工业产品的供应产生巨大的影响。此外,贸易和资本市场的自由化也意味着冲击的"微波效应"比以前传播得更快更远(卡森,1995,第四章)。由于现代通信技术的发展,在"微波效应"传播的同时,新闻也在同步传播。因此,证券市场的投机泡沫就会迅速扩展到全球,在布雷顿森林体系崩溃之后,汇率波动就成为金融波动的新内容。

因此,现在的各国市场比以前任何时候都更多地受到干扰因素的影响,跨国公司在每个国家的分支机构都遭受到来自于整个世界的多重冲击。跨国公司在一个国家的分支机构,只对来自于该国家内部市场的冲击做出反应还是不够的,因为这些外部冲击还包括来自于新的进口竞争和出口市场竞争的威胁;同样的,这些冲击也给它们的相互合作提供了新机遇。由于认识到这种波动性的持续增加,人们开始寻求更具弹性的组织形式。

这种对弹性的寻求对单个企业和政府都产生了重大影响。政府对弹性的寻求,改变了跨国公司运营的政策环境。接下来的两节将重点分析其对国家政府的影响,随后几节则重点分析其对跨国公司的影响。

1.5 探寻国家竞争力

西方国家率先对"去工业化"和重工业"衰退带"的困境做出反应,这就是对"竞争力"的关注。对于什么是竞争力的真正含义,目前还存在许多争论(Buckley, Pass and Prescott,1988)。一些经济学家认为应该用李嘉图的比较优势概念来界定竞争力,工业生产竞争优势的丧失就是经济成熟发展的自然结果(Krugman,1996)。西方国家经济的优势不在于工业生产,而在于服务业。由于飞机旅行和电视广告的发展,日益增长的旅游和媒体娱乐等服务业的出口就变得更加容易;消费者对服务业的需求具有收入弹性大的特征。因此,服务业的长期发展前景被看好;此外,工业生产是资本密集型的,而服务业天生是劳动密集型的,因为服务业很难实现自动化。因此,一个国家要获得竞争力,劳动力就必须从制造业转移到服务业中去。为了消除摩擦性失业和结构性失业,只有增加劳动力市场的弹性,才能使这一转移过程变得更为顺畅。

根据这种观点,处于工业化初级阶段的亚洲国家应该充分利用劳动力市场的弹性,把劳动力从农业部门转移到工业部门中去。刚离开土地的第一代工人通常都很努力工作,尽管这一代工人没有太多的经验,但这对新工业部门(幼稚工业部门)生产率的提高却有很大的促进作用。如果这种弹性可以持续,工人就可以从工业部门转移到其他部门,例如从纺织部门转移到半导体部门,此时根据经济发展的梯度原理可知,来自于周边国家的竞争力会不断增加。只要日本经济保持足够的弹性,它就可以在与韩国和中国台湾地区的竞争中保持领先地位。所有这些都维持了亚洲经济发展的高速度。包括新加坡、日本和中国香港地区在内的几个亚洲经济体,目前已经完成了工业化生产阶段的竞争,正在向服务经济体转变。

有关竞争力的另一种观点则强调具有竞争优势的企业的特质。这种观点认为,在相同产业的不同企业之间的生产率差异很大,而比较优势理论是以某个产业中的代表性企业为基础的,因此忽略了这种差异(Thurow,1992)。有些企业具有很强的比较优势,而另一些企业则完全没有比较优势。该观点还认为,西方企业的主要竞争优势已经受到内部失败的严重削弱,但这不是说西方国家的工人已经失去了在工业生产中的比较优势,而是说西方国家的企业失去了处理这种情况的能力。

对企业特定竞争优势和国家特定比较优势的区分,从本质上来说是一个分析期限的问题。本质上,企业特定竞争优势是一个短期概念。因为企业特定竞争优势经常会过时,从而需要经常更新(巴克利和卡森,1976),因此,不能将其看成是长期的。如果一个国家在企业家精神方面具有比较优势,它就能通过创新不断更新企业特定竞争优势;而在企业家精神方面没有这种比较优势的国家就不能做到这一点。对因为企业特定竞争优势丧失就会导致国家竞争优势丧失这一观点的解释,从长期角度看,它类似于当地企业家精神比较优势丧失的观点。一个能系统地产生企业特定竞争优势的国家,通常都是在企业家精神方面具有国家特定比较优势的国家。

从这个角度讲,认为西方国家在工业生产和企业家精神两个方面都失去比较优势的观点,似乎是有道理的。尽管经济成熟是不可避免的结果,但机制失效和不适当的商业文化却是可以避免的。企业特定竞争视角与国家特定竞争视角之间的冲突,实际上就是两种观点的冲突,即国家特定比较优势是在工业生产层面上丧失得更多,还是在企业家精神层面上丧失得更多。持有企业特定优势观点的人(其中包括大多数国际商务学者),实际上隐含地认为,企业家精神的衰落是主要的问题,并且可以通过文化与制度方面的变革来纠正。世界经济日益增加的波动性和对弹性日益增加的需求,逐渐让西方国家企业家精神丧失的问题暴露出来。

1.6 重塑竞争力的政策

西方国家政府通过法律制度来重构劳动力市场的弹性。例如,在英国,商业工会(如二级纠察)的特权受到削弱,同时放松了对最低工资法的执行,个人获得失业救济的门槛不断提高。因此,企业可以用可预见的方法来对不确定性做出反应。现代工人最伟大的作用就是他们能够平滑就业需求的高潮和低潮,全日制工人现在可以按更有弹性的计时制来工作。为了规避国家法定的保险费成本,企业把许多工作分包出去,这种做法的日益流行,使得18世纪具有"商业革命"特征的"外包"制度得以重现。

私有化制度的推广,极大地提高了工业生产所需的中间产品供给的弹性。英国对重工业(钢铁)、公共交通业(铁路和航空)、民用业(电信、电力、煤气、自来水)等战略性产业实行了私有化,私有化允许企业把其外围产业出售出去,互补的产业也可以合并。因此,私有化的扩大改变了企业的范围。新的私有化企业可以并购其他新的私有化企业,或者与它们签订合资协议。规模较大的跨国公司可以进入许多民用行业,这些在第二次世界大战之后还是首次出现。

许多国家已经采取了很多措施来促进企业家精神的产生。如不断发展商业性教育,降低过高的所得税税率来鼓励冒险精神,鼓励成功的商业人士在公共事业中发挥重要作用,以此来提高企业家的社会地位等。政治家不断倡导具有竞争性的个人主义的价值观,不断削弱曾经是福利政府重要特征的组织和团结的价值观(卡森,1990,第四章)。

为了促进产品开发和基础科学研究的合作,大学与商业企业之间的联系不断加强。尽管这不能如想象的那样为国家直接带来经济利益,但在一个国家研究出来的产品,可能在另一个国家生产,甚至再出口到其研究发明的国家,与该国当地的产品进行竞争。跨国公司内部研究与开发(R&D)的分散化,在跨国公司内部产生了一个交易市场,转让在这个内部化交易市场中很容易受到影响(Pearce and Singh,1992)。因此,美国的跨国公司在英国拥有一个完全所有权的研究室,可以接受政府的资助用以研发一个新产品,然后在美国生产,再出口到英国。产品创新的利润增加了美国的国家利益——这就是瑞奇(Reich,1990)在许多不同的文献中所强调的一种效应。

在过去的十年中,政府提高竞争力的措施似乎取得了预期的成功。然而,不应忘记,一些欧洲跨国公司之所以成为推动"欧洲共同市场"产生的原因,本质上,不是由于这些欧洲国家的区位优势,而是由于欧洲共同市场的共同对外关税(而且这种情况还可能继续)。因此,对关税和就业补贴的考虑,对吸引亚洲汽车生产商到英国来生产起了重要作用;同样的,在美国生产的海外企业的优势之一,是它更易于利用当地的基础生产设施,从而设计出适应当地市场消费的产品。

在关税壁垒的保护之下,亚洲企业在西方国家成功生产的事实,说明持续增加的企业家精神能使这些企业获得特定的竞争优势。这些特定竞争优势的产生,一个重要的原因就在于内部劳动力市场的流动性,即弹性。在西方国家有一种趋势,即把劳动力的流动作为企业的一种内部市场,这可以从低工资中得到反映。与亚洲企业工人相比,西方企业很少提供特殊技能培训,其工人通常不是通才,这在生产车间中就表现得很明显。西方国家工人就业培训弱化的结果,就是对工人素质提高的忽视。工人不能进行最基本的机器维修,或者增加生产线时就不能互相帮助解决所面临的问题,因此,机器故障的维修时间就比较长。

总体上讲,亚洲企业更加注重把弹性作为一个生产问题,不仅是因为它们对劳动力弹性有很大的投资,而且还因为它们已经在有"弹性"的生产体系中投资了更多的设备,这些不仅表现它们在亚洲的工厂,而且表现它们在西方的工厂。

1.7 规避垄断的弹性

日益增加的波动性并不是产生对弹性需求的研究兴趣的唯一原因。当代文化也反对围绕一个垄断的权力中心去建立一个组织。例如,主张国家政府权力的观点就受到主张地方政府权力的观点的威胁,传统上国家政府提供国防的角色实际上就受到多边防务条约的约束,多边防务体系这个"独立政治俱乐部"就是一些国家政府为了特定目的集合在一起而组成的。苏联集团的消亡和一些成员随后重新结成的政治联盟,都可以看做是这种文化变革发生作用的例子。对垄断权力的不信任可以与其他形式的不信任联系起来,下面的分析将说明这一点。

对内部垄断权力的厌恶在跨国公司机构重组中也有明显的反映。跨国公司机构重组运动开始于20世纪80年代初期,当时有的高科技跨国公司关闭了功能强大的中央实验室,并把它转移到分支机构;有的则把中央实验室变成独立运营的供应商,从而与外部的研究机构如大学等进行直接竞争(Casson,Pearce and Singh,1991)。公司总部的官僚作风受到社会的广泛批评,随后跨国公司组织机构扁平化大行其道。最受欢迎的跨国公司形式就变成了共同享有内部专家服务支持的各个单独运行的分支机构之间的联邦形式,但是属于这个联邦的每个分支机构在它们需要时都能自由地享有专家服务支持的外部资源。跨国公司分支机构有时很难接受总部的服务支持,其结果必然减少跨国公司分支机构对总部服务的需求。因此,总部职员最终就成为多余的了。对跨国公司总部服务的需求减少,跨国公司在城市中心的官方总部就被出售,跨国公司总部再次被转移到中心城市外围的商业园区。

对任何一种流行趋势,一些倡导者都有可能走到极端。如在"黄金时期"流行的趋势就是垄断权力等级森严的跨国公司占据世界市场,而到了20世纪90年代,在世界范围内流行的趋势却是"网络公司"和"虚拟公司"。这类公司都具有的一个共同特点,即公司的边界是模糊的,由于在合资公司中资产份额的下降,这些公司会逐渐退出市场。不幸的是,关于模糊边界的观点通常是建立在模糊推理的基础之上的。模糊边界可以用不同的方法进行设定(正如下一章的论述)。本书提出的新研究议程将对模糊边界进行充分研究,并对每种特定情况下模糊边界的具体形式进行测定。

1.8 企业的弹性边界:网络与合资

"黄金时期"美国典型的跨国公司是垂直一体化和水平一体化的跨国公司。因此,企业的每个部门与其他部门之间的联系都被锁定。随着亚洲企业竞争的增加,对美国跨国公司这种结构模式成本的认识不断被深化。

在经济高速增长的年代,由于任何的投资都不可能撤回,对供给或需求承担特定供应的成本相对很低;而在经济增长低速的年代,生产转移到要素来源更便宜的地方,或者销售从某个萧条的市场中退出。因此,对弹性的需要通常并不鼓励企业一体化,不管是联系产品生产的后向一体化,还是联系产品销售的前向一体化。相反,分包生产和授权销售对企业来说都是较好的选择。实际上,分包生产与前文所述的"外包"生产有些类似,但本质上它们是有差别的,分包商是一个企业,而外包可能是单个工人。

许多企业对内部环境的不信任,导致企业向"去一体化"的方向发展。正如上述对内部垄断权力流行的担心一样,面对不断下降的产品需求,生产管理者并不愿意把所有产品都卖给单个销售者,销售者对从很少的生产管理者手中获得产品的供应权也很不满,每个销售者都担心其他销售者的竞争,同时把公司竞争力的丧失归结为企业之间的自私自利与无效率。每个分支部门都想从企业联合体中剥离出来,并独立地处理与其他商业伙伴的交易事务。另一方面,管理者对于断绝与其他分支部门的联系所带来的风险也持谨慎态度。

恢复信任最好的方法自然就是允许跨国公司的每一个分支部门独立地处理内部与外部的商业关系。根据内部化理论,内部市场更倾向于开放而非封闭(Casson,1990),这使得跨国公司分支部门的管理者有机会绕过其内部弱势或不具竞争力的部门,这就对内部价格转移造成了竞争约束,并阻止他们为了政治目的而滥用管理权,从而使内部转移价格与外部价格保持一致。此外,这种做法还有其他优势,如建立企业内部市场就切断了相邻生产阶段的生产设施之间的联系,结果就是这些生产部门还可以向其他厂商供应产品,因为它允许每一个单独的生产部门向外部市场提供产品,有利于生产部门实现规模经济。同时,也鼓励生产部门向有剩余产能的外部厂商购买产品。

内部价格与外部价格的一致,提高了企业内部各个分支部门的利润管理目标。企业根据分支部门利润而不是企业利润来对分支部门管理者支付报酬,管理层甚至可以购买公司的一部分;此外,企业还可以购买独立的企业来进行结构重组。这两种情况的净效应是相同的,即企业成为相互锁定的合资经营企业网络的一个中心(Buckley and Casson,1988)。各合资伙伴分别负责管理合资经营企业的日常工作。企业总部负责协调合资经营企业之间的联系。内部贸易从较差的合资经营企业转移到较好的合资经营企业,从而提供了价格和利润信号,较差的合资经营企业需要对这些信号做出反应。然而,合资经营企业网络并不像内部市场那样单纯,企业合作伙伴可以享受总部专家的支持服务,同时也可以享受集团其他部门专家的支持服务。

当然,跨国公司并不需要围绕一个单独企业来建立一个企业网络,相反,它可以在由独立企业构成的集团中建立企业网络。有时这些企业可能是相邻的,它就是经济学家所说的地区产业群,这些经济学家主要有百思特(Best,1990),波特(Porter,1990),罗格曼、克鲁兹和沃贝克(Rugman,Cruz and Verbeke,1995)等。例如"丰田汽车城"式的产业群,已被称为是亚洲弹性管理模式的一种创新,尽管几个世纪以来欧洲产业群的实践都很广泛(Marshall,1919)。当前,关税和运输成本的大幅下降,使得产业网络更加国际化,由长期合同安排所确定的中间产品贸易的动态增长,已经充分说明了这一点。例如,为了对短期汇率波动和比较优势的长期变化做出反应,并在不同供应来源之间进行选择,国际贸易公司把不同国家的独立供应商组成了一个网络。

研发(R&D)活动中同样也需要弹性。创新速度的提高使一项技术很快过时,因此,一个企业不会有足够的时间对一项技术做精益求精的改良。随着第二次世界大战以后的技术扩散,有能力实施技术创新的国家数量不断增加,创新速度日益加快,技术迅速淘汰的威胁逐渐加大。因此,企业理性的反应就是把研发投资的组合分散,同时对维持大量研发项目的成本进行限制,特别是对巨大固定投资的成本进行限制。基础研发成本的不断攀升,主要是因为专业技术人员的增加;而应用研发成本的增加则是为满足消费者保护法日益提高的保护标准而不断对全球产品进行改进。因此,解决研发成本不断增加这一问题,最适合的方法就是建立合资经营企业,即通过建立合资经营企业网络来扩展技术研发的范围,这样企业就能分散研发成本,而企业仍会控制一些新技术的知识产权。

科技的集成可以进一步强化合资经营企业的优势,例如,计算机、通信和复印的一体化,有利于基于互补技术而不是替代技术(Cantwell,1995)的合资经营企业建立企业网络。

合资经营企业之所以重要,主要在于它为项目运行提供了大量实物期权,可以根据项目的运行结果选择执行或放弃这些实物期权(Trigeorgis,1996)。合资初期阶段能提供在合资之前不可能获得的重要信息,这为今后进一步成功收购合资经营企业提供了机遇(而从来没有进行这方面尝试的企业一般不会有这种机遇)。因此,它比完全拥有产权或者完全不拥有股权的企业具有更多的弹性。

1.9 弹性与内部化组织结构

在一个波动的环境中,不确定性水平通常是很高的,但通过搜集信息可以降低这种不确定性。根据对变化反应的能力来定义弹性,调整期越长,反应成本就越低。一种"争取时间"的调整方法就是对变化进行预测。尽管没有人能对未来进行精确的预测,但对主要长期发展趋势进行诊断,利用现在和过去的信息,就能提高预测的准确性。因此,搜集、储存和分析信息,有利于降低可变成本,同时提高弹性。

另一种"争取时间"的调整方法就是尽早地认识到变化。因此,持续地对商业环境进行监测显然比间断监测更好,因为在改变发生之前可以尽可能地缩短潜在的时滞。持续监测比间断监测的成本高,因为它占用了大量的管理时间。

提高预测精度和更好地识别变化,主要表现为信息成本与调整成本之间的平衡。当环境波动很强时,这种平衡尤为重要,波动性高意味着要搜集更多的信息来增加弹性,同时也意味着需要雇用更多的管理者。这与通常所说的精简管理层来减少管理成本正好相反。

尽管企业需要精简管理层,但为了增加企业弹性,就必须改进企业信息成本与调整成本之间的平衡。改进平衡的方法主要有两种:一是采用新的信息技术,减少信息加工成本;二是在工厂和基础设施中通过增加设计或区位改变来建立弹性机制,由此降低调整成本。把信息技术投资和弹性工厂结合起来,就能解决许多跨国公司降低管理成本与增加企业弹性之间的矛盾。

由于策略决策所需要的信息可能分布在整个企业组织之中,因此,所有关键信息都由一个主管或者由一个总部管理团队来处理的方法,现在看起来就不再合情合理了。事先知道在什么地方能找到关键信息是不可能的,因此,每个管理者需要有能力对信息进行有效加工,并且有能力发现偶然获得的策略信息的重要作用,并拥有接触高层管理者的权限,以便能向其传达这些重要策略信息。换言之,普通的企业管理者需要成为内部的企业家。

然而,企业家如果不咨询其他人,往往很难获得充分的信息,因而不能做出一个非常好的企业决策。在传统等级制企业中,咨询权只是高层管理者的特权,如果普通管理者有权进行咨询,同时按照咨询结果采取行动,就需要增加企业内部的交流渠道,使水平交流和垂直交流更加容易,以便低层管理者能很容易地实现与高层管理者之间的交流和咨询。

一个自然而然的做法是使企业组织结构更加扁平化,鼓励在管理者之间建立网络,它有利于改进地方机构反应与总部策略聚集之间的平衡关系(Barlett and Ghoshal,1987;Hedlund,1993)。然而不幸的是,对扁平化的组织结构是否要保留一定的等级仍然存在争论。正如卡森(Casson,1994)指出的,管理者要有效地加工信息,通常要保留某种程度上的等级结构,因为波动来源越多,广泛咨询的作用就越大;在任意给定的情况下,基本波动的来源越不可预测,向任意地方组织机构进行咨询的动机就越大。在实践中,这就必然导致对弹性需求的增加。因此,最好的方式就是在扁平化的企业组织结构中保留某些基本的等级结构。

1.10　公司弹性与区位弹性之间的互动

企业对弹性的需求不仅激励企业在不同地区生产相同的产品,而且激励企业根据环境变化在不同地区之间转移生产。因此,即使企业在不同地方生产会以牺牲规模经济为代价,但多元化的供给中心已经成为跨国企业追求的目标。一些学者(De Meza and Van der ploeg,1987;Capel,1992;Kogut and Kulatilaka,1994)认为企业在不同地区转移生产,实际上是企业对实际汇率冲击的反应。其基本观点是,跨国公司可以运用它们在有关海外生产成本方面的信息优势,及其作为工厂所有者对企业产出水平做出计划而不是谈判磋商的能力,实现比单个国内公司更快的生产转移。

然而,这种企业策略的实施,必然要求企业提前知道最优的生产区位在哪里。如果难以预测哪里是最优生产区位,企业选择生产区位的灵活性可能会得以加强。尽管反应会有所减慢,但可选择的生产范围可能会扩大。如果短期波动在外资企业所面临的商业环境中占主导地位,跨国公司一体化就有利于提高企业价值(Allen and Pantzalis,1996);相反,如果长期波动在商业环境中占主导地位,则跨国公司的"去一体化"就更为有利。

如果企业在某一生产阶段追求弹性,则在相邻生产阶段也会对弹性产生很大的派生需求。所需求的这种弹性不仅涉及产品的生产方法,也涉及产品的运输。每个在上游阶段的工厂都必须有能力把产品直接运输到使用这些产品的下游阶段的工厂;因此,每个下游阶段工厂的区位必须接近其上游阶段的工厂。然而,有些生产区位可能比另一些生产区位更具有内在的弹性,因为它们可能处在运输网络结点上,这些工厂把产品运到不同目的地的运输成本很低。例如,如果生产是分散的,最终产品仓库的区位就应该选择在条件好的运输网络中心;对弹性的需求越大,就越要求把最终产品的仓库集中在这种网络运输中心(如东南亚的新加坡和欧洲西北部的里尔)。

对供应来源地有更强弹性要求的跨国公司,都希望把企业选择在当地的自由贸易区,即对进口贸易没有限制的地方;对扩大产品生产范围的弹性要求,有利于企业进一步发现那些具有丰富人力资源的地区;同时,信用很高的供应商网络也会增加企业的弹性。因此,为了提高商业信任度,企业必须把当地生产设置在一个法律公平的环境和商业信用很高的社会网络中。社会协调机制(制度)这些看不见的当地基础设施,或者丰裕的"社会资本"禀赋,都是跨国公司选择的弹性区位的重要特征。弹性不是跨国公司策略的唯一要素,区位优势构成要素也是公司策略的重要内容,而区位优势构成要素主要取决于当地的社会制度和文化特点。

1.11 弹性与企业特定的竞争优势

弹性对企业特定竞争优势有重要影响。当企业内部需要企业家精神时,企业招聘有想象力的雇员的技术就成为企业的竞争优势。具有超凡领导艺术的企业高层主管能促进企业核心成员之间的忠诚和团结。企业非正式或咨询式的管理模式,有利于企业雇员共享信息。如果用一个词语总结,那就是企业管理者的"能力"或者"资格"(Richarddson,1960;Loasby,1991)。商业环境的波动必然导致企业对弹性的需求,因此,企业特定竞争优势形成的关键在于企业内部能否产生企业家精神。企业不是由一个独裁的企业家构成,而是由一个企业家团队构成,这个企业家团队能领导管理高层并能协调管理高层的分歧,同时能增加管理层的信任和交流(Wu,1988)。

对弹性的需求不能促进"学习型组织"的理念,这种看法显然是没有意义的。较为正确的说法应该是,弹性决定了学习型组织中的人所要学习的实际内容。根据尼尔森和温特(Nelson and Winter,1982)的观点,组织内的学习有利于精练已有的常规。但我认为这是个误导,它只能说明,企业在一个基本稳定的环境中运行,只需要知道怎样把已经做好的工作做得更好就可以了。但是在一个波动的环境中,企业从过去的经验中学习的许多东西很快就过时了;在波动环境中需要学习真正有价值的知识,其中包括处理环境波动的技巧,这种技巧包括忘记不可能再发生的有关过去环境的瞬时信息。尽管这种"不学习"或者"忘记"的能力很重要,但这样做却通常很困难。这种"不学习"的困难,可以解释许多企业在"缩小管理层"和"去掉中间层"的过程中,为什么通常都把中年的中间管理者作为组织机构臃肿的原因,或者将其作为提前退休的首选人群,因为通常认为这些中年管理者很难学会"忘记"这种能力。在"黄金时期",企业下级管理者需要获取相关"知识",但这些"知识"自其产生时就已经过时了。可以证明:一些管理者要想获得充分的弹性,就必须接受"再培训",但同时,还有一些管理者没能从"再培训"中获得弹性。因此,必须要求那些顽固且不能从"再培训"中获得弹性的人离开管理岗位,因为他们的"知识"已不再是企业的资产,而是成为在当前波动日益增加的商业环境中企业的负担。

1.12 弹性的成本:建立信任

如果弹性是无成本的,所有企业组织在开始的时候都能建立充分的弹性。然而,在实践中,企业弹性越高,交易成本就越高。正如以上所述,不同来源的供给与需求之间转换的弹性越大,消费者与供给方之间的关系就越短暂,因为两个相同合作伙伴之间未来交易前景越不确定,相互之间的欺骗就越容易生产。即使直接要求对方的忠诚也是不可信的。

当企业内部促进企业家精神产生时,这种效应也会发生。企业内部的企业家拥有更多的根据自己搜集的信息来采取行动的自由选择权,因此,这会增加他们相互欺骗的机会;同样的,增加企业区位弹性,就必然导致企业不会深入到当地经济之中,也意味着企业不会对当地供应商提供更多的投资。

建立商业信任的一种方法就是在商业活动中直接给企业管理者股份,即给企业培育出来的新的商业单位的特定管理者或管理层一些资产股份。另一种方法就是加强企业管理者之间的团结。企业给予管理者优厚待遇,从而希望他们把所知道的东西相互公开,并保持诚实。

然而,最近几年出现了一个颇为讽刺的现象,当企业组织需用更多的个人诚信来增大组织弹性时,企业组织内个人诚信却下降到很低的水平。两次世界大战的结果是对传统宗教信仰的丧失、知识分子的玩世不恭(或称之为"犬儒主义")和消费主义的大规模流行,这些事态的发展都已受到社会的普遍谴责。共产主义者坚定地认为:像诚实这类社会领域的价值观,可以通过家庭、教堂和学校等有效率地建立起来。然而,近年来,这些机构在履行它们的道义职能方面却日渐失败。已经不得不寻找提升道德水平的新机制(Casson,1991;Fukuyama,1995)。一些企业已经通过建立和发展合适的企业文化来建设诚实的商业关系,而且这些措施已经在企业雇员中取得了成效(Kotter,1996)。企业不得不在此方面投入较高的成本。因此,一个社会公共组织和慈善组织的衰败,增加了企业激励雇员的成本,同时也削弱了本来就需要强化的企业竞争力。

1.13 西方跨国公司与"股东资本主义"

犬儒主义在当代商业活动中无处不在,在新形式的"股东资本主义"中更为明显。在"股东资主义"中,养老金管理者、商业银行家和市场分析家迫使高层管理者实现股东的价值最大化。由于管理者的不佳表现,兼并收购者创造了一个"管理控制权的交易市场"来对企业进行监督。正是来自于这种市场的效率,使得常被引用的座右铭"以贪婪为荣"合法化。

正如许多当代文化中解释的那样,犬儒主义是对"黄金时期"产品过剩的反应。在20世纪60年代和70年代初期,美国许多跨国公司的管理制度类似于一个王朝,由退休的管理者任命继任者。知道这一点之后,企业管理者的下属都很顺从,以此期待自己能顺利接替其前任的职位;只要企业能不断扩大,就会有大量高级职位提供给被提升的职员;但当需求持平时,为了不让在"升迁阶梯"中攀爬的职员的预期落空,企业仍需要创造新的职位。高层管理职位的增多,不仅增加了企业管理费,还使企业内部产生了冲突和困扰,因为企业内各高层管理者的个人权利会出现重叠。企业内部管理冲突分散了管理者对企业内部变化管理的注意力,结果导致了企业对新竞争力来源反应速度的下降。

"王朝"的管理者也因慈善而著名(Whitman,1999)。他们会把股东基金捐献给当地许多社区工程,从而为自己取得荣誉。这是他们对当时的政治议题的重要贡献,使得这些议题集中于改善公共福利。他们利用大量的支出奖赏自己,滥用乐善好施来维持自己的地位(或者是公司的声誉)。然而,持有公司股份的工薪阶层却没有对企业捐赠进行管理的优先权。杰森和迈克林(Jensen and Meckling,1976)第一次提出股东在实际中如何使其"代理人"对自己负责的困境,并对这一问题做了深入的理论研究。他们假设管理者都是自私自利的,并用一个独特的政策视角来分析"代理"问题。米尔顿·弗里德曼和罗丝·弗里德曼(M. Friedman, R. Friedman,1980)为股东权利设立了一个道德标准来约束这一政策分析方法。股东为自己谋利的机会不应当被剥夺,即管理者应该确保企业利润最大化,自由分配企业利润,但不能侵占股东为自己谋利的权力。

由于当时美国跨国公司比欧洲跨国公司增长得更快,美国跨国公司管理者管理权滥用的程度比欧洲企业更甚,这为欧洲企业并购和接管美国企业提供了机会。当时欧洲企业正想进入美国市场,同时也想获取美国的先进技术,因而欧洲企业很便宜地收购了一些美国企业,因为美国股东认为美国企业的管理很差。然而,当对股东权利的崇拜迅速跨越了大西洋,并且欧洲企业在美国的投资并没有取得预期的成功时,一些欧洲管理者发现自己成为了牺牲品。

具体来说,当英国股东开始怀疑美国股东曾经拥有的管理权被滥用时,英国股东开始在英国企业中引入"缩小管理层"和"减少中间层"(机构扁平化)的方法。因此,为了解决美国公司的问题而采取的降低成本的措施,在英国及欧洲其他地方被广泛应用。

然而,对股东权利的崇拜已经创造了超过自身需求的过剩产品。大量事实表明,许多掠夺性并购都是根据企业的不诚实经营表现来进行的,因此,对这种掠夺性并购的怀疑不断增加,继而引起对企业并购后开展"缩小管理层"和"减少中间层"的社会效果的关注,而"股东资本主义"这一概念的重新被提出,以及有关公司治理的持续争论,是这些关注的典型代表。当欧洲一些国家"缩小管理层"的活动,导致一些管理者和工人处在失业风险之中时,选民更喜欢有利于保障就业的保护主义。这些趋势说明针对"黄金时期"所造成的产能过剩的"反应时代"很快就会结束。如果是这样,就会出现新一轮的国家政策调整,跨国公司必然会对这种国家政策调整做出反应。

1.14 新的分析技术:一个例子

为了实现新的研究议程,学者们应该采取什么实际行动呢?正式的动态模型与静态模型在形式上有什么区别?可以用一个简单的例子来说明。

考虑环境波动对跨国公司商务策略影响的建模问题。一个简单的建模方法就是假设用一个稳定的冲击对国际商务环境进行随机碰撞实验,再对自动的内生冲击和由外部力量诱导的外部冲击进行区分。

为了使全球经济系统的建模变得更加简单,建模过程中的许多系统内部冲击都被假设为外部冲击,这是因为过多的内部冲击会增加模型的复杂性,即模型中内生要素数量的增加会使模型更为复杂,从而更难找到一个明确的解决方案。

例如,一般认为,全球体系中的经济要素和政治要素会共同存在,这说明有很多内生要素会同时对外部冲击的相互作用做出反应。然而,在当前的技术条件限制下,对这些复杂且相互依赖的变量建模在实践中通常是个难题。因此,通常是把政治因素作为外部冲击,而把经济因素作为内部冲击。由于一般均衡模型很难求解,通常用两个局部均衡模型来替代一般均衡模型。

再如,在分析跨国公司行为时,政治结盟和国家政策的改变通常被作为外部变量,即使它们实际上是对跨国公司经济事件的内在反应。关税同盟的形成和苏联体系的瓦解,均可以看成是对全球经济的随机外部冲击,这些冲击会影响各国的兴衰,也会影响不同产品市场的扩大和缩小,因为它改变了国民收入和市场规模,最终转变成对跨国公司的冲击。

要清楚地认识到,市场的缩小和市场的扩大同样是新研究议程的突出特征之一。市场规模扩大有利于企业进入,市场规模缩小则会导致企业从市场退出。一旦在跨国公司研究的未来设想中包括市场规模缩小这个议题,撤资或从市场中退出就会成为跨国公司的基本策略。跨国公司策略的静态模型假设市场规模是不变的,而最简单的跨国公司策略动态模型(如巴克利和卡森在1981年建立的模型)则假设市场规模会扩大,在波动的环境中市场扩大就会吸引企业投资,市场缩小就会导致企业撤资。

此外,跨国公司研究新议程也认识到策略间的转换是有成本的,而转换成本则取决于企业从何处转换和转换到何处的策略。在某些情况下,转换成本可以分解为从旧策略退出的成本和建立新策略的净成本;在另一些情况下,每组新旧策略所涉及的转换成本是不同的。把这些转换成本的形式具体化,就是完成跨国公司研究新议程的一个关键步骤。

为了保持弹性,企业建立之初就会选择退出成本较低的策略,这一点很重要。假设一个企业考虑第一次进入海外市场,企业在东道国实际上就会产生不能收回的沉没成本,这就是该企业今后退出市场的成本。通过谈判签订许可证合同的方式也会产生沉没成本,尽管这种成本很小。另一方面,通过提高国内生产设施利用率这种方式来生产和出口,企业完全没有沉没成本,这种形式的弹性大于许可证方式,而许可证合同的弹性又大于对外直接投资。当然,市场规模缩小也是研究议程中的另一种可能情况,一些对外直接投资则成为风险最高的策略选择。

当信息不真实或不完全时,企业转换决策有可能是错误的。如果能避免不必要的转换,就会降低预期的转换成本。因此,不同的策略对从东道国环境中获取的信息以及随后作为企业做出转换决策之用的信息提供的机会是不同的。跨国公司研究新议程对一个阶段的策略选择如何影响下一阶段的可供信息进行了建模分析。

对外直接投资比许可证合同和出口能提供更多的获得当地信息的机会,因为企业的资产所有者也是当地信息的所有者。这表明如果环境波动导致市场的突然扩大,海外投资者就能很快地认识到这一变化;由于扩大已有生产能力的成本比新建企业的成本低得多,因此,海外投资者所面临的生产扩大成本要比出口商想在最后阶段转移到国外生产所面临的转移成本更低。正如出口国家对市场缩小的反应具有很强的弹性,海外投资则对市场扩大的反应也具有很强的弹性。

能否找到一个兼有出口、许可证合同安排和对外直接投资的共同优点的企业策略呢?国际合资经营企业(IJV)可能为这一问题提供了答案(Kogut,1991)。与东道国生产商建立股权为1:1的合资经营企业,会比完全拥有所有权的对外直接投资所面临的风险小得多;同时,企业决策所需信息的可获得性也会更好。如果市场突然扩大,企业可以选择扩张生产,也可以选择进一步收购合作伙伴来增加自己的权利。当然,企业撤出投资也很容易,可以把股份卖给合作伙伴。企业合作伙伴实际上则成为撤资资产的稳定市场,而这个撤资资产市场是一般直接投资所没有的。当然,还有一种完全相反的问题,即合作伙伴有可能变成波动的重要来源,这就是商业信任在国际合资经营企业中如此重要的原因。新研究议程中用这种方法强调了风险管理的重要性,并产生了新的"折中策略";在一个波动的商业环境中如果这些策略没有实际"选择价值",新的"折中策略"就更多地受传统策略的支配(见本书第六章)。

当然,只有当投资者在最后时刻支持国际合资经营企业制度安排时,才有可能执行国际合资经营企业这一选择。这可以解释国际合资经营企业不稳定这一著名现象,因为这一现象是对国际合资经营企业所承担角色的理性反应。尽管一出现机会就会选择国际合资经营企业,但国际合资经营企业通常不会持续太长时间,相对于拥有完全所有权的投资来说,国际合资经营企业只是一个次优选择。国际合资经营企业以其期权价值而被选择时,不管是选择完全进入还是完全退出,通常都是没有效率的结果。选择转换的最优时间就是当未来市场增长的不确定性被减少到一个合理水平的时间。这说明国际合资经营企业存在的时间通常是很短的,具有相当大的可变性,跨国公司研究新议程对此提供了一个简单推理方法,可以证明一个给定策略都有其适用的时间段。

如上所述,市场全球化是波动增加的一个主要因素。许多全球化的市场的都有一个特征,即利用地区生产和销售中心,并以此中心为相邻的国家提供服务。对国际合资经营企业来说,共同的地区中心只是增加企业弹性的一种策略(见本书第七章)。正如国际合资经营企业能提供折中产权策略一样,共同地区中心也能提供折中的企业区位策略。因为共同的地区中心比每一个母国区位更接近目标市场,减少了运输成本,提供了更好的可获得性信息。由于共同的地区中心更接近每个市场,避免了对任何一个市场的独占。如果一个市场缩小,生产可以转换到其他市场中去;如果影响国家市场的冲击是独立的(或者是某种程度上的不相关),共同地区中心就会从多元化中受益。企业通过这种方式能获得实际利益,而不像从不相关的产品多元化中所获得的金融收益(企业只有通过充分利用股权组合投资的多元化才能获得)。

国际合资经营企业和地区中心这两个策略也可以组合。由于一个是所有权策略,另一个是区位策略,如果需要,他们可以直接在国际合资经营企业生产中进行组合。然而,最近对这一问题的实证分析表明,这种组合通常都不是最好的策略。理论研究的模型表明,如果利用完全拥有所有权的生产中心来供应国际合资经营企业设在每个国家市场中的分销机构,这种策略组合可能是国际合资经营企业最好的策略组合方案。地区中心的基础设施对合作伙伴的全球策略而言非常重要,因为一旦中心设施受到损害,代价就会很大。即使对中心设施拥有全部产权,这些组合对撤资或者从任何一个市场中退出,都提供了很大的弹性。这种组合的优势就是:当撤资时,可以把这些分销设施卖给合作伙伴;当退出市场时,可以把这些生产设施转移到其他地方市场。这些撤资时的组合策略也与市场扩张策略相结合。

这个例子说明了弹性和波动的概念在现代全球经济下分析跨国公司时所起的基本作用。没有这些概念,就不可能充分理解国际合资经营企业和生产地区中心的基本原理;同样,也不可能理解这些策略为什么出现在这个特定的历史交叉点,而不是出现在这个历史交叉点之前。

1.15 结 论

本章提出了国际商务研究的新议程,重点强调了四个领域的主题。这些研究新主题的重要特点就是动态性、系统性和学科的交叉性。它强调:

- 全球经济系统;
- 波动性;
- 弹性与实物期权价值;
- 企业家精神;
- 通过国际合资经营企业建立的合作。

相反的是,自20世纪60年代以来,传统研究议程则强调如下主题:

- 在给定市场中的初次海外扩张;
- 短期的、特定的企业竞争优势的特征;
- 单一企业边界的决定。

显然,传统研究议程对国际商务所持的是静态观点,虽然也认识到了发生的变化,但却将其解释为一系列孤立的、一次性事件,而不是一个连续性的、系统的动态过程的结果。

但这并不意味着静态分析的方法已经过时,因为静态分析比动态分析更为简单,而且正是因为这种原因,传统的静态分析方法是新的动态分析方法的自然必要前期准备。例如,在分析跨国公司进入新兴工业化的中东欧市场时,这种静态分析方法就被证明是非常有用的(Hood and Young,1994)。动态分析模型通常都把静态模型作为一个特例,而这个特例的性能对检验动态模型是否有很好的分析逻辑,提供了一个重要的线索。实际上,正如本书第二章所述,新的动态模型的发展都是对现有静态模型的完善。

因为静态理论的发展已经相当完善,所以并不会立即产生对动态分析方法的需要。从更远一点说,静态分析方法与动态分析方法是可以相互补充的,而不是相互替代的,尽管在静态理论的某些领域存在进一步改进的空间,但这种智力努力的边际回报是递减的,虽然它仍然是正的。

近年来,世界经济发生的变化产生了对更为动态的理论的需要。西方"黄金时期"经济高速增长结束之后,出现了从旧的研究议程向新的研究议程转变的关键转折点,主要表现在:公司利润下降,进入海外新市场的策略已经转变到对已有市场的保护;新的跨国生产商的进入,增加了对持续创新的巨大压力,增加了全球市场的波动;跨国公司结构的重组,降低了成本,提高了对供给的反应能力。

在波动环境中生存,主要取决于对弹性的反应。这一规则适用于各国政府、任何工业区和单一企业。弹性企业需要把企业区位选择在具有弹性经济政策的国家的有一定弹性的地区。通过这一方法,弹性的力量就能持续地重构世界经济,这就是当代环境需要更多地把弹性作为动态理论核心的原因。正如阿诺潘(Arpan,1997)所指出的,如果要保持国际商务理论的相关性和基本理论的简洁性,国际商务研究就必须做出改变。跨国公司研究新议程的提出,正是这种改变的一种方法。

参考文献

Allen, L. and C. Pantzalis (1996) 'Valuation of the operating flexibility of multinational corporations', *Journal of International Business Studies*, **27**(4), 633–653
Arpan, J.S. (1997) 'Palabras del Presidente', *AIB Newsletter*, **3**(3), 2
Bartlett, C.A. and S. Ghoshal (1987) 'Managing across borders: new strategic requirements', *Sloan Management Review*, Summer, 6–17
Best, M.H. (1990) *The New Competition: Institutions of Industrial Restructuring*, Oxford: Polity Press
Boyacigiller, N.A. and N.J. Adler (1998) 'Insiders and outsiders: bridging the worlds of organizational behaviour and international management', in B. Toyne and D. Nigh (eds), *International Business: An Emerging Vision*, Columbia, SC: University of South Carolina Press, 396–416
Buckley, P.J. and M.C. Casson (1976) *The Future of the Multinational Enterprise*, London: Macmillan
Buckley, P.J. and M.C. Casson (1981) 'The optimal timing of a foreign direct investment', *Economic Journal*, **91**, 75–87
Buckley, P.J. and M.C. Casson (1988) 'A theory of co-operation in international business', in F.J. Contractor and P. Lorange (eds), *Co-operative Strategies in International Business*, Lexington, MA: Lexington Books, 31–53
Buckley, P.J. and M.C. Casson (1996) 'An economic model of international joint venture strategy', *Journal of International Business Studies*, **27**(5), 849–876
Buckley, P.J., C.L. Pass and K. Prescott (1988) 'Measures of international competitiveness: a critical survey', *Journal of Marketing Management*, **4**(2), 175–200
Cantwell, J. (1995) 'Multinational enterprises and innovatory activities: towards a new evolutionary approach', in J. Molero (ed.), *Technological Innovation, Multinational Corporations and the New International Competitiveness*, Chur: Harwood Academic Publishers, 21–57
Capel, J. (1992) 'How to service a foreign market under uncertainty: a real option approach', *European Journal of Political Economy*, **8**, 455–475
Carlos, A.M. and S.J. Nicholas (1988) 'Giants of an earlier capitalism: the chartered trading companies as modern multinationals', *Business History Review*, **62**, 399–419
Casson, M. (1986), 'General theories of the multinational enterprise: their relevance to business history', in P. Hertner and G. Jones (eds), *Multinationals: Theory and History*, Aldershot: Gower, 42–63
Casson, M. (1990) *Enterprise and Competitiveness*, Oxford: Clarendon Press
Casson, M. (1991) *Economics of Business Culture*, Oxford: Clarendon Press
Casson, M. (1994) 'Why are firms hierarchical?', *International Journal of the Economics of Business*, **1**(1), 3–40
Casson, M. (1995) *Organization of International Business*, Aldershot: Edward Elgar
Casson, M., R.D. Pearce and S. Singh (1991) 'A review of recent trends', in M. Casson (ed.), *Global Research Strategy and International Competitiveness*, Oxford: Blackwell, 250–271
Caves, R.E. (1996) *Multinational Enterprise and Economic Analysis*, 2nd edn, Cambridge: Cambridge University Press
Chandler, A.D., Jr (1977) *The Visible Hand: The Managerial Revolution in American Business*, Cambridge, MA: Belknap Press of Harvard University Press

DeMeza, D. and F. van der Ploeg (1987) 'Production flexibility as a motive for multinationality', *Journal of Industrial Economics*, 35(3), 343–351

Dunning, J.H. (1977) 'Trade, location of economic activity and the multinational enterprise: a search for an eclectic approach', in B. Ohlin, P.O. Hesselborn and P.M. Wijkman (eds), *The International Allocation of Economic Activity*, London: Macmillan, 395–418

Dunning, J.H. (1981) *International Production and the Multinational Enterprise*, London: Allen & Unwin

Dunning, J.H. (1997) *Alliance Capitalism and Global Business*, London: Routledge

Ergas, H. (1987) 'Does technology policy matter?', in B.R. Guile and H. Brooks (eds), *Technology and Global Industry*, Washington, DC: National Academy Press, 191–245

Fransman, M. (1995) *Japan's Computer and Communications Industry*, Oxford: Oxford University Press

Friedman, M. and R. Friedman (1980) *Free to Choose: A Personal Statement*, New York: Harcourt Brace Jovanovich

Fukuyama, F. (1992) *The End of History and the Last Man*, London: Penguin

Fukuyama, F. (1995) *Trust: The Social Virtues and the Creation of Prosperity*, London: Hamish Hamilton

Hedlund, G. (1993) 'Assumptions of hierarchy and heterarchy: an application to the multinational corporation', in S. Ghoshal and E. Westney (eds), *Organization Theory and the Multinational Corporation*, London: Macmillan, 211–236

Hennart, J.F. (1982) *A Theory of the Multinational Enterprise*, Ann Arbor: University of Michigan Press

Hood, N. and S. Young (1994) 'The internationalization of business and the challenge of East European business', in P.J. Buckley and P.N. Ghauri (eds), *The Economics of Change in East and Central Europe*, London: Academic Press, 320–342

Hymer, S.H. (1960) *The International Operations of National Firms: A Study of Direct Investment*, PhD thesis, MIT, publ. 1976, Cambridge, MA: MIT Press

Jensen, M.C. and W.H. Meckling (1976) 'Theory of the firm: managerial behaviour, agency costs and ownership structure', *Journal of Financial Economics*, 3, 305–360

Kindleberger, C.A. (1969) *American Business Abroad*, New Haven, CT: Yale University Press

Knight, F.H. (1921) *Risk, Uncertainty and Profit*, Boston: Houghton Mifflin

Kogut, B. (1991) 'Joint ventures and the option to expand and acquire', *Management Science*, 37(1), 19–33

Kogut, B. and N. Kulatilaka (1994) 'Operating flexibility, global manufacturing, and the option value of a multinational network', *Management Science*, 40(1), 123–139

Kotter, J. (1996) *Leading Change*, Cambridge, MA: Harvard Business School Press

Krugman, P. (1996), 'The myth of Asia's miracle', in *Pop Internationalism*, Cambridge, MA: MIT Press

Loasby, B.J. (1991) *Equilibrium and Evolution*, Manchester: Manchester University Press

Marglin, S.A. and J.B. Schor (1990), *The Golden Age of Capitalism: Reinterpreting the Post-war Experience*, Oxford: Clarendon Press

Marris, R.L. (1979) *The Theory and Future of the Corporate Economy and Society*, Amsterdam: North-Holland

Marshall, A. (1919) *Industry and Trade*, London: Macmillan

McManus, J.C. (1972) 'The theory of the international firm', in G. Paquet (ed.), *The

Multinational Firm and the Nation State, Toronto: Collier Macmillan, 66–93
Mirza, H. (1986) *Multinationals and the Growth of the Singapore Economy*, London: Croom Helm
Moore, K. and D. Lewis (1999) *Birth of the Multinational: 2000 Years of Ancient Business History – From Ashur to Augustus*, Copenhagen: Copenhagen Business School Press
Nelson, R. and S.G. Winter (1982) *An Evolutionary Theory of Economic Change*, Cambridge, MA: Harvard University Press
Pearce, R.D. and S. Singh (1992) *Globalising Research and Development*, London: Macmillan
Porter, M.E. (1990) *The Competitive Advantage of Nations*, London: Macmillan
Reich, R.B. (1990) 'Who is us?', *Harvard Business Review*, **68**(1), 53–65
Richardson, G.B. (1960) *Information and Investment*, Oxford: Oxford University Press
Rugman, A.M. (1981) *Inside the Multinationals: The Economics of Internal Markets*, London: Croom Helm
Rugman, A.M., J.R. D'Cruz and A. Verbeke (1995) 'Internalisation and deinternalisation: will business networks replace multinationals?' in G. Boyd (ed.), *Competitive and Cooperative Macromanagement. The Challenge of Structural Interdependence*, Aldershot: Edward Elgar, 107–128
Schumpeter, J.A. (1934) *The Theory of Economic Development* (trans. R. Opie), Cambridge, MA: Harvard University Press
Thurow, L.C. (1992) *Head to Head: The Coming Economic Battle Among Japan, Europe and America*, New York: Morrow
Trigeorgis, L. (1996) *Real Options*, Cambridge, MA: MIT Press
United Nations (1973) *Multinational Corporations in World Development*, Washington, DC: United Nations Department of Economic and Social Affairs
United States Tariff Commission (1973) *Report on the Implications of Multinational Firms*, Washington, DC: United States Government Printing Office
Vaupel, J.W. and J.P. Curhan (1974) *The World's Multinational Enterprises: A Sourcebook of Tables based on a Study of the Largest US and Non-US Manufacturing Corporations*, Geneva: Centre d'Etudes Industrielles
Whitman, M. von N. (1999) *New World, New Rules: The Changing Role of the American Corporation*, Cambridge, MA: Harvard Business School Press
Wilkins, M. (1970) *The Emergence of Multinational Enterprise: American Business Abroad from the Colonial Era to 1914*, Cambridge, MA: Harvard University Press
Wilkins, M. (1974) *The Maturing of Multinational Enterprise: American Business Abroad from 1914 to 1970*, Cambridge, MA: Harvard University Press
Wilkins, M. (1989) *The History of Foreign Investment in the United States to 1914*, Cambridge, MA: Harvard University Press
Wu, S.-Y. (1988) *Production, Entrepreneurship and Profits*, Oxford: Blackwell

第二章 进入海外市场：内部化理论正式扩展

马克·卡森　彼得·巴克利

2.1　引　言

在过去的30年中，对外直接投资的经验分析已经成为国际商务研究的重点内容。20世纪60年代，海默－金德尔博格理论（Hymer，1976；Kindleberger，1969）和产品周期理论（Vernon，1966）研究的重点是出口贸易与对外直接投资。20世纪70年代，内部化理论则把许可证贸易、授权贸易和分包合同与其他策略选择进行了区分。20世纪80年代，收购与合并活动再次兴起——企业经常视之为实现全球化的一个"快捷路径"，相关的理论重点分析绿地投资与并购投资方式的选择。同时，美国企业在国际联合投资中的参与度不断提高，它们则更重视合作协议安排的重要作用。

20世纪90年代，转型经济体和新兴经济体（如东中欧、中国、越南等其他国家和地区）在对外直接投资中的重要作用，把理论研究重点重新带回到20世纪60年代的一些经典研究主题，如海外商务成本和"心理距离"的重要性。理论研究者对一些基本问题又重新产生了兴趣，如一些进入海外市场方式的成本为什么比另一些方式低？某些环境为什么对一些进入方式有利，而对另一些进入方式不利？

把上述问题联系到一起，就进一步增加了理论研究的复杂性。尽管可以修改或更新国际生产折中理论，来解释实证分析重点的变化，但国际生产折中理论只是理论研究"范例"或"框架"，它不是一个理论模型，并不能对研究设计和假设检验提供更好的建议（Dunning，1980）。理论研究的复杂性已经对一些学者的研究产生了一定程度的混乱,使一些学者抛弃了为国际商务行为建立正式理论分析模型的努力。

随后将要讨论的理论模型有三个突出特点。

第一,该理论模型建立在一个详细的系统分析之上,这个系统基本包括了主要的市场进入策略。现有理论文献把许多策略当成出口贸易或绿地对外直接投资的替代策略,很难看到对这些策略的直接比较研究,如许可证贸易与联合投资或者授权贸易与分包合同的直接比较。本章的模型可把一些策略和另一些策略进行直接比较。因此,当主要竞争策略不包括出口或传统的对外直接投资时,这个理论模型就特别有用。

第二,该理论模型清晰地分析了生产与销售。从历史角度看,大部分初始投资都涉及海外产品仓库和销售设施,此后才会出现生产设施,在实证分析中这种区分相当明显,但迄今为止的理论研究并没有很好地体现这一点。因此,对于应如何将理论应用于销售投资占主导的情况,存在一些困惑。

第三,该理论模型研究了海外投资者进入东道国后与东道国主要竞争者之间的策略互动行为。根据当前产业组织理论的最新发展(它的总结参见让·梯若尔,Tirole,1988),该模型假设市场进入者能预见其竞争对手的反应,同时把竞争对手的反应作为市场进入时间的重要参考。该模型认为,产业组织理论的最新发展,对于解释把绿地对外直接投资还是并购作为进入市场方式的选择,在实践上具有重要意义。

该理论模型重点分析了出于市场进入原因的对外直接投资,而未将资源导向型对外直接投资和离岸生产纳入分析范围。

2.2 理论的发展历史

有关进入海外市场的许多早期文献,重点分析出口贸易和对外直接投资的选择(最早的文献回顾见 Root,1987;Young et al. 1989;Buckley and Ghauri,1993)。基于成本分析的决策表明企业必须具有克服"海外成本"的"补偿优势"(Hymer,1976;Kindleberger,1969),技术和市场营销技能的识别就成为成功进入海外市场的核心要素(Hirsh,1976;Horst,1972)。传统的企业特定优势理论(Caves,1971;Rugman,1981)和来源于传统彭罗斯学派(Penrose,1959;Prahalad,Hamel,1990)的核心竞争力的观点结合在一起。弗农(Vernon,1966)随后就把内部化的时序模型引入产品周期理论,该理论认为,企业开始从市场寻求型的对外直接投资转为成本寻求型的对外直接投资之前,必然经历出口这个阶段。把技术要素和市场要素结合起来可以解释标准化的过程,从而可以解释区位决策。

2.2.1 内部化

巴克利和卡森(1976)把企业作为资源内部化的一个集合,在这个集合中,资源可以在以下几个方面配置:(1)不同生产集团之间;(2)不同国家市场之间。其中重点关注以市场为基础和以企业为基础的许可证方法在市场进入中的策略作用。市场进入策略都涉及两个相互依赖的决策,即区位决策和控制方式决策。在国内的出口区位可以用行政管理的方法来控制;位于海外的许可证区位则可通过对外合同来控制;位于海外的对外直接投资区位可通过行政管理方法来控制。巴克利和卡森(1981)两位学者建立了这个模型,巴克利和皮尔斯(1979)、康采托(1984)和其他学者对这个模型进行了实证检验。

2.2.2 进入的阶段模型

关于进入的阶段模型,斯堪的纳维亚学派认为持续进入海外市场的时序模型与每个市场承诺的不断深化有关,市场承诺的不断深化在乌普萨拉商学院理论中(Johanson,Wiedersheim,Paul,1975;Johanson,Vahlne,1977)占据重要地位。与阶段模型联系最为紧密的是"心理距离"的概念,它试图定义并在一定程度上测量国家间和市场间的文化差异(Hallen,Wieddersheim,Paul,1979),最新文献见卡森(1994)的评述。

2.2.3 非生产性活动

在解释海外市场服务的政策时,必须清晰地知道非生产活动的重要作用。研发活动的地理区位受到广泛讨论,特别是当它与空间聚集相关时(Kogut and Zander,1993)。此外,还有大量的文献分析市场营销和分销的进入方式(Davidson,1980),其中大多数文献都是在交易成本框架下进行分析的(Aderson and Coughlan,1980;Anderson and Gatignon,1986;Hill,Hwang and Kim,1990;Kim and Hwang,1992;Agarwal and Ramswani,1992)。

2.2.4 合并、收购与绿地投资

斯托弗德和威尔斯(1972)把合并和收购作为跨国公司组织分析的一个重要内容。在许多发达国家,并购是进入市场的主要方式,它促进了实证研究(Dubin,1975;Wilson,1980;Zeian,1990;Hennart and Park,1993),但实证研究主要集中在内部化理论和策略理论方面(Yip,1982);适应性成本和文化一体化在许多并购案的研究中得到特别关注。斯温森(Svensson,1996)和梅约(Meyer,1997)对这些理论的最新发展进行了综述。

2.2.5 联合投资与独资的分支机构

国际联合投资的最新文献是非常丰富的,它推动了国际商务理论的许多创新,同时也推动了大量以大规模数据库为基础的颇有见地的实证分析(Contractor and Lorange,1998;Bearmish and Killing,1997)。巴克利和卡森(1988,1996)对国际联合投资的条件进行了总结,认为主要有:(1) 拥有互补资产;(2) 共谋的机会;(3) 充分一体化的障碍,主要是经济、金融、法律或政治方面的障碍(Beamish,1985;Beamish and Banks,1987;Kogut,1998;Hennart,1988;Contractor,1990)。

国际联合投资的相关文献重点分析合作伙伴选择、管理策略和绩效评估等内容。比米什(Beamish,1987)分析了合作伙伴选择,认为合作伙伴选择和企业绩效有关;哈瑞根(Harrign,1988b)和格林格(Geringer,1991)分析了合作伙伴的不对称性;科格特和辛格(Kogut and Singh,1987,1988)分析了合作伙伴选择和进入方式的关系;尅林(Killing,1993)和哈瑞根(Harrigan,1988a)分析了国际联合投资的管理策略,戈梅斯和卡塞雷斯(Gomes and Casseres,1991)分析了国际联合投资的管理策略和所有权选择偏好。

国际联合投资绩效是争论最多的问题。国际联合投资的终止并不意味着投资策略的失败,因为国际联合投资的终止可能正好是因为它已经达到了预期目的。简单地说,联合投资和联盟的重组可能意味着它充分利用了组织结构弹性的重要作用,而不只是对低绩效的反应,具体内容见弗兰克等人的理论分析(Franko,1971;Gomes and Casseres,1987;Kogut,1988,1989;Blodgett,1992)。还有一些学者(Geringer and Hebert,1991;Inkpen and Birkenshaw,1994;Woodcock,Beamish and Makino,1994;Nitsch,Beamish and Makino,1996)分析了国际联合投资进入方式和绩效的关系;古拉蒂(Gulati,1995)分析了合作伙伴间重复联系对成功投资的重要作用——将"文化"变量纳入分析范围的一次有趣尝试。

2.2.6 文化因素

科格特和辛格(Kogut and Singh,1988)两位学者根据霍夫施泰德(Hofstede,1980)对文化的简略分类研究了(国家)文化和进入国际市场策略之间的关系;巴克马、贝尔和彭宁斯(Bakema,Bell and Pennings,1996)分析了文化障碍对进入海外市场的作用;贝尼托和格瑞普思若(Benito and Gripsrud,1992)深入研究了"文化学习过程"对海外直接投资扩张的重要影响。

2.2.7 市场结构与进入策略

本章的另一个贡献就是把市场结构引入市场进入决策的理论模型。尅恩克博克(Kinckerbocker,1973)在研究市场垄断策略反应中就非常重视市场进入行为与市场结构之间的关系,他建立了一个原始的博弈理论框架用来分析进入核心国家市场的竞争性行为。佛洛沃(Flowers,1976)和格雷厄姆(Graham,1978)分析了欧洲和加拿大在美国的投资以及美国和欧洲之间的双向投资,并重点分析了"威胁互换"的重要作用。余和伊东(Yu and Ito,1990)研究了美国轮胎和纺织行业中海外直接投资垄断互动的策略行为;格雷厄姆(Graham,1992)认为国际商务研究文献没有关注竞争结构的研究,实际上,进入者就是一个有效的垄断组织(Buckley and Casson,1981)。然而,卡森(1985)研究卡特尔和多国化的理论模型,就是现有少数几个研究跨国产业组织经济模型中的一个。

2.2.8 总 结

理论研究文献确认了区位成本、内部化要素、金融变量、信任和心理距离等文化因素、市场结构、竞争策略、适应性成本(适应当地环境)和海外经营商务成本这些因素对企业进入海外市场的决策所起的重要作用。下面的理论模型包括了这些变量,并用系统的方法分析了它们之间的互动关系。

2.3 模型的建立

该模型把巴克利和卡森(1976,1981)、巴克利(1983)、卡森(1991)、巴克利和卡森(1996)建立的对外直接投资的经济理论模型应用于上述文献综述中提出的一系列问题。尽管这个理论模型有大量的限制性假设,但为了研究的需要,这些假设都可以放松。由于每个研究者在研究之前,都必须对影响进入海外市场的核心要素进行判断,这些假设对理论模型的形式并没有太多限制。如果其中某些理论假设看起来比较陌生,可能是由于研究者在以往的理论研究中很少明确地对理论做出假设。

2.3.1 进入者

1. 母国企业总是积极寻求在海外市场销售产品,由于非常重视首次进入海外市场,比较进入方式的一次性设置成本和该方式的后续经营成本的差别就相当重要。除非另有说明,该理论模型假设母国企业进入海外市场以后的后续经营都发生在一个稳定的环境之中。

2. 价格为 p 时,海外市场对产品的需求有无限弹性,最大需求量为需求价格完全没有弹性时的需求量。例如,每个消费者只需要一单位价格为 p 的产品,同时,每个消费者购买了一单位产品之后,不管价格再下降得多低,也再没有产品能被售出。需求价格弹性完全为 0 时的需求由海外市场的规模 x 决定。

3. 该模型对市场进入的侧重,使得其适合用于区分生产活动(P)和分销活动(D)。分销活动把最终需求和生产活动联系在一起,它包括仓储、运输和零售。分销活动完全位于海外市场,生产活动可能位于国内,也可能位于国外。

4. 进入者的生产依赖于研发(R)活动所产生的专有技术;有效的分销活动取决于市场营销(M)。市场营销包括对消费者需求的调查以及对消费者提供服务来维持产品商誉。

5. 进入者在进入海外市场时在国外市场没有营销活动 M,因此缺乏市场知识,但可通过进入海外市场的实践(即从错误中学习)来获取市场知识,这就会产生一次性进入成本 m;也可通过下述其他方式获得市场知识。成功进入海外市场策略的一个关键因素,就是以最适当的方法实现营销活动 M。

6. 从 R 到 P 的技术流动是该模型定义的三个"中间产品"的第一个,第二个"中间产品"是从 M 到 D 的市场营销技能流动;第三个"中间产品"是从工厂或生产单位 P 到分销 D 的实物批发产品的流动(此处不讨论 R 和 M 间的信息流动,因为它的成本是固定的,对于该模型考察的每种市场进入方式来说都是相同的)。

7. 在母国生产就意味着产品必须出口,产品出口就会产生运输成本和关税。相反,在海外生产就会产生额外的技术交流成本,如培训海外工人。海外生产还会导致规模经济损失,出口却能提高国内工厂的利用效率,同时以更低的边际成本来扩张生产。所有这些可用母国生产的净额外成本 z 表示,它等于运输成本与关税的和减去国外培训成本和规模经济损失。

8. 企业可以通过拥有或控制以下因素进入海外市场:P 和 D;只有 P;只有 D;P 和 D 都没有。

在第二种情况下,授权一个独立的分销机构负责产品市场销售;在第三种情况下,既可把母国生产的产品出口到国外,也可把产品分包给当地独立生产机构生产;在第四种情况下,通过许可证授权当地独立企业从事生产和销售。因为东道国只有一个竞争者(见下述第 14 个假设),因此,不可能把生产分包给一个企业的同时又通过许可证授权另一个企业来生产。

9. 外部市场运营的交易成本通常高于内部市场。内部市场的激励结构减少了竞价和违约成本(Hannart,1982)。实际上,该模型假设从外部咨询者那里获取市场营销技能,不允许从企业内部营销活动(M)中获取营销技能;进入者只有与当地竞争者通过许可证授权建立合资企业,或者是收购当地竞争者的营销机构,才能获得当地现有市场营销活动 M。

10. 尽管外部技术转让成本很高,但仍可接受。技术转让的一个重要问题就是对生产过程的监督,并确保它与技术转让合同一致。在生产分包协议下这一点很容易做到;但产品回购却是按许可证协议进行,不容易对其进行监督。分包协议的交易成本比内部技术转让成本高出 t_1,而许可证交易成本比内部技术转让成本高出 t_2,$t_2 \geq t_1$。

11. 当 P 的所有权和 D 的所有权不同时,介于它们之间的中间产品的流动就受外部市场的影响。因此,与 P 和 D 的垂直一体化的情况相比,要高出 t_3 的交易成本。

12. 任何一种进入方式都会受绿地投资和并购的影响。在绿地投资情况下,企业用自己的资金支付建立新机构的费用;在并购情况下,企业用自己的资金收购二手设施,即通过收购二手设施企业的资产来获得。

13. 高效的内部市场要求组织之间要有高度的信任,并购之后这种信任并不会立即出现。当刚刚收购 P 之后,在技术转让过程中建立信任的成本为 q_1;当刚刚收购 D 之后,市场营销技术转移过程中建立信任的成本为 q_2;当刚刚收购 P 或 D 之后(两者不是同时进行),在中间产品转让的过程中建立信任的成本为 q_3。

2.3.2 东道国竞争者

14. 企业在东道国遇到的是独占当地市场的竞争者,进入海外市场时,当地竞争者可作为完全一体化的企业运营,它通过 M 活动获得进入者所没有的市场营销技能;另一方面,当地竞争者因较低的技术或缺乏 R 活动而生产成本较高。

15. 假设当地竞争者在所有谈判(如并购谈判)中都是被动的。当地竞争者并不能通过谈判来分享进入者的利润,而只能确保有充足的机会获得把资源转让给进入者所应得的收益。当地竞争者认为:进入者的技术水平很高,当遇到这样的竞争对手时,最好的策略就是把资源卖给进入者并退出该产业,以图购买和重新开发其他资源以发挥自己的优势。

16. 如果进入者使用当地竞争者的生产设施,就会产生适应性成本 a,这是因为进入者使用与当地竞争者不同的技术,从而这些设备必须得到重新调整。这种调整要么是新进入者完全获得这些设备,要么许可或分包给当地竞争企业。另一方面,当地竞争者有当地生产的专家,这是新进入者所缺乏的,可以抵消一部分适应成本。因此净的适应成本可能是负的。本文中负的适应成本也意味着以绿地投资作为进入方式时,进入者的适应成本要比以并购当地已有企业作为进入策略时的适应成本高。

17. 相比之下,使用当地竞争者的 D 设施则不会发生适应成本,因为仓库比生产工厂更具有多样性的功能。使用当地竞争者的 D 设施通常能获得与 M 相关的市场营销技能。

18. 竞争者的 P 设施和 D 设施是唯一能满足市场需要的现有设施,当地其他企业并不能进入市场,竞争者也不能再投资其他设施。在此条件下,进入者并购 P 设施或 D 设施就能获得市场垄断权;进入者并购 D 设施就能获得最终产品销售的垄断权,进入者并购 P 设施就能获得向 D 供应产品的垄断权。另一方面,绿地投资并不能获得市场垄断权,因为它并不能消除竞争者的设施;在 D 中进行绿地投资就会形成最终需求来源的双寡头;而在 P 中进行绿地投资就会形成 D 供给来源的双寡头。

19. 竞争者控制了 P 设施和 D 设施的所有权,就成为潜在的竞争者。虽然竞争者可以把自己的部分设施从该产业中转移出去,但原则上也可以再把这些设施转移回来重新进入这个产业。如果根据分包合同把 P 设施立约包出,或者根据特许经营把 D 设施立约包出,但这些契约到期后原则上它们都能再次进入竞争。在分包合同条件下,进入者与竞争者都是最终产品市场的潜在竞争对手,因为他们都有自己的分销设施。进入者改变垄断价格的任何行为,都会鼓励其竞争者调整生产来适应。因此,进入者把自己的价格降到"限制价格"($p_2 < p_1$)以下来阻止当地竞争者参与竞争,因为"限制价格"会让当地竞争者的分销设施退出该产业。在特许经营下,当地竞争者仍有把自己工厂生产的产品供给分销设施的选择权。为了阻止这种行为,进入者必须设立中间产品的价格,它应该与(扣除分销成本之后)限制性价格 p_2 相等。最终消费者支付垄断价格,因为特许经营商是唯一的销售商,但垄断价格与限制性价格之间的差额归特许经营商所有。因此,任何一种情况下,竞争成本都等于进入者在销售收入上的损失 $s = (p_1 - p_2)x$。

20. 有些情况可能与许可证协议略有不同。假设许可证是长期协议,而分包和特许经营是短期协议。根据这种假设,许可证协议不仅完全购买了技术使用权,而且会涉及专利保护整个扩展期内的使用权。因此,许可证协议对当地被许可人授予了有效的垄断权;同时,通过谈判签订合适的许可证条款,保证进入者获取所有的垄断租金。

21. 除了许可证方式,避免竞争威胁的唯一方式就是并购,并购竞争者的 P 设施或 D 设施就能达到目的。假设并购这些设施的成本等于绿地投资策略新建设施的成本(尽管并购还会发生上述解释的其他额外转换成本)。

2.3.3 联合投资

22. 两个企业拥有联合投资 1∶1 的股权,可对 P 设施、D 设施,或者同时对 P 设施和 D 设施进行联合所有。假设国际联合投资(IJV)的一个合作伙伴永远是当地竞争者,如果对 P 设施和 D 设施联合所有,则它们都是同一个 IJV 的组成部分,中间产品市场就能在 IJV 企业中内部化。IJV 并不涉及新设施,而是假设当地企业是进入者"买进"的,IJV 的生产就会产生上述适应成本。绿地 IJV 就属于这种模式,尽管结果的复杂性会增加。由于当地竞争者对 IJV 贡献了自己的设施,这种 IJV 就获得了和并购相同的市场垄断权。

23. 如果 IJV 只与进入者所有全资设施中的一个有关联,那么相关中间产品市场只是部分内部化。然而,如果建立起的信任达到一定程度,中间产品市场就能像完全内部化的市场那样运作。假设在技术转让过程中建立信任的成本是 j_1,在市场营销技术流动中建立信任的成本是 j_2,在中间产品流动过程中建立信任的成本是 j_3。

24. 如果进入者与竞争者共同拥有 P 设施,同时又是 IJV 的 D 设施的供应来源,那么它们就会利用 IJV 维持垄断价格,但在产品供应来源上就会相互竞争。来自于竞争者 P 设施的竞争,迫使进入者以"限制价格"向 IJV 供应产品,同时,允许竞争者通过 IJV 的股权获取一半的垄断租金,尽管竞争者事实上并不亲自向 IJV 供应产品。如果进入者和竞争企业共同拥有 D 设施,并依赖于 IJV 的 P 设施,它们就会争取专营权来控制产出,从而维持垄断价格,这就迫使进入者抬高 IJV 产出的价格,并通过 IJV 的股权与竞争者分享利润。

25. 学习成本 m、适应成本 a 以及信任建立成本 $j_i,q_i(i=1,2,3)$ 都是一次性建立成本,可在给定的利率 r 下为上述成本融资。相反,母国区位成本溢价 z 和交易成本则是每期都发生的周期性成本。

2.4 模型的解

2.4.1 策略集合的定义

最基本的方法就是确定所有市场进入策略的集合,测度每种市场进入策略的利润,确定利润最大化的策略。通过以下几个方面来定义策略集合:

1. 生产位于何地;
2. 生产设施是否为进入者所拥有;
3. 分销设施是否为进入者所拥有;
4. 所有权是否通过 IJV 独有或共享;
5. 所有权是否通过绿地投资或者并购而获得。

前四个问题确定了 12 种基本市场进入策略,这 12 个市场进入策略列在表 2.1 的左边,图 2.1 对此做了系统总结。第 5 个问题使其中的 6 个市场进入策略产生了不同的变体,这些变体列在表 2.1 右边。图 2.1 分析了信息从 R 到 P 以

及从 M 到 D 流动所产生的连接,以及实物产品从 P 到 D 和从 D 到最终需求流动所产生的连接。区位用列表示,所有权用行表示。竞争者对设施的所有权用阴影表示,进入者对设施的所有权用白色表示。每个特定连接所对应的策略用数字1—12 表示。

表 2.1 12 种市场进入策略及其变体

序号	类型	描述	变体	
1	正常对外直接投资	进入者拥有海外生产和分销设施	1.1 1.2 1.3 1.4	所有设施都是绿地投资 所有设施都是并购的 生产是绿地投资而分销是并购的 分销是绿地投资而生产是并购的
2	生产中的对外直接投资	进入者拥有海外生产但使用独立的分销设施	2.1 2.2	生产是绿地投资 生产是并购的
3	分包合同	进入者拥有海外分销设施但使用独立的生产设施	3.1 3.2	分销是绿地投资 分销是并购的
4	分销中的对外直接投资	进入者出口产品到自己拥有的分销机构	4.1 4.2	分销是绿地投资 分销是并购的
5	出口/特许专营	进入者出口产品到独立的分销的机构		
6	许可证贸易	进入者转让技术给独立的一体化企业		
7	一体化联合投资	进入者共同拥有一系列一体化的海外生产设施,但使用分销设施		
8	生产中的联合投资	进入者共同拥有海外生产设施,但使用独立的分销设施		
9	分销中的联合投资	进入者共同拥有海外分销设施,但将生产分包给独立的生产设施		
10	联合投资出口	进入者出口产品给一个联合拥有的分销设施		
11	对外直接投资/联合投资的混合	进入者拥有海外生产设施且共同拥有海外分销设施	11.1 11.2	生产是绿地投资 生产是并购的
12	联合投资/对外直接投资的混合	进入者拥有海外分销设施并共同拥有海外生产设施	12.1 12.2	分销是绿地投资 分销是并购的

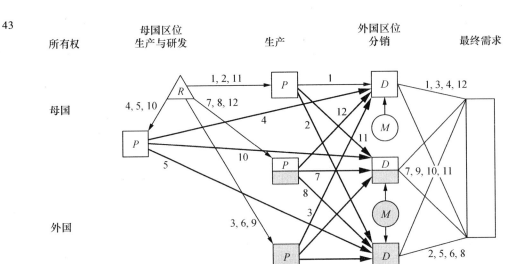

图 2.1　12 种市场进入策略及其变体

2.4.2 利润方程的推导

每个进入策略的每个变体的利润方程都可利用上述给定的假设对图 2.1 进行系统分析来推导。成本和收益的一些要素对所有的利润方程都是相同的,同时,能使推导过程更加简单。可得到一系列利润方程集合,其利润可用利润标准来推算,最合适的利润标准就是理想状态条件下执行市场进入策略 1 后所产生的利润,此时企业对当地市场很熟悉,也没有当地的竞争者。利润标准就是用垄断价格销售所得的收入减去以绿地投资建立生产和分销设施所产生的成本,再减去向绿地投资工厂进行内部技术转让所产生的成本,最后减去产品从生产到分销内部转让时所产生的成本。

如果把每个市场进入策略的实际利润和标准利润进行比较,每个市场进入策略都会产生一些额外费用,表 2.2 列出了这些相关费用,成本用 c 表示,其下标是进入策略的种类和表 2.1 所列出的变体,表右边的变体在模型假设中已经解释过。用建立成本乘以利息率,从而把一次性总成本转换成连续相等的部分。

表 2.2　比较利润标准和替代策略的成本

$c_{1.1}=$						$+s$	$+rm$
$c_{1.2}=$		rq_1	$+rq_2$		$+ra$		
$c_{1.3}=$			$+rq_2$	$+rq_3$	$+ra$		
$c_{1.4}=$		rq_1		$+rq_3$	$+ra$		$+rm$
$c_{2.1}=$				t_3		$+s$	
$c_{2.2}=$		rq_1		$+t_3$	$+ra$		
$c_{3.1}=$		t_1		$+t_3$		$+s$	$+rm$
$c_{3.2}=$		t_1	$+rq_2$	$+t_3$	$+ra$		
$c_{4.1}=$	z					$+s$	$+rm$
$c_{4.2}=$	z		$+rq_2$	$+rq_3$			
$c_5=$	z			$+t_3$		$+s$	
$c_6=$		t_2			$+ra$		
$c_7=$		rj_1	$+rj_2$				
$c_8=$		rj_1		$+rj_3$			
$c_9=$		t_1	$+rj_2$	$+rj_3$	$+ra$		
$c_{10}=$	z		$+rj_2$	$+rj_3$		$+s/2$	
$c_{11.1}=$			$+rj_2$	$+rj_3$		$+s/2$	
$c_{11.2}=$		rq_1	$+rj_2$	$+rj_3$	$+ra$		
$c_{12.1}=$		rj_1		$+rj_3$	$+ra$	$+s/2$	$+rm$
$c_{12.2}=$		rj_1	$+rj_2$	$+rj_3$	$+ra$		

　　为了说明利润方程是如何推导的,请看市场进入策略 2。市场进入策略 2 是指生产中的对外直接投资,它的销售由竞争者决定,因此,这个策略有两个变体,取决于生产工厂是否是由并购所得。此策略下唯一进行国际转移的资源就是技术,它从 R 到 P 跨越了列的边界。因为技术转让不改变所有权,所以它是内部化的。只有当中间产品从 P 到 D 的转移跨越了行的边界时,才会改变所有权。产品通过 D 直接分销到整个海外市场,如 D 处的扇形展开。

　　这个特定策略有两个优势:在进入者的企业中实现了技术转让的内部化,在当地竞争者的企业中实现了市场营销技术转让的内部化。然而,只有实现中间产品的外部化才能实现这两种优势,中间产品的外部化就会产生交易成本溢价 t_3,它出现在 $c_{2.1}$ 和 $c_{2.2}$ 的表达式中。实际上,这两个表达式只有一项相同,其余各项说明了对外直接投资中绿地投资和并购的差别。绿地投资没发生新技术的适应成本 a,因此,ra 只出现在 $c_{2.2}$ 的表达式中,而没有出现在 $c_{2.1}$ 表达式中。同时,绿地投资也意味着技术内部转让不会受到缺乏信任的影响,而在生产设施并购中则会存在缺乏信任的问题。因此,在技术内部转让中建立信任的成本 rq_1 只出现 $c_{2.2}$ 中,却不出现在 $c_{2.1}$ 中。并购策略的补偿优势在于它并不增加海外生产总量。实际上,因为进入者面临单个竞争者,进入者并购竞争者的生产设施,就能有效地阻止其进入与自己竞争。在策略2的情况下,由于竞争者仍控制着分销,它对分销的来源仍有威胁,因为它可以用自己的生产来取代进入者的生产。尽管短期内进入者和竞争者可订立独占特许经营协议来限制这种威胁,但从长期看,一旦合同终止,这种威胁仍然存在。只有并购竞争者的一个设施,才能完全取消这种威胁。这就意味着与并购策略相比,绿地投资策略会带来一个为 s 的收入损失。

2.4.3 支配关系

理论预测表明企业将会选择成本最低的策略,但选择哪一种策略却取决于表 2.2 右边不同变量的相对大小。最容易理解解决方案基本性质的方法,就是首先排除被其他策略所支配的策略,再权衡其他的策略。

策略是否被支配,取决于表 2.2 右边的变量受到什么样的限制。目前理论假设表明只有一个限制,即 $m, r, s, j_i, q_i, t_i > 0 (i=1,2,3)$ 和 $t_1 \geq t_2$,特别是变量 a 和 z 的符号没有限制。因此,在这种情况下只有两种策略受到支配,即表 2.2 底部的两个策略:

$$c_{12.1} > c_8; \quad c_{12.2} > c_8 \tag{2.1}$$

这些策略都关系到生产性 IJV 和完全所有权的分销机构,它们次优于生产性 IJV 和特许专营。这表明如果进入者只是生产性 IJV 中的一个合作伙伴,把生产的产品回购之后再分销是完全没有意义的。

如果增加一些限制条件就会产生新的支配关系。例如,如果母国生产的净成本是正的,即 $z > 0$,则所有的出口策略都受到与海外生产绿地投资相关策略的支配:

$$c_{4.1} > c_{1.1}; \quad c_{4.2} > c_{1.3}; \quad c_5 > c_{2.1}; \quad c_{10} > c_{11.1} \tag{2.2}$$

这说明了很重要的一点,即在这种理论模型中区位效应是独立于内部化效应的。

如果技术适应现有生产设施的净成本为正,即 $a > 0$,则必然有

$$c_{3.1} > c_{1.1} \tag{2.3}$$

这表明:相对于同时对生产设施进行绿地投资而言,只对分销设施进行绿地投资是无效的。简而言之,如果现有生产工厂适应新技术的净成本为正,则分包生产并不是一个好主意。

到目前为止,并没有对交易成本进行限制。现在假设并购之后外部市场成本大于在内部市场建立信任的成本,即当 $t_1 > rq_1$ 时,必然有:

$$c_{3.2} > c_{2.2}; \quad c_9 > c_{12} \tag{2.4}$$

第一个不等式说明,把分包生产和并购分销设施组合的策略,其成本比并购

生产设施和特许专营组合的策略的成本高。第二个不等式说明,把分包生产和联合投资分销设施组合的策略,其成本比并购生产设施和联合投资分销设施组合的策略的成本高。这些结果说明了一个基本事实:技术市场很高的交易成本,再加上并购之后很容易建立起的相互信任,这些都不利于分包生产,而有利于并购。

假设并购之后建立信任的成本小于联合投资中建立信任的成本,即 $q_i < j_i$ ($i = 1, 2, 3$),仍然可以通过控制关系来剔除一些策略。当然,这可以剔除一些 IJV 策略,而不是所有的策略。

$$c_7 > c_{1.2}; \quad c_{11.1} > c_{1.3}; \quad c_{11.2} > c_{1.3} \quad (2.5)$$

把分销设施的 IJV 和生产设施组合的策略是无效率的,同样的,把完全所有权的分销设施和生产联合投资组合在一起的策略也是无效率的。显然,如果建立信任成本低于 IJV 中建立信任的成本,则不等式就可能是另一种情况,这三种以并购为基础的策略就会被剔除。

运用不等式限制可以产生支配关系,同样的,运用等式限制也会产生支配关系,例如,如果并购之后建立信任的成本和每个内部市场中的成本相同,即 $q_i = q$ ($i = 1, 2, 3$),则必然有:

$$c_{1.4} > c_{1.2} > c_{1.3} \quad (2.6)$$

这表明完全拥有分销设施时再并购生产设施是无效的;相反,绿地投资生产设施同时并购分销设施则是较好的策略。

此外,如果 IJV 中建立信任的成本和所有市场中的成本都是相同的,即 $j_i = j$ ($i = 1, 2, 3$),则必然有:

$$c_8 > c_{1.3} \quad (2.7)$$

这表明绿地投资生产设施和并购分销设施的策略优于联合投资生产设施和把分销特许专营权交给合作伙伴的组合策略。

最后,再考虑两种限制。第一种限制假设通过绿地投资分销设施来学习海外市场的成本高于外部中间产品市场的交易成本,即 $rm > t_3$,则必然有:

$$c_{1.1} > c_{2.1} \quad (2.8)$$

因此,绿地投资生产设施和并购分销设施的组合策略肯定优于绿地投资生产设施和分销设施的策略。

第二种限制假设外部中间产品市场的交易成本大于并购之后建立信任的成本,即 $t_3 > rq_3$,则必然会有(根据上述限制 $q_1 = q_2$):

$$c_{2.2} > c_{1.3} \quad (2.9)$$

因此,并购分销设施和绿地投资生产的组合策略肯定优于并购生产设施后的特许专营分销设施的组合策略。

2.4.4 解决方案的性质

根据上述策略排除过程,只剩下三个原始策略值得进一步讨论。
- 1.3. 绿地投资生产和并购分销设施的组合策略;
- 2.1. 绿地投资生产设施和特许专营分销设施的策略;
- 6. 许可证策略。

在上述三个策略之间的选择由六个原始变量 a、q、r、s、t_2 和 t_3 约束。可供选择的解决方案有:

$$1.3. \quad 如果 q \leqslant (t_3 + s)/2r, ((t_2/r) + a)/2 \tag{2.10.1}$$

$$2.1. \quad 如果 t_3 + s \leqslant 2qr, t_2 + ra \tag{2.10.2}$$

$$6. \quad 如果 t_2 + ra \leqslant 2qt, t_3 + s \tag{2.10.3}$$

无论并购成本 q 如何低,策略 1.3 都是首选。策略 1.3 之所以合理,是因为三个策略中只有它与并购有关。当中间产品的外部市场交易成本 t_3 较低,同时来自于竞争分销活动的垄断利润损失 s 较低时,才会选择策略 2.1,因为只有策略 2.1 涉及中间产品销售市场的完全竞争,也只有这种策略让当地竞争者处于竞争的位置。当技术许可的交易成本 t_2 和技术适应当地生产设施的成本 a 较低时,策略 6 才是首选,因为三个策略中只有许可证策略是利用已有的生产设施,而其他两个策略是利用已有的分销设施。

2.4.5 给定策略选择偏好的推导

模型的逻辑结构说明,增加某些策略成本的任何变量的改变,都会对这些策略的选择造成限制,同时激励采用它们的替代策略。替代策略就是成本不依赖这些变量的策略。实际上,除了利率 r 和竞争成本 s 外,进入几个成本函数的每个变量,都会以同样的方式进入每一个策略;因此,这种变量的任何改变都不可能带来这些策略间的转换,因为这些策略的成本取决于这些变量。

而利率 r 对策略选择的影响则因特定策略的建立成本的不同而不同;同时,除非不同的建立成本是已知的,否则利率 r 对任何策略选择的影响都是不能确定的。相对于没有建立成本的策略而言,利率 r 上升都会降低采用任何涉及建立成本的策略偏好。建立成本为正的策略如果比最优替代策略建立成本低,利率 r 的上升会增加采用这种策略的偏好,因为它的建立成本比最优替代策略的建立成本低;利率 r 越高,就越有可能采用这种策略。

关于竞争成本 s,它的增加有利于联合投资分销设施,不利于对分销设施完全拥有所有权的绿地投资;它有利于分销设施的并购,不利于分销设施的许可证策略。因此,对联合投资分销设施的净影响取决于联合投资的最优替代策略是分销设施的绿地投资还是分销设施的并购或许可证策略。

上述并购、特许专营和许可证策略的基本应用原则总结在表2.3中,它说明了一个给定变量的增加,可能增加或降低使用这种策略而不使用另外两种策略的偏好。这一问题意味着:如果不知道这种条件下的建立成本、并购之后建立信任的相对成本 q 和被许可方工厂的相对适应成本 a,就不能确定策略选择偏好的方向。如果 $2q < a$,利率 r 的上升有利于并购,但却不利于许可证方式,因此,利率 r 上升对许可证方式的影响是负的。然而,它对并购的影响却是中性的,因为尽管它相对有利于许可证,但却相对不利于特许专营。因此,影响的方向取决于许可或特许专营是不是并购的最优替代策略。如果 $2q > a$,利率 r 上升有利于许可证方式而不利于并购。因此,利率 r 上升对并购的影响是负的;但是,它对许可证方式的影响是不确定的,因为尽管它相对有利于许可证方式,但却相对不利于特许专营。

表 2.3 影响三种支配策略选择的解释变量值的变化效应的比较静态分析

编号	策略	a	q	s	t_2	t_3	r
1.3	并购	+	−	+	+	+	?
2.1	特许专营	+	+	−	+	−	+
6	许可证	−	+	+	−	+	?

注:
a 为生产工厂的适应成本;
q 为通过新并购分销设施来获取市场营销技术而建立信任的成本;
s 为利润分享共谋的价值;
t_2 为技术许可而导致的额外交易成本;
t_3 为利用外部市场批发产品而导致的额外交易成本;
r 为利率。

表 2.4 总结了这些规则的广泛应用,该表中报告的结果适用于更为普遍的市场进入问题。上述用于推导支配关系的额外假设现在可放在一边,表 2.4 中做出了更为宽泛的假设。对所有这些假设的深入综合分析,已经超出了本章的范围。一些结论相当明显,并直接出现在现有文献中;而另一些结论则令人惊讶。有些时候,这种惊讶的成分来源于为了简化模型而做出许多特定的假设;另一些时候,这种惊讶的成分表明:当深入分析时,某种假设是合理的,但在直观上却并不显而易见。

表 2.4 影响进入市场方式选择偏好的解释变量变化效应的比较静态分析

	a	j_1	j_2	j_3	m	q_1	q_2	q_3	r	s	t_1	t_2	t_3	z
1.1	+	+	+	+	−	+	+	+	+	−	+	+	+	+
1.2	−	+	+	+	+	−	−	+	?	+	+	+	+	+
1.3	+	+	+	+	+	+	−	−	?	+	+	+	+	+
1.4	+	+	+	+	+	+	+	−	?	+	+	+	+	+
2.1	+	+	+	+	+	+	+	+	+	−	+	+	−	+
2.2	−	+	+	+	+	−	+	+	?	+	+	+	+	+
3.1	+	+	+	+	+	−	+	+	?	+	−	+	+	+
3.2	+	+	+	+	+	+	−	+	?	+	−	+	+	+
4.1	+	+	+	+	−	+	+	+	+	+	−	+	+	−
4.2	+	+	+	+	+	−	+	+	?	+	+	+	+	−
5	+	+	+	+	+	+	+	+	+	+	+	+	+	+
6	−	+	+	+	+	+	−	+	?	+	+	−	+	+
7	−	−	−	+	+	+	+	+	?	+	+	+	+	+
8	−	−	+	+	+	+	+	+	?	+	+	+	+	+
9	+	+	−	+	+	+	+	+	?	+	−	+	+	+
10	+	+	−	−	+	+	+	+	?	?	+	+	+	−
11.1	+	+	−	+	+	+	+	+	?	?	+	+	+	+
11.2	−	+	+	+	+	+	+	+	?	?	+	+	+	+

注：

a 为生产工厂的适应成本；

j_1 为生产联合投资中支持技术转让而建立信任的成本；

j_2 为通过分销设施联合投资而获得市场营销技术从而建立信任的成本；

j_3 为支持批发产品流动或建立联合投资企业而建立信任的成本；

m 为通过拥有全部分销设施而获得市场营销知识的成本；

q_1 为把技术转让到新获得生产设施而建立信任的成本；

q_2 为把市场营销技术转让到新获得分销设施而建立信任的成本；

q_3 为支持批发产品流动到新并购设施或从新并购设施流出而建立信任的成本；

r 为利率；

s 为利润分享共谋的价值；

t_1 为分包生产成果导致的额外交易成本；

t_2 为技术许可所导致的额外交易成本；

t_3 为利用外部市场批发产品所导致的额外交易成本；

z 为通过出口而不是在东道国生产来服务海外市场所发生的净额外成本。

2.5 结论分析

还一些更为明显的结论如下：

1. 由于关税、运输费或国内生产规模经济的损失而导致的 z 增加,有利于海外生产。它有利于许可证和完全所有权的生产,它强调了在分析海外市场进入策略中把区位效应和内部化效应区分开来的重要意义。

2. 进入者特定类型领先技术 a 的增加,不利于并购和许可证方式,而有利于生产的绿地投资。

3. 建立信任成本 q 的增加,不利于并购策略,但有利于绿地投资或完全竞争的合同安排策略。

4. 通过经验而学习海外市场的学习成本 m 越高,则越有利于并购、许可证和特许专营策略,但不利于分包和分销设施的绿地投资。

5. 中间产品交易成本 t_3 越高,则越有利于生产和分销设施的水平一体化,这既可以通过海外进入者在生产和分销的投资来获得;也可以通过进入者把产品出口到完全拥有的分销机构,或者进入者把技术许可给垂直一体化的东道国企业来获得;也可以通过形成垂直一体化的 IJV 来实现。

6. 完全竞争的技术转让的交易成本 t_1 越高,越有利于通过完全竞争安排而进行的对外直接投资,如分包协议。

7. 通常而言,分包协议并不是具有吸引力的进入海外市场的方式。这是因为:它并不能获得在当地竞争的市场营销技术;同时它也使当地竞争者处在激烈的竞争之中,对进入者来说合同安排是短期性的,对当地竞争者分销设施并不具有完全约束力,这也是为什么经常运用分包合同的原因。另一个进入海外市场的动机就是获取当地资源,特别是海外加工的廉价劳动力。尽管这种动机很重要,但并不在本章的讨论范围之内。这也说明在分析国际商务中的制度安排时,区别不同策略动机是多么重要。

以下是三个有趣但却不显著的结论:

1. 由于竞争成本 s 很高,巨额垄断租金的存在,有利于进入者长期控制东道国当地竞争者的生产设施或分销设施的策略,也有利于生产或分销设施的并购,但不利于在生产和分销设施的绿地投资;同样的,它也有利于许可证之类的长期合同安排,但不利于分包或特许专营之类的短期合同安排。

2. 在以下情况下,分销设施的联合投资是一种非常有用的海外市场进入方式:利用经验的学习成本 m 很高,因而不利于分销设施的绿地投资,建立信任的成本 q_1 很高,因而不利于分销设施的并购;完全竞争的中间产品市场的交易成本 t_3 很高,因而不利于特许专营;完全竞争的技术转让成本 t_2 很高,因而不利于许可证方式。但生产上的联合投资并不能作为一种很好的市场进入方式,除非这种生产上的联合投资是一体化联合投资的一部分,从而能很好地处理分销活动。

3. 总体上,这些分析表明了市场结构是确定绿地投资和并购选择的基本影响因素。绿地投资的进入策略会增加当地生产能力,并提高竞争激烈程度,而并购的进入方式则不能。这也解释了为什么政府通常积极地吸引绿地投资,同时却对并购采取限制。

2.6 结论及对未来研究的意义

这个模型很有弹性,在一定程度上很容易通过修改假设来说明其他问题。该模型可以扩展为包括两个东道国竞争者,或者两个相互竞争并进入同一市场的进入者,这就把分析从双寡头垄断模型扩展到三寡头垄断模型。引进第三方,不仅增加了竞争的范围,而且也增加了相互合作的可能性。如果考虑到进入者决定进入当地市场的时间选择,这个模型就具有很强的动态性,特别是对于中国、东欧等正在成长的市场而言,进入时间是一个重要的因素。

现有模型中,东道国政府的作用是被动的,也可引入东道国政府与进入者之间的策略互动。东道国政府可以将税收激励作为回报,换取对当地增加价值和"就业创造"的承诺,这会影响进入方式的选择。双方可能会就补贴数额进行谈判。政治风险可能不利于对外直接投资,但却有利于采用完全竞争的合同安排。企业通过转移定价来使全球税赋最小化的可能性也可以被考虑在内。

该模型也可扩展到服务业和生产行业的对外直接投资。除了生产,再引入市场营销和分销设施,这在分析服务行业的对外直接投资上迈出了重要一步。运用不同方法来修改生产与分销之间实物关系的假设,该模型可广泛地运用于服务行业。

此外,还有很多小技巧可以对模型进行修改,运用伯兰德和古诺模型(Gorg, 1998)可将双寡头竞争分析进一步优化。也可引入通过绿地投资形成的 IJV 以修正上述的"买进"策略。最后,还可以通过对海外技术适用当地生产条件的函数做出更加清晰的界定,来对东道国生产专有技术的作用进行更加详细的建模。

参考文献

Agarwal, S. and S.N. Ramaswani (1992) 'Choice of foreign market entry mode: impact of ownership, location and internalisation factors', *Journal of International Business Studies*, **23**, 1–27

Anderson, E.M. and A.T. Coughlan (1987) 'International market entry and expansion via independent or integrated channels of distribution', *Journal of Marketing*, **51**, 71–82

Anderson, E.M. and H. Gatignon (1986) 'Modes of foreign entry: a transaction costs analysis and propositions', *Journal of International Business Studies*, **17**, 1–26

Bakema, H.G., J.H.J. Bell and J.M. Pennings (1996) 'Foreign entry, cultural barriers and learning', *Strategic Management Journal*, **17**, 151–166

Beamish, P.W. (1985) 'The characteristics of joint-ventures in developing and developed countries', *Columbia Journal of World Business*, **20**, 13–20

Beamish, P.W. (1987) 'Joint ventures in less developed countries: partner selection and performance', *Management International Review*, **27**(1), 23–37

Beamish, P.W. and J.C. Banks (1987) 'Equity joint ventures and the theory of the multinational enterprise', *Journal of International Business Studies*, **18**, 1–15

Beamish, P.W. and J.P. Killing (eds) (1997) *Cooperative Strategies* (3 vols), *North American Perspectives, European Perspectives, Asian Pacific Perspectives*, San Francisco: New Lexington Press

Benito, G.R.G. and G. Gripsrud (1992) 'The expansion of foreign direct investments: discrete rational locational choices or a cultural learning process?', *Journal of International Business Studies*, **23**, 461–476

Blodgett, L.L. (1992) 'Factors in the instability of international joint ventures: an event history analysis', *Strategic Management Journal*, **13**, 475–481

Buckley, P.J. (1983) 'New theories of international business: some unresolved issues', in M. Casson (ed.), *The Growth of International Business*, London: Allen & Unwin, 34–50

Buckley, P.J. and M. Casson (1976) *The Future of the Multinational Enterprise*, London: Macmillan

Buckley, P.J. and M. Casson (1981) 'The optimal timing of a foreign direct investment', *Economic Journal*, **92**(361), 75–87

Buckley, P.J. and M. Casson (1988) 'A theory of cooperation in international business', in F.J. Contractor and P. Lorange (eds), *Cooperative Strategies in International Business*, Lexington, MA: Lexington Books

Buckley, P.J. and M. Casson (1996) 'An economic model of international joint ventures', *Journal of International Business Studies*, **27**(5), 849–876

Buckley, P.J. and P.N. Ghauri (eds) (1993) *The Internationalization of the Firm*, London: Dryden Press

Buckley, P.J. and R.D. Pearce (1979) 'Overseas production and exporting by the world's leading enterprises', *Journal of International Business Studies*, **10**(1), 9–20

Casson, M. (1985) 'Multinational monopolies and international cartels', in P.J. Buckley and M. Casson (eds), *The Economic Theory of the Multinational Enterprise*, London: Macmillan

Casson, M. (1991) 'Internalisation theory and beyond', in P.J. Buckley (ed.), *New Horizons in International Business: Research Priorities for the 1990s*, Aldershot: Edward Elgar, 4–27

Casson, M. (1994) 'Internationalization as a learning process: a model of corporate growth and geographical diversification', in V.N. Balasubramanyam and D. Sapsford (eds), *The Economics of International Investment*, Aldershot: Edward Elgar

Caves, R.E. (1971) 'International corporations: the industrial economics of foreign direct investment', *Economica*, **38**, 1–27

Contractor, F.J. (1984), 'Choosing between direct investment and licensing: theoretical considerations and empirical tests', *Journal of International Business Studies*, **15**(3), 167–188

Contractor, F.J. (1990) 'Ownership patterns of US joint-ventures and liberalisation of foreign government regulation in the 1980s: evidence from the Benchmark Surveys', *Journal of International Business Studies*, **21**, 55–73

Contractor, F.J. and P. Lorange (eds) (1988) *Cooperative Strategies in International Business*, Lexington, MA: Lexington Books

Davidson, W.H. (1980) 'The location of foreign direct investment activity: country characteristics and experience effects', *Journal of International Business Studies*, **11**(2), 9–22

Dubin, M. (1975) 'Foreign Acquisitions and the Spread of the Multinational Firm', DBA Thesis, Graduate School of Business Administration, Harvard University

Dunning, J.H. (1980) 'The location of foreign direct investment activity, country characteristics and experience effects', *Journal of International Business Studies*, **11**, 9–22

Flowers, E.B. (1976) 'Oligopolistic reaction in European and Canadian direct investment in the United States', *Journal of International Business Studies*, **7**, 43–55

Franko, L.G. (1971) *Joint Venture Survival in Multinational Corporations*, New York: Praeger

Geringer, J.M. (1991) 'Strategic determinants of partner selection criteria in international joint ventures', *Journal of International Business Studies*, **22**(1), 41–62

Geringer, J.M. and L. Hebert (1991) 'Measuring performance of international joint ventures', *Journal of International Business Studies*, **22**(2), 249–263

Gomes-Casseres, B. (1987) 'Joint venture instability: is it a problem?', *Columbia Journal of World Business*, **22**(2), 97–107

Gomes-Casseres, B. (1991) 'Firm ownership preferences and host government restrictions', *Journal of International Business Studies*, **21**, 1–22

Gorg, H. (1998) 'Analysing foreign market entry: the choice between greenfield investments and acquisitions', Trinity College, Dublin Technical Paper 98/1

Graham, E.M. (1978) 'Transatlantic investment by multinational firms: a rivalristic phenomenon', *Journal of Post-Keynesian Economics*, **1**, 82–99

Graham, E.M. (1992) 'The theory of the firm', in P.J. Buckley (ed.), *New Directions in International Business*, Cheltenham: Edward Elgar

Gulati, R. (1995) 'Does familiarity breed trust? The implications of repeated ties for contractual choices in alliances', *Academy of Management Journal*, **28**(1), 85–112

Hallen, L. and F. Wiedersheim-Paul (1979) 'Psychic distance and buyer-seller interaction', *Organisasjon, Marknad och Samhalle*, **16**(5), 308–324. Reprinted in P.J. Buckley and P.N. Ghauri (eds) (1993), *The Internationalization of the Firm*, London: Dryden Press

Harrigan, K.R. (1988a) 'Joint ventures and competitive strategy', *Strategic Management Journal*, **9**, 141–158

Harrigan, K.R. (1988b) 'Strategic alliances and partner asymmetries', in F.J. Contractor and P. Lorange (eds), *Cooperative Strategies in International Business*, Lexington, MA: Lexington Books

Hennart, J.-F. (1982) *A Theory of Multinational Enterprise*, Ann Arbor: University of Michigan Press

Hennart, J.-F. (1988) 'A transaction costs theory of equity joint ventures', *Strategic Management Journal*, **9**, 361–374

Hennart, J.-F. and Y.-R. Park (1993) 'Greenfield vs acquisition: the strategy of Japanese investors in the United States', *Management Science*, **39**, 1054–1070

Hennart, J.-F. and Y.-R. Park (1994) 'Location, governance and strategic determinants of Japanese manufacturing investment in the United States', *Strategic Management Journal*, **15**(6), 419–436

Hill, C.W.L., P. Hwang and C.W. Kim (1990) 'An eclectic theory of the choice of international entry mode', *Strategic Management Journal*, **11**, 117–128

Hirsh, S. (1976) 'An international trade and investment theory of the firm', *Oxford Economic Papers*, **28**, 258–270

Hofstede, G. (1980) *Culture's Consequences: International Differences in Work-related Values*, Beverly Hills, CA: Sage

Horst, T.D. (1972) 'Firm and industry determinants of the decision to investment abroad: an empirical study', *Review of Economics and Statistics*, **54**, 258–266

Hymer, S.H. (1976) 'The International Operations of National Firms: A Study of Direct Foreign Investment', (unpubl. 1960 PhD thesis), Cambridge, MA: MIT Press

Inkpen, A.C. and J. Birkenshaw (1994) 'International joint ventures and performance: an interorganizational perspective', *International Business Review*, **3**(3), 201–217

Johanson, J. and J.-E. Vahlne (1977) 'The internationalization process of the firm – a model of knowledge development and increasing foreign market commitments', *Journal of International Business Studies*, **8**(1), 23–32

Johanson, J. and F. Wiedersheim-Paul (1975) 'The internationalization of the firm – four Swedish cases', *Journal of Management Studies*, **12**, 305–322

Killing, J.P. (1983) *Strategies for Joint Ventures*, New York: Praeger

Kim, W.C. and P. Hwang (1992) 'Global strategy and multinational's entry mode choice', *Journal of International Business Studies*, **23**, 29–53

Kindleberger, C.P. (1969) *American Business Abroad*, New Haven: Yale University Press

Knickerbocker, F.T. (1973) *Oligopolistic Reaction and Multinational Enterprise*, Boston, MA: Harvard University Press

Kogut, B. (1988) 'Joint ventures: theoretical and empirical perspectives', *Strategic Management Journal*, **9**, 319–332

Kogut, B. (1989) 'The stability of joint ventures: reciprocity and competitive rivalry', *Journal of Industrial Economics*, **38**(2), 183–198

Kogut, B. and H. Singh (1987) 'Entering the United States by joint venture: industry structure and competitive rivalry' in F.J. Contractor and P. Lorange (eds) (1988), *Cooperative Strategies in International Business*, Lexington, MA: Lexington Books

Kogut, B. and H. Singh (1988) 'The effect of national culture on the choice of entry mode', *Journal of International Business Studies*, **19**(3), 411–432

Kogut, B. and U. Zander (1992) 'Knowledge of the firm, combinative capabilities and the replication of technology', *Organization Science*, **3**, 383–397

Kogut, B. and U. Zander (1993) 'Knowledge of the firm and the evolutionary theory of the multinational corporation', *Journal of International Business Studies*, **24**, 625–645

Meyer, K.E.E. (1997) 'Determinants of Direct Foreign Investment in Transition Economies in Central and Eastern Europe, PhD thesis', University of London

Nitsch, D., P. Beamish and S. Makino (1996) 'Entry mode and performance of Japanese FDI in Western Europe', *Management International Review*, **36**, 27–43

Penrose, E. (1959) *The Theory of the Growth of the Firm*, Oxford: Basil Blackwell

Prahalad, C.K. and G. Hamel (1990) 'The core competence and the corporation', *Harvard Business Review*, May, 71–91

Root, F.R. (1987) *Entry strategies for International Markets*, Lexington, MA: Lexington Books

Rugman, A.M. (1981) *Inside the Multinationals: The Economics of Internal Markets*, London: Croom Helm

Shane, S. (1994) 'The effect of national culture on the choice between licensing and direct investment', *Strategic Management Journal*, 15, 627–642

Stopford, J.M. and L.T. Wells, Jr (1972) *Managing the Multinational Enterprise: Organization of the Firm and Ownership of Subsidiaries*, London: Longman

Svensson, R. (1996) *Foreign Activities of Swedish Multinational Corporations*, Uppsala: Department of Economics, Uppsala University, Economic Studies 25

Tirole, J. (1988) *The Theory of Industrial Organization*, Cambridge, MA: MIT Press

Vernon, R. (1966) 'International investment and international trade in the product cycle', *Quarterly Journal of Economics*, **80**, 190–207. Reprinted in P.J. Buckley and P.N. Ghauri (eds) (1993), *The Internationalization of the Firm*, London: Dryden Press

Wilson, B. (1980) 'The propensity of multinational companies to expand through acquisitions', *Journal of International Business Studies*, **12**(2), 59–65

Woodcock, C.P., P. Beamish and S. Makino (1994) 'Ownership-based entry mode strategies and international performance', *Journal of International Business Studies*, **25**, 253–273

Yip, G. (1982) 'Diversification entry: internal development versus acquisition', *Strategic Management Journal*, **3**, 331–345

Young, S., J. Hamill, C. Wheeler and J.R. Davies (1989) *International Market Entry and Development*, Hemel Hempstead: Harvester Wheatsheaf

Yu, C.-M. and K. Ito (1988) 'Oligopolistic reaction and foreign direct investment: the case of the US tyre and textiles industries', *Journal of International Business Studies*, **19**, 449–460

Zejan, M.C. (1990) 'New ventures or acquisitions: the choice of Swedish multinational enterprises', *Journal of Industrial Economics*, **38**, 349–355

第三章 企业的边界:一个全球系统的视角

3.1 引 言

本章主要从系统的视角来分析企业边界问题,并对上一章提出的一些问题再次进行考察,然后,用系统分析方法对前面所述问题进行分析并提出新的理论假设。第二章的理论分析单位都是单个企业,而本章的理论分析单位则是全球经济。因此,这种分析方法不仅能预测任意一个给定企业的边界是如何界定的,而且还能预测会有多少个企业,这些企业的边界在哪里,它们与另外一些企业的边界是如何互动的。

尽管在国际商务研究文献中经常使用"全球化"一词,但却很难找到对全球经济结构的合理描述。当它们正式出现在理论模型中时,国际商务研究者一个常用的方法就是引用国际贸易的标准经济理论,这些标准经济理论主要是要素替代理论,如赫克歇尔-俄林-斯图尔珀-萨缪尔森定理(Kemp,1964),或者是以运输成本和规模收益递增为基础的策略性贸易政策理论(Helpman,Krugman,1985)。然而,众所周知,这些国际贸易理论的视角都集中在产业上,而不是企业上。如果把跨国公司作为一个系统来研究,把全球经济从产业层面分解为企业层面是非常有必要的。

本章把全球经济看成是与由产品流动和知识流动所形成的复杂网络有紧密联系的各种设施的集合。这些相互联系在一起的设施有不同的形式,其功能也不同,譬如生产功能、销售功能和研发功能等。因此,不同的设施位于不同地点,每种活动既可能集中在单一区位上,也可能分散在不同区位上,一些区位对某些特定功能的活动有一定的吸引力,而另一些区位则会吸引另一些特定功能的活动。不同区位模式产生了不同的产品流动和知识流动的地理区位模式。

全球经济系统需要共同的参与和协调,因此,可能有许多不同的制度安排会影响这种共同参与,如企业、市场、社会网络和国家等。最简单的内部化理论模型的研究重点集中在企业和市场间的选择,这也是本章将要考察的一个特定方面。

一个企业可以拥有和控制大量的设施。如果两个设施被不同的企业所控制,而且它们之间存在某种联系,那么这些相关的企业就必须进行谈判,并按合同来协调它们的决策。在这种情况下两个设施间联系的共同协调,是由外部市场力量决定的。相反,如果由同一个企业控制这两个密切相关的设施,这两个设施之间的协调主要由内部管理者来完成。如果这些设施位于不同的国家,内部控制的结果就是产生跨国企业,否则就会在国内创造一个多工厂的全国性企业。

企业和市场的组合方式很多,正是因为有了这种大量的组合,才能共同协调全球经济。一种极端情况是,由一个企业来协调整个世界——即它拥有所有设施,并在内部来协调它们之间所形成的各种联系;另一种极端情况是,由单个不同的企业分别控制一种设施,在这种情况下,外部市场就会影响这些设施之间所形成的各种联系的相互协调。在这两种极端情况之间,存在各种不同的可能,即由不同企业控制着不同类型设施的经济活动。但究竟有多少不同类型的企业?这些不同类型的企业又控制了多少不同类型设施的经济活动呢?

在此之前,很多人曾宽泛地分析到这个问题,如罗伯逊(Robertson,1923)和科斯(Coase,1937)。但令人惊奇的是,从没有人用系统的方法去全面深入地分析这一问题。一种可能的解释是许多人认为这个问题太复杂。因此,大多数理论分析都集中在单个企业上,而忽视了这些不同企业之间的相互依赖性,这种相互依赖性却源于这个系统的组织结构,不同类型的企业则内生于这个系统之中。

全球经济配置主要有两个方面的内容:地理区位和所有权配置。相互协调问题的全面解决,就是要求同时对各种设施部门的地理区位和产权配置进行选择,需要对不同部门地理区位、所有权及相互之间的联系方式进行协调。设施部门的地理区位决定了部门联系的地理区位方式;对企业而言,设施的所有权则决定了每种联系是外部的还是内部的。

解决相互协调问题,既可以分析不同类型设施的地理区位和所有权,并由此推断它们之间的联系类型;也可以分析不同类型设施地理区位和所有权之间的联系类型,并由此推断设施的地理区位和所有权。本章根据第二种方法提出了一个正式的解决方法,同时也表明这一问题并不像看上去那么复杂。一个聪明的方法就是通过假设简化,得到一个富有逻辑且简单清晰的公式,根据这种简洁的方法就能得到答案。在这种方法下还存在解决这个问题的进一步的方案选择,本章最后将详细地说明这些内容。

在介绍模型之前,先回顾系统方法的历史演进。本章3.2节到3.4节主要回顾了建立一般模型的动机,3.5节到3.10节构建了这个一般模型,并对该模型进行求解;3.11节和3.12节分析了模型的应用和扩展,3.13节总结了本章的基本结论。

3.2 全系统视角的历史背景

目前大多数企业理论都只考虑单个企业本身,而不把产业或者整个经济视为一个整体作为研究的基本单位。目前研究的热点主要集中在企业内部如何运作上,这是对传统新古典主义理论的一种修正。传统新古典理论模型把企业个体活动看成一个"黑箱",而当前的理论则更强调企业的特定优势或能力。因此,新古典主义理论中的"代表性企业"这一概念将被摒弃,因为它低估了这种"代表性企业"的个性和独有的特质。

然而,对新古典方法的修正还可以被进一步向前推进。新古典方法的一个重要优势在于它直接研究企业运行的宏观经济环境,新古典产业组织理论直接讨论的是企业竞争者,而一般均衡理论则突出不同产业中的相关企业之间的互补性和替代性。

在世界经济全球化持续不断深化的前提下,用全系统的观点来研究企业就显得特别需要。世界经济全球化的持续深化,对企业外部环境产生了重大影响。正是对这种外部变化的理性反应,使得对企业边界近一时期的变化很容易被理解。因此,一个令人满意的企业理论应该包括企业本身和全球经济体系的结构,并把企业作为全球经济体系的一个组成部分。

本章所构建的全系统视角并不是本书首次提出来的。显然,科斯(Coase,1937)在此之前就曾清楚地提到过。那时科斯就提到"计划和价格"这个引起激烈争论的问题。他用中央计划来表示社会主义,用市场体系来表示资本主义。市场体系用价格来分散决策。关于经济系统的一个思想理论学派认为,社会主义的计划者们能充分运用"影子价格"来模仿市场体系中的价格,如果能用机会成本来衡量,则影子价格比则市场价格更为准确,这不仅因为它消除了垄断扭曲,而且还因为它补偿了外部性。另一个持相反观点的思想理论学派则认为,中央计划者并不能精确计算影子价格,因为他们不能获得计算"影子价格"所需要的信息(Hayek,1935);同时还因为官僚们为了达到自己的目的而扭曲他们所控制的信息。人类这种劣根性所导致的问题显然有不同的表现形式,而在中央计划的情况下,这些问题则更加难以解决,这是因为国家垄断权力的存在导致了竞争机制的缺失。

科斯认为:计划和价格的选择并不像意识形态争论中的假设那样刻板。在市场体系中加入计划单位,则可能获得计划经济与市场经济融合的好处。事实上,资本主义企业也能很好地发挥计划功能。它们聘请经理人并通过授权来协调和配置那些本应该由市场体系来配置的资源。

> 当国家以计划的方式控制了一个产业的发展方向时,就很容易看到政府正在做以前由市场价格机制所做的一些事情。通常不能意识到的是,某一商人在管理企业各个部门间的关系时所做的一些事情,正是以前由市场价格机制所做的一些事情(Coase, 1937, p.389, fn. 3)。

因此,可以根据计划和市场各自的比较优势将二者结合起来,以实现经济体系的不同部门的协调。企业可以把计划机制制度化,市场也可以把价格机制制度化。因此,企业和市场的边界是资源配置的两套体系之间的交点,在这个交叉点这两套资源配置体系各自的优势都得了平衡发挥。

谁在决定边界的位置?有两种可能性:要么是把市场嵌入到计划体制中,要么是把计划嵌入到市场体系中。这两种制度安排的影响显然不同。

如果把市场嵌入到计划体制中,那么计划者们可以决定市场在什么地方存在,并制定相关规则,通过这些规则来约束市场的运行。这种情况在分散的组织机构中较为普遍,在这种组织机构中,不同的部门之间通过转移价格来进行交易。不同组织机构的分散化程度可能各不相同。在企业内部通过中央计划部门来固定内部转移价格,或者通过各个部门的领导直接磋商来决定——这种协议安排更接近于传统市场化的进程。

如果把计划嵌入到市场体制中,这种情况正是科斯假设的那种情况。在市场体系中,企业家决定了企业边界在哪里,更具体地说,是企业家们在共同的所有权和控制权的条件下,通过对资源部门的组合而建立企业。为了获取这些资源,他们常常需要借钱融资。只有当投资者认为这些资金能被正确使用时,他们才会出资。正确使用就包括以合适的方式来建立企业应有的边界。如果一家企业的边界被认为不合适,投资者就会抽走他们的资金,或者把手中的股份卖给其他企业,然后由别的企业接管,并保证该企业的边界在正确的位置上。这个过程主要是通过对撤资、买入或卖出的管理或并购等方法来实现的。

这个过程是由企业家追逐利润的本性所决定的。企业家们总是在寻找更多的办法重新配置企业边界,并追求更高的效率。他们会把与其他资产不能很好匹配的资产撤走,或者对现有资产进行接管或并购来补充自己的资产;有时他们收购企业的目的,可能仅仅是剥离或者关闭运营不良的资产。

每个企业家为了获得利润都会尽其所能来经营企业,这意味着管理活动是需要授权的,引导每个管理者代表资产所有者来追求利润最大化。如果管理者没有实现这一目的,他将会失去工作。因此,可以认为这种竞争机制会实现整体利润的最大化。简而言之,在全球范围内追求利润最大化,推动了全球经济体系的发展。

然而,这种结论忽略了产品市场的竞争功能。产品市场竞争能消除高于平均利润的那部分利润。从短期来看,竞争会导致降价;从长期来看,由于新进入者对垄断者的技术和产品的模仿或改进,可能会消除垄断。只有马克思主义者才认为,大企业之间的勾结能强大到使其在全球系统的基础上实现利润的最大化。

然而,还可以用一种更为理想的方法,对这一命题进行重新讨论。重新讨论这一命题有一个基本要求,即假设竞争状态是给定的。给定产品市场上某种程度的竞争时,产品市场对资本或管理的竞争,实际上就能导致整个系统的利润最大化。任何企业都以这种产品市场的竞争状态为条件来实现企业利润的最大化,其必要条件就是在任何产出水平上生产成本都是最小的。如果产出没有按最小成本生产出来,就必然通过某些降低成本的改变来增加利润。即在整个系统中任何给定产出都要按最小成本进行生产。简而言之,全球经济体系就是使任一给定的产出水平在全球系统中实现成本最小化。

企业降低成本的努力,不仅涉及生产方法的改变,而且最终会涉及企业区位和企业边界的变化。也就是说,全系统成本最小化的原则约束着企业的生产区位和企业边界。当全球经济产出组合给定时,按照系统成本最小化原则就能预测设施的地理区位和企业边界。

因此,不仅单个企业本身要优化,而且全球经济中所有企业群体也要优化。"在一个竞争的系统内,必然存在计划的最优数量。"(Coase,1937,p.389,fn.3)。系统内总成本最小化的任何失败,都会在系统内部创造某种盈利机会,而精明的企业家会通过追求盈利的机会来纠正这种失败(Kirzner,1973)。

3.3 进一步的思考

当然,企业家体系在实践上的运作并非那么完美。因此,市场体系支持者认为,尽管企业家体系存在缺陷,但它却比其他任何替代体系的运作要优秀得多。然而值得一提的是,在全球系统中实现成本最小化的市场就是资本市场和管理者市场,而不是产品市场,这正是许多研究者错误地关注的地方。正是对资本和管理能力的竞争,决定了哪些企业家能成功地实现其商业计划,而哪些则不能。资本市场在企业不同计划单位之间分配资金,每一个企业都会在产品市场体系中建立自己的企业边界;而管理者市场则根据企业对管理能力的需要,在不同企业之间配置管理能力,这说明了管理者解决内部需要协调问题的复杂性。

一些产品市场,特别是零部件或半成品等中间产品市场,在一些企业中可以实现完全内部化;而另一些产品市场在一些企业中只能实现部分内部化,即这些企业除生产这些零部件供内部使用外,还把这些零部件供给外部独立的企业使用。因此,产品市场中的计划远远超过了许多市场体系倡导者所能认识到的情况,一个很明显的特征就是全球体系中企业内贸易水平很高。

同样的,假设所有企业都是单纯的计划单位,这显然是错误的。这是因为如前所述,企业内部可以形成市场子系统。当中间产品在不同生产单位(多元化的生产者)生产,且在不同装配工厂(多元化的使用者)使用时,这种特定的市场子系统尤为普遍。正如在市场体系中能找到企业,在企业内部也能找到市场。

事实上,进一步的研究远不止于此。企业内部市场一般要涉及各个分支机构之间的贸易,且每个分支机构可以被看成是一个独立企业。实际上,从法律的视角看,它们通常也是这样构成的。因此,在企业内部市场也可以找到其他企业,这些企业可能与原始企业相类似,尽管规模较小。实际上,进一步复制这一过程是可能的,因为在某些分支机构内部也可能存在当地市场。因此,经济就是由企业和市场这种巢状的系统所构成的。资本主义体制的特征就是企业存在于市场体系之中,而不是在企业之中存在着市场。相反,以影子价格为基础的社会主义体制的特征就是企业之间存在市场,而且这些企业都是国家的。因此,这两种体系比一般人所认为的要折中得多,把两种替代体系结合在一起,就能比单纯依靠一种体系增加更多的弹性。然而,尽管资本主义体系能通过企业家来决定企业边界在什么地方,而社会主义体系则通过国家计划者来确定企业边界。在社会主义体系中,政府很可能雇用具有企业家能力的人来充当计划者,但是计划者之间的观点分歧,不是像在资本主义体系中那样,通过对资本的竞争来解决,而是通过政府领导人的权限来解决的。

3.4 系统观点的更新

20世纪30年代,当高关税和倡导自给自足的爱国热情抑制了国际贸易时,有关计划和市场的争论达到了高潮。较高水平的政治风险抑制了海外直接投资,因此,这一问题的讨论是在一种封闭国家经济的背景下进行的。然而,在贸易和资本流动更加自由的今天,用全球经济而不是一个国家的经济作为研究分析单位则更为合适;同时,认识到知识流动的策略意义也是很重要的。但在早期的讨论中并没有涉及很多这方面的问题。因此,必须更新系统研究的视角,目前所采用的研究框架必须包括产品流动和知识流动协调等方面的内容。

用巴克利和卡森(Buckley and Casson,1976)的最新跨国公司模型作为特例并非偶然,因为他们的模型是以系统的观点作为基础的。

> 现代商业部门的许多活动已经从传统产品生产和服务生产的过程中剥离出去,尤为重要的是营销、研发、劳动力培训、管理团队的构建、融资和资产管理等活动。所有这些商业活动是相互依存的,并通过中间产品流动连接起来。有时候中间产品就是从一个部门转移到另一个部门的普通半成品;更多的时候中间产品就是知识、管理经验、专利或人力资本。商业活动的有效协调要求有一个完全的中间产品市场。然而,某些中间产品市场是很难形成的。我们认为:要改进这些中间产品市场的组织结构,就会导致商业组织的根本变革,其中一个重要方面就是跨国公司的发展。(p.33)

这个模型把一些学者提出的有关世界经济的观点连接起来(详细论述见卡森,1990,1992)。他们在第一次提出这个模型时预期内部化理论的后续发展会沿着本章所设计的路径,但这种判断已经被证明是错误的。实际上,内部化的概念很快被剥夺了由科斯所赋予它的通用性,因此,系统观点的内涵被抛弃了,尽管内部化的概念还在以某种特殊方式被经常使用。

形成这种情况的部分原因在于威廉姆森(Williamson,1975)和邓宁(Dunning,1977)的影响。威廉姆森把他的研究主要集中生产垂直一体化上,随后缩小了研究范围并集中到策略"套牢"问题上(Klein, Crawford and Alchian, 1978; Williamson, 1985),而且他研究的重点是国内问题,主要是实物流动市场的协调,而不是知识流动市场的协调。邓宁的研究视角比较广,他所采用的是全球视角,研究主要集中在知识要素的流动。但是,从某种程度上讲,邓宁的研究视角也有一定的局限性,主要体现在他最初只是将理论纯粹用于探讨企业特定优势是否可以许可,而且他的理论研究一直弱化了生产垂直一体化的问题,直到后期研究"资源寻求型"直接投资时,才考虑到了生产垂直一体化的重要意义(Dunning,1983)。

至此,内部化理论从经济系统视角的研究中分离出来,进而成为一种特殊的理论,专门研究单个企业如何决定其具体边界的问题。学者们开始强调内部化在节约成本上的重要性,其结果就是他们又成为一些批评垂直一体化或海外直接投资的代言人。然而,需要强调的是系统研究视角对内部化理论采取了一种平衡观点,既认识到内部化的收益,也要考虑到它的成本。因为内部化的成本就是企业根植于外部市场体系所得到的收益。

3.5 模型概述

3.5.1 模型的研究方法

离散选择模型对全系统行为的分析提供了一种非常合适的方法,因为它们能对跨国经营策略的很多方面进行分析。离散选择模型相对于连续选择模型的一个重要优势,在于它很容易找到所有可能的解,并依次对这些解进行评价,从中选出最优解。然而,随着系统规模的增大,求解的有效性却大大下降,这是因为系统组合的爆炸性增长,即不同策略排列组合的数量随着系统规模的扩大而急剧增加(Casson,Wadeson,1996)。这说明剔除那些一直都由其他变量支配的解是很重要的;同时,按照适当的顺序来检验剩下的解以尽早找到最优解也同样重要。

经济原理的重要性在于它能确定支配关系和在非占优策略中确定适当的搜寻顺序。因为这种原因,以下将按照这种经济逻辑来仔细讨论问题的解。这些原理的数学计算是非常简单的,数值实例见本章3.10节。

3.5.2 模型的基本框架

假设经济系统只生产一种消费产品,但生产却涉及三种生产活动:研发活动(R&D)($h=0$)、生产活动($h=1$)、市场营销和分销活动($h=2$);同时涉及两种地理区位($i=1,2$)。每种生产活动可以在一个或者两个地理区位上发生。经济系统如图3.1所示,研发实验室用三角形表示,生产车间用正方形表示,仓库和销售办公室用菱形来表示。

部门设施之间通过产品流动(用细线表示)和(或)知识流动(用粗线表示)连接起来。流动方向用箭头表示。三种主要连接用指数($m=0,1,2$)来区分。第一种连接是制成品从生产部门流向销售部门($m=0$),第二种连接是知识在研发部门和生产部门之间的双向流动($m=1$),第三种连接是知识在研发部门和销售部门之间的双向流动($m=2$)。产品流动是单向的,而知识流动是双向的,因为知识从生产部门和销售部门流向研发部门时有一个反馈的过程。在销售部门和生产部门之间没有知识流动,它们之间的知识传递完全由研发部门来协调;这种简化没有任何影响,因为生产部门和销售部门直接由物质产品流动连接起来。

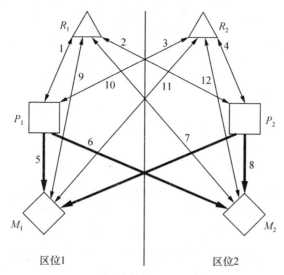

图 3.1 系统的基本配置

注：数字 1—12 代表了文中所描述的连接方式。

3.5.3 连接成本

用于协调的信息流动没有反映在图 3.1 中。然而，所有这些连接都受信息流动的支持。维持这种连接所需的成本主要包括两个方面：转移成本和信息成本。

转移成本就是把资源从一个地方移动到另一个地方所产生的实际成本，它又包括三个组成部分：如果是实物产品，这些成本就是运输成本、关税和克服非关税壁垒（例如东道国以健康和安全为由所采取的管制措施）的成本；如果是无形产品（如知识流动），就把运输成本替换为培训成本，其他的相同。

信息成本主要包括两个部分：沟通成本和担保成本。沟通成本就是保证在诚实和胜任的前提下同意按协议所达成的资源价格和数量进行交付时所产生的成本。担保成本是在处理不胜任和不诚实所导致出现错误信息时所发生的成本。经常用"交易成本"表示这些担保成本，但这里并不采用这一概念，因为它的含义很模糊：有时交易成本仅仅表示不诚实所带来的成本，而某些情况下，也会包括不胜任所产生的成本和沟通成本（详见第五章）。

转移成本的三个组成部分加上信息成本的两个组成部分，就构成了连接成本的五个组成部分。这些部分列在表 3.1 中左边的第一列，连接成本的每个组成部分取决于影响要素的数量，这五个要素都在表中分别标出。

表 3.1 影响连接成本构成的要素

	产品类型	地理距离	政治差异	文化差异	内部化
转移成本					
运输/培训	×	×			
关税	×		×		×
非关税壁垒	×		×		
信息成本					
沟通	×	×		×	×
担保	×		×	×	×

显然,转移资源的性质(产品类型)是决定连接成本的一个重要因素。例如,通常知识转移要比要素转移产生更高的信息成本,这是因为知识质量是不精确的且很难检验。有三种要素是与特定地理区位相关的。一是连接的地理距离,它是决定运输成本的重要影响因素。二是政治差异,特别是这两个区位是否处于同一国家。这一问题还可以扩展到这些国家是否处于战争或和平状态,是否是某一条约的成员国,是否给予他国最惠国待遇,或者是否是关税同盟、自由贸易区或货币同盟的成员国。三是文化差异。文化差异对于沟通成本也有重要影响。这些影响有时会在次级国家层面表现出来,例如,城市地区的文化比农村地区的文化更具有个性化和竞争性的特征。然而,国家间的文化差异常常体现在政治差异上,这两者之间的关系很复杂。因此,即使是文化很相似的邻国,也常常因为边界问题发生纠纷。国家之间关系良好,也可能并非是因为它们文化相似,而是因为它们有共同的政治敌人。

影响连接成本的最后一个因素是内部化,即这种连接是企业内部的连接还是企业外部的连接。从模型的角度来看这显然是一个最重要的影响因素,它主要影响信息成本。内部化同样会影响关税的征收,这是因为它有利于转移定价,即通过低估内部转移资源的价值,进而降低企业的从价税负。当产品对于企业而言是独一无二的时候,转移价格的经济利益就尤其重要,因为在这种情况下关税当局没有办法找到一种竞争性的价格来比较这种转移价格。

连接的总成本就是上述五个组成部分之和。表中所列的每一个要素都会影响一个或更多的组成部分,因此,总成本取决于所有的五个要素。为了简化,我们假定连接的总成本直接和转移资源的数量成比例。

图 3.1 说明了这个系统中共有 12 种连接方式,虽然并不是所有的方式在任何时候都起作用。通过第 j 种连接($j=1,\cdots,12$)转移一个单位资源的成本是:

$$t_j = t(m_j, d_j, n_j) \tag{3.1}$$

其中,m_j 表示流动的方式,d_j 表示距离,n_j 表示内部化的决策。所有三个影响因素都是离散型变量。变量 m_j 已经讨论过了。当来源地和目的地处在同一区位时,$d_j=0$;当来源地和目的地处于不同区位时,$d_j=1$。距离是根据表3.1中列出的三条标准或它们的组合来定义的,除非另有说明,假定 d_j 表示政治距离,即表明这种连接是国内的还是国际的。因为具体区位要素只用指数 d_j 来表示,因此,不论贸易流动方向如何,与距离相关的连接成本都是对称的,即资源从区位1流向区位2的成本,与从区位2流向区位1的成本是相等的。

外部连接用 $n_j=0$ 表示,内部连接用 $n_j=1$ 表示。这种选择的两分性排除了中间安排,如非正式的长期合同。当然,把这种可能性引入模型中也并不困难,如本章3.12节中的解释。

在连接成本的三个决定因素中,只有一个要素的效应比较模糊。增加距离就会增加连接成本。对于任何产品和任何程度的内部化而言,距离连接的成本都会超过当地区位的成本:

$$t(m_j,1,n_j) > t(m_j,0,n_j) \quad j=1,\cdots 12 \tag{3.2}$$

知识流动的连接成本可能高于或低于物资流动的成本,对于内部化而言,知识流动的连接成本有可能增加,也可能减少。虽然在这个模型中没有具体的假定,但总的来说,内部知识流动的成本似乎比外部知识流动要低一些,特别是在一国范围内的知识流动。

3.5.4 研发成本

知识是一种公共物品。因此,一个研发实验室的研究成果,可以满足任意两个生产工厂的需要,就如同满足一个生产工厂的需要那样容易。然而,这并不意味着只要一个研发部门就足够了。譬如,当和距离有关的知识转移的成本很高时,每个子公司拥有自己独立的研发实验室就会更有利。公共产品更好地说明:即使每个实验室都按单位容量运行,但是不管生产工厂规模如何大,都不可能由一家以上的实验室只对一家工厂提供知识。这些结果极大地简化了模型,因为它意味着每个区位的研发产出只能是零—选择,同时,也意味着如果有两家工厂在运营,就只能有两个实验室。

一些区位通常必须要有研发机构,因为如果没有研发机构,产品就不能得到提高和改进。假设系统有三种可能的研发区位策略。如果用 x_0 来定义研发策略,这三种可能的情况是:一是把研发机构设在区位 $1(x_1=0)$;二是把研发机构同时设在区位 1 和区位 $2(x_1=1)$;三是把研发机构设在区位 $2(x_1=2)$。假定知识只能通过从事研发的劳动力产生,每单位从事研发的劳动力每个时期产出 1 单位的知识。用 $w_{0i}>0$ 表示在区位 $i(i=1,2)$ 从事研发的劳动力的工资。此时

工资就是研发的技术产出的单位成本。因此,这个系统研发的成本 w_{0i} 有以下几种情况:

$$\begin{aligned} c_{00} &= w_{01}, & \text{如果 } x_0 = 0 \\ c_{01} &= w_{01} + w_{02}, & \text{如果 } x_0 = 1 \\ c_{02} &= w_{01}, & \text{如果 } x_0 = 2 \end{aligned} \quad (3.3)$$

3.5.5 生产成本

假定每个区位的市场规模都是单位1,同时每个区位的价格都很高,供应两个市场均有利可图。因此,当把市场总容量设定为2时就能使系统的成本最小化。因为每一区位可获得的市场容量是整数单位1,总的市场容量就不会超过2。生产策略可以通过区位2的市场容量的数量来描述,可以用 $x_1 = 0, 1, 2$ 来定义。而对应的区位1的市场容量为 $2 - x_1$。

每个区位都有1单位固定生产成本和1单位可变生产成本。当忽略所有一次性设置成本时,模型重点突出的是其稳定状态。固定成本随着经济规模的扩大而增加,所有固定费用都是发生在维护、修理以及资本置换上,所有的生产和维护都是劳动密集型的,由普通劳动力来完成。融资的利息成本忽略不计。则可以得到:第 i 个区位所有生产成本都直接与当地普通劳动力工资 $w_{1i} > 0 (i = 1, 2)$ 成比例,1单位劳动力生产1单位产品,同时要求 $f > 0$ 单位的劳动力用于维护资本存量。因此,整个系统的生产成本 c_1 是:

$$\begin{aligned} c_{10} &= w_{11}(f+2), & \text{如果 } x_1 = 0 \\ c_{11} &= (w_{11} + w_{12})(f+1), & \text{如果 } x_1 = 1 \\ c_{12} &= w_{12}(f+2), & \text{如果 } x_1 = 2 \end{aligned} \quad (3.4)$$

3.5.6 市场营销

因为每个市场提供1单位产品,因此,销售成本是固定的,也是不可避免的。但是,它们不会对成本最小化产生影响,因此可以忽略。

3.6 部门区位和地理连接的关系

本节重点分析协调全球系统的所有可能的策略集合。这些策略不是单个给定企业所追求的策略,而是整个经济系统所追求的策略。系统追求的策略决定了系统中企业的数量和每个企业所追求的策略,因为在系统中其他企业的行为给定的情况下,只有当每个企业的成本最小,整个系统的成本才是最小的。

每个可能的系统策略用指数 $k=1,\cdots,K$ 来表示,只有选择整个系统成本最小时的 k 值,才能实现整个系统的优化。全系统的优化涉及区位策略与所有权策略的相互作用。无论是从连接的角度还是设施部门的角度,都已经注意到了区位和所有权的问题。就区位问题而言,这两种方法很相似,因为设施区位和连接地理之间关系紧密。实际上,在上述假设条件下可以证明设施部门有效的区位策略和支持它们的连接地理之间是一种一一对应的关系。

用表3.2来表示研发区位策略和生产区位策略,其中用 x_0 的值来描述研发区位策略,用 x_1 的值来描述生产区位策略。由于每个变量只能取三个值中的一个,因此,共有九种可能的区位策略,这九种策略与表3.2中 3×3 方格中的要素是一致的。

表3.2 成本结构

生产区位	$x_0=0$	$x_0=1$	$x_0=2$	生产成本
$x_1=0$	1 $t(1,0,n_1)$		2 $t(1,1,n_3)$	$c_{10}+t(0,0,n_5)$ $+t(0,1,n_6)$
$x_1=1$	3 $t(1,0,n_1)$ $+t(1,1,n_2)$	4 $t(1,0,n_1)$ $+t(1,0,n_4)$	5 $t(1,0,n_4)$ $+t(1,1,n_3)$	$c_{11}+t(0,0,n_5)$ $+t(0,0,n_8)$
$x_1=2$	6 $t(1,1,n_2)$		7 $t(1,0,n_4)$	$c_{12}+t(0,0,n_8)$ $+t(0,1,n_7)$
研发成本及与销售的连接成本	c_{00} $+t(2,0,n_9)$ $+t(2,1,n_{10})$	c_{01} $+t(2,0,n_9)$ $+t(2,0,n_{12})$	c_{02} $+t(2,0,n_{12})$ $+t(2,1,n_{11})$	

前面提到通过一个以上的研发部门为任何给定的生产单位服务都是无效率的。这意味着九种策略中的两个策略 $(x_0=1,x_1=0)$ 和 $(x_0=1,x_1=2)$ 都是无效的,可以剔除掉,最终只剩下七种区位策略,分别用 $k=1,\cdots,7$ 表示,并进行了编号。

为进一步简化问题,我们发现七种区位策略中的三种是另外一种策略的"镜像",即通过互换区位1和区位2的位置得到。策略7是策略1中生产和研发同时从区位1转移到区位2得到的镜像,这种对称性在表3.2中可以通过两个元素的位置反映出来,策略7和策略1是斜对角线对称;策略6是把策略2中生产和研发的位置互换后得到的镜像,反映在图中也是斜对角线对称。最后,策略5是策略3的镜像,它们在表格中是轴对称的。这意味着研发区位改变了,但两个生产区位却保持对称。这四种不同的区位策略 $k = 1, \cdots, 4$ 可用图3.2来表示。

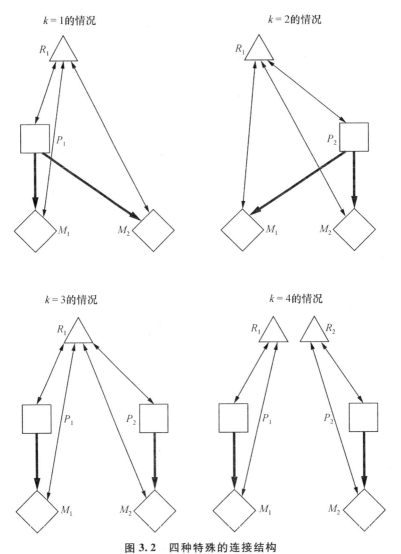

图3.2 四种特殊的连接结构

很容易发现在这四种特定区位策略中,有三种策略的部门区位决定了连接的地理模式,唯一例外的是策略 $k = 4$ 的情况,它是通过两种替代的连接方式来维持的。每个工厂既可以单独供应本地市场,也可以供应其他市场。在第二种情况下产品在生产部门和市场之间是"交叉转移"的,但根据前面的假设,这种交叉转移是没有效率的,它用昂贵的国际连接代替了国内连接,所以总费用更高。因此,最后一种情况下连接方式也是由部门区位唯一确定的。

如果在区位问题中设施部门和连接地理是一一对应关系,那么利用设施部门或者连接的优势就是由内部化问题来决定的。由于内部化是一种所有权的连接,显然,应尽可能地从连接地理方面来解决问题。

根据内部化策略条件来决定区位策略是很简单的。一旦每种连接的内部化是确定的,这种连接的成本就是可知的。七种区位策略的总成本 c_k 可以把研发成本(表3.2的最后一行)、生产成本(在表3.2最右边一列)和连接成本加总起来得到,即每种策略的成本是表格中内容加上对应底部一行的元素和对应最右边一列的元素。比较每种情况的总成本 $c_k(k=1,\cdots,7)$,并选择最低成本来确定最有效的区位策略 k^* 及与之相对应的成本。

3.7　内部化的优化:"三角形问题"

为了完全解决这个问题,有必要用成本最小化原理来决定内部化策略。如果任何一个给定连接的内部化决策都独立于其他连接的内部化决策,那么这就是一个相当简单的问题。整个系统成本可以通过两个步骤来实现最小化。第一步是分别确定六种连接($m_j=0,1,2;d_j=0,1$)内部化策略的最小成本,然后运用这些信息来确定图3.1的12种策略中每一个策略的最小成本 $t_j^* = t_j(m_j, d_j, n_j^*)$。第二步与上述过程相同:先确定每种区位策略的连接区位,然后把连接成本、生产成本和研发成本加总起来,从而确定成本最小的策略。

然而,还有一个困难,单个连接的内部化决策不可能完全独立于另外一些决策。因此,内部化决策的一些组合与一系列企业边界并不完全相符,即区位层面上设施部门和连接地理的一一映射关系并不被所有权层面上的设施部门和连接地理的一一映射关系所取代。问题在于同一个设施部门的任意两种连接的内部化要求连接两个设施部门之间的任何联系也必须是内部化的,卡森(Casson,1992)进一步分析了这一结论的其他内含。

例如,图3.3中所示的连接三角方式,这些方式涉及生产、销售和研发之间的连接,均能在图3.2的四种区位策略中的任意一种中找到,内部连接用字母 N 表示,外部连接用字母 E 表示。

首先,看图3.3的情况1,源于研发活动的连接都是内部化的,这说明企业拥有研发实验室,同时也拥有生产部门(把研发到生产的连接内部化)和销售部门(把研发到销售的连接内部化)。因此,三个设施部门都属同一个企业所有;

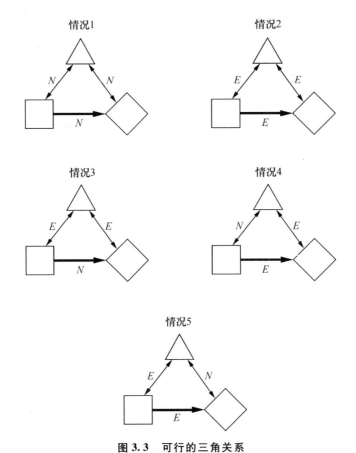

图 3.3　可行的三角关系

注：所有 N-N-N，N-N-E 和 E-E-E 的配置形式均可以，N-N-E 的配置形式则是禁止的。

同时从生产到销售的第三种连接也一定是内部化的。因此，如果 N 位于三角形的两条边，则第三边必然也是 N。

然而，相同的结果并不适用于外部市场。如果两个市场是外部化的，并不导致第三个市场也必须外部化。因此，如果来自研发活动的连接都是外部化的，那么生产和销售的连接可能是内部化的，也可能是外部化的。第三种外部连接是图 3.3 中的情况 2，三种活动中的每一种都是独立的，因而任意一对活动之间的连接都是外部化的。内部化连接的例子可用图 3.3 中的情况 3 来表示，生产活动和销售活动在一个企业内部整合起来，而研发活动是独立的，因此研发实验室的所有者能公平地与这个一体化企业的生产活动和销售活动发生连接。其他两个外部连接的例子可以用图 3.3 中的情况 4 和情况 5 来表示。

"三角形问题"只是一般问题的一个特例，而一般问题却涉及更多数量（$n > 2$）

的设施。如果设施 A_1 与设施 A_2 连接在一起,设施 A_2 必然与设施 A_3 连接在一起,依此类推,直到最后一个设施 A_n 再反过来与设施 A_1 连接起来。因此,除一种连接外其他所有连接都是内部化的。在本章所讨论的模型中,我们只考虑了 $n=3$ 的情况,这就是通常所说的"三角形问题"。

"三角形问题"不只是一个数学问题,更为重要的是其在经济学上的应用。只有从属于其他设施的连接需要内部化时,这种连接才有可能内部化。特别的,情况 1 表明,只有这两个相关设施需要与研发活动进行内部化时,生产和销售之间的垂直连接才可能内部化,它只是一种特例——只有以知识流动为基础的连接需要内部化时,与普通产品流动有关的连接才能内部化。当以知识为基础的连接内部化所获得的收益大于普通产品流动的连接内部化所获得的收益时,产品流动可能内部化,在没有以知识为基础的连接时,它们的连接可能是外部化的。因此,仅仅根据影响产品流动的要素来解释产品流动的纵向一体化可能会产生误导,因为这些要素仅能说明产品连接可能是外部化的。因此,如果不用系统视角进行分析,则当知识流动被省略时,内部化真正的驱动因素就可能被忽略;相反,影响产品流动内部化的一些虚假因素则可能会被过分重视。

3.8 三角形问题的解决方法

如果各种连接的系统里只有一个三角形,解决这个问题就相当简单。可以把两个内部连接中的一个转化为外部连接,或者把单个外部连接转化为内部连接,就能找出解决的方法。所有解法都只需要转化一种连接,因为转化两种连接要比转化一种连接的成本更高,显然,转换两种连接是无效率的。相反,如果同时转换两种连接,有时并不能解决问题,因为如果把一种内部连接外部化,同时又把一种外部连接内部化,三角形问题就会以另外一种形式出现。既然只需要改变这三种连接中的一种就能解决问题,就应该选择改变成本最小的方法,这就是最有效的策略。

如果有两个以上的三角形,情况就会变得更为复杂。然而,如果几个三角形是相互独立的,即它们相互之间没有连接,就可以用上述方法分别求解每个三角形。如果两个或两个以上的三角形存在一个共同的连接,则需要更为复杂的解法。

在七种区位策略中,每一个区位策略都会出现三角形问题,每种情况都有两个三角形,因为每种情况存在两个独立市场,每个市场都有一个三角形模式。在 $k=3,4,5$ 时,两个三角是相互独立的,因此可以直接由上述原理分别求解。最简单的情况是图 3.2 中的情况 4。此时两个三角形模式中设施是完全独立的。

第一个三角形 $R_1P_1M_1$ 完全基于区位1，第二个三角形 $R_2P_2M_2$ 则完全基于区位2。在图 3.2 中的情况 3 则相对比较复杂，有两个三角形共用一个相同的研发设施，然而，这并不是重要的差别，因为三角形问题的来源是共同连接而不是共同设施。虽然两个三角形 $R_1P_1M_1$ 和 $R_1P_2M_2$ 有共同的设施，但它们并没有共同的连接，所以每个三角形问题都可以单独解决。

然而，对于策略 $k=1,2,6$ 和 7，同样由两个三角形相联，每种情况的共同连接发生在生产和研发活动之间，其问题可用图 3.2 中的情况 1 和情况 2 来表示。情况 1 中的三角形 $R_1P_1M_1$ 和 $R_1P_1M_2$ 有共同的连接 R_1-P_1，情况 2 中的三角形 $R_1P_2M_1$ 和 $R_1P_2M_2$ 有共同的连接 R_1-P_2。不考虑生产部门的区位，这两种情况是一样的。因此，虽然它们的区位策略不同，但内部化的问题是相同的。所以可以先对情况 1 进行求解，然后再把结果中的 P_1 替换成 P_2，就能得到情况 2 的答案。

当三角形相互依赖时，上述的解的增量方法却失去了有效性。任意一个三角形问题的解可能会产生"溢出"，从而给其他三角形制造出问题，因为它可能要求已发生改变的共同连接内部化。因此，最好是找到一种替代解法。

替代解法包括与区位策略相关的所有可能的边界结构，虽然这种方法看起来很复杂，但却非常便于管理，因为双三角形通常只有在连接数量较少时才出现，它意味着可能的边界结构的数量也会比较少。用系统方法列出所有可能性就比较简单。

假定共同连接是内部化的，因此，R_1 和 P_1 都属于同一个企业，唯一的问题就在于 M_1 和 M_2 是否也属于同一个企业，它包含了两个独立决策，要么把两个连接 R_1-M_1 和 P_1-M_1 内部化，要么两个连接都不内部化。比较这些替代方法的成本，就能确定以 R_1-P_1 内部化为基础的最优内部化策略。

现在假设 R_1-P_1 是外部化的。这样就有两个相互独立的选择，要分别考虑 M_1 和 M_2 的所有权。但每种情况有三种可能：可以通过 R_1-M_1 的内部化和 P_1-M_1 的外部化，把 M_1 和 R_1 整合在一起；也可以通过 P_1-M_1 的内部化和 R_1-M_1 的外部化，把 M_1 和 P_1 整合在一起；或者，通过同时把 R_1-M_1 和 P_1-M_1 进行外部化，从而保持 M_1 的独立，而 M_2 的选择则和 M_1 的选择相似。总之，选出每种情况下三种选择中费用最低的一种，这种选择就是以 R_1-P_1 外部化为基础的最优内部化策略。因此，只需要比较共同连接内部化或外部化的最小成本，就能解决三角形问题。

3.9 简化的范围

三角形问题的复杂性提出了是否存在一种更为简单的解决方法。以下讨论两种方法,虽然这两种方法都回避了三角形问题,但任何一种都不是完全成功的。

第一种方法把三角形问题作为一个虚假的问题来解决,其根本原因是,使企业同时拥有两个相关的活动,如果要管理这种连接,企业通常拥有模仿市场的选择权。例如,一个完全基于区位 1 的企业希望把 R_1-P_1 和 R_1-M_1 之间的连接内部化,但可能更希望把 P_1-M_1 之间的连接外部化,但三角形问题的理论表明企业不能这么做,这是因为前两种连接的内部化意味着企业同时拥有 P_1 和 M_1,而且它们之间的连接也必须是内部化的。但相反观点认为:既然可以在一个企业内部建立一个合适的内部化市场,那么可以把 P_1-M_1 的连接通过外部化来管理。因此,基于知识流动的前两种连接都可以通过中央部门来协调,那么从制造部门流向仓储销售部门的第三种连接,也可以通过生产和销售部门之间的谈判来协调。

这种观点的关键在于将"内部化市场"等同于外部市场连接。然而,这种观点有两种反对意见。

一是假设企业内部的市场与两个企业之间的外部市场的功能完全相同,因为企业在"内部化"市场比在一个正常外部市场掌握更多的控制权,正如本章 3.12 节的解释。当然,可以把内部市场引入这个模型,因为比起将模型等同于正常的外部市场,显然把它看成是内部化的特例更合适。

二是如果企业都能够像外部市场那样自发运行,外部市场则完全没有必要存在。因为企业自身就可以复制外部市场最有效率的方面。这个理论认为,所有市场都必将被内部化,而且会建立一些内部市场来模仿外部市场;所有市场的内部化都只是极端假设的结果。

第二种方法就是为了防止三角形问题的形成而抑制模型中的某些连接。显然,以知识为基础的连接是压制的对象,因为如果没有产品连接,消费者就根本不能收到货物。既然技术转移是如此重要的现象,也是建立现代企业理论的组成部分,那么最合适的方法就是保留研发和生产之间的连接,抑制研发和销售之间的连接。这种方法可用下面数值化的特例来讨论。

3.10 一个数值化的例子

3.10.1 具体说明

可以用一个数值化的实例来说明这种解决方法。假定全球经济由单一产业构成,具有适度的技术,但该技术不能形成规模经济。市场营销到研发的信息反馈是满足消费者需求的关键,而从研发到市场营销的信息流动则能以最好的方式向消费者解释产品的使用。

设施成本的结构如表 3.3 所示,连接成本的结构如表 3.4 所示。假设规模收益不变,没有固定生产成本,即 $f=0$。区位 1 具有研发比较优势,区位 2 具有生产比较优势,用表 3.3 中一般工人与技术工人的工资率来反映比较优势,国家 1 的技术工人的工资相对较低,而国家 2 的普通工人的工资相对较低。

表 3.3 设施成本的例子

活动类型	区 位	
	$i=1$	$i=2$
科研 $h=0$	$w_{01}=4$	$w_{02}=6$
生产 $h=1$	$w_{11}=4$	$w_{12}=3.5$

表 3.4 连接成本的例子

资源流动的类型	国内/国际	内部化	
		$n=0$	$n=1$
生产 $m=0$	$d=0$	1*	2
	$d=1$	4*	5
技术 $m=1$	$d=0$	4	1*
	$d=1$	3*	5
销售知识 $m=2$	$d=0$	3	1*
	$d=1$	4	2*

从生产到销售的产品流动最适合外部化。可用表 3.4 中前两行表示连接类型 $m=0$ 的情形。对于国内连接($d=0$)和国际连接($d=1$),外部市场($n=0$)的成本要低于内部市场($n=1$)的成本。不论是内部市场还是外部市场,国际连接成本都比国内连接成本高,正如不等式(3.2)的要求。

如果是以知识为基础的流动,则内部化的要求更强。内部化有利于国内技术转移,但不利于国际技术转移。对于连接类型 $m=1$ 的情形,可用表 3.4 的第三、四两行来表示它们的特性。如果技术水平更加先进,国际技术转移的内部化也是有利的。当连接类型 $m=2$ 时,市场营销与研发的国内连接与国际连接的内部化,都是有意义的,正如表 3.4 底部两行所示。

3.10.2 简化问题的一个解决方法

考虑一个简化的模型,它通过约束市场营销与研发活动之间的连接来避免产生三角形问题。解决方法的第一步就是对每一个类型连接的内部化程度做出选择。由于没有三角形问题,可对每种类型的连接进行独立思考。用表 3.4 中最右两列的星号来表示,每一个星号代表相关连接的最小成本,这一列中的星号表明连接是内部的还是外部的。

解决方法的第二步就是把这些最小值代入表 3.2 中,计算的结果在表 3.5 中表示;然后再计算七种区位策略中每种策略的系统成本,把每个数字单元格的值、底部一行和最右边一列相对应单元格的值加起来;在表 3.6 中找到最小元素即 $c_3=17.5$,则可以确定成本最小的区位策略是 $k=3$。

表 3.5 简化例子的总成本结构

生产的区位	研发的区位			生产成本
	$x_0=0$	$x_0=1$	$x_0=2$	
$x_1=0$	1. 1		2. 3	8 + 5 = 13
$x_1=1$	3. 1 + 3 = 4	4. 1 + 1 = 2	5. 1 + 3 = 4	7.5 + 2 = 9.5
$x_1=2$	6. 3		7. 1	7 + 5 = 12
研发成本与市场连接成本	4	10	6	

表 3.6 区位策略的替代成本

区位策略(k)	最小成本(c_k)
1	1 + 13 + 4 = 18
2	3 + 13 + 6 = 22
3	4 + 9.5 + 4 = 17.5*
4	2 + 9.5 + 10 = 21.5
5	4 + 9.5 + 6 = 19.5
6	3 + 12 + 4 = 19
7	1 + 12 + 6 = 19

3.10.3 简化解法的性质

区位策略与所有权策略的最优组合可以用图 3.4 表示,从图 3.4 可发现:研发活动聚集在国家1,因为国家1在科技劳动力上有比较优势。生产能在两国之间复制。不在国家1集中生产的决策反映了国家1的生产不存在规模经济,也反映了产品从国家1出口到国家2的成本比技术从国家1转移到国家2的成本高,以及国家2在生产上具有比较优势。

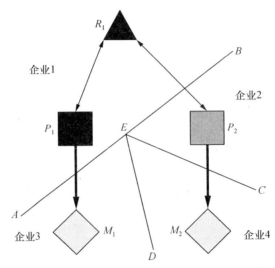

图3.4 简化例子中区位和所有权策略最优组合

内部化策略要求全球体系有4个独立的企业,企业间的边界用直线 AE、BE、CE 和 DE 表示。黑色表示拥有生产部门的企业1,是国内高技术产品生产商,它通过许可的方式把技术提供给灰色的海外企业2;这两个企业与它们的分销商企业3和企业4(用浅灰色表示)之间是竞争关系,这种竞争关系说明了生产流动过程中的外部化经济。所有权的最终模式反映了经济组织的类型,这也是认为具有企业家精神的小企业对全球经济表现具有重要作用的人所喜欢的经济组织类型。如前文所述,正是资本市场的竞争维持了小企业的组织结构,并抑制了小企业之间的并购。

3.10.4 整个模型的解法

现在来分析整个模型的解法。由于三角形问题的出现,模型需要一种新解法。原则上,必须评价每种可能替代区位策略的内部化策略。然而,实际上某些区位策略可能从一开始就会被排除。

由于销售部门的区位是给定的,引入销售知识流动并不会影响连接成本中区位依赖的组成部分;而且,把研发部门从一个国家转移到另一个国家也不会影响依赖区位的连接成本,因为销售连接是由国内连接和国际连接决定,它们都独立于研发活动的区位。因此,连接成本独立于知识流动方向;增加一个研发部门只会增加部门成本和连接成本,因此也可以排除。根据表3.5,这种效应受底部一行内容的约束,由研发策略 $x_0=0,1,2$ 所导致的额外成本分别是额外的知识流动3、2和3所导致的结果。

只有当设施的重新配置有利于解决内部化程度容易改变的替代连接所产生的问题时,区位策略才受三角形问题存在的影响。然而,由连接不同地理区位替换所导致的所有权依赖的连接成本的节约可能是相当小的,这说明,在忽略三角形问题的情况下,为了寻求整个问题的解法,应当从成本最小的区位策略开始,从上文所述可以得出,区位策略 $k=3$ 能解决这一简化后的问题。

分析表3.4就会发现:单独考虑,每一种市场销售连接都需要内部化。对国内连接和国际连接来说内部化的收益都等于2。如图3.4所示,如果内部化策略给定,三角形问题只会出现在国家1的国内连接中,而不会出现在国家2中,因为生产 R_1-P_2 和 M_2-P_2 连接的外部化与 R_1-M_2 连接的内部化是完全匹配的,它只表示生产分包在国家2中,即拥有研发部门的企业雇用了一个独立生产商去制造商品,并把这些产品卖到自己能控制的市场中去。

国家1中出现三角形问题是因为生产 R_1-P_1 与 R_1-M_1 连接的内部化与 P_1-M_1 连接的外部化不匹配。有三种可选的方法值得进一步分析:R_1-P_1 连接的外部化会增加3单位成本;R_1-M_1 连接的外部化会增加2单位成本;P_1-M_1 连接的内部化会增加1单位成本。因此,P_1-M_1 连接的内部化是在区位策略3的限制条件下的最优反应。

然而,区位策略3的成本增加到18.5(或者市场连接总成本增加到21.5),区位策略3的成本就会超过区位策略1的成本。因此,有必要确定区位策略1是否遇到三角形问题。如果没有遇到三角形问题,策略1就是最优区位策略;如果遇到三角形问题,策略3仍是最优区位策略,因为策略1解决三角形问题增加的成本大于0.5。显然,策略1和国家1国内连接的策略3遇到完全相同的问题。因此,一旦解决了三角形问题,策略1的成本就会增加到19(或者市场连接的总成本增加到22)。所以最优区位策略还是策略3,但现在所有权策略却和以前不相同。

图3.5反映了模型的所有解法。市场销售知识流动的内部化产生了一个跨国企业——称之为企业1,它的各部门所有权用黑色表示。企业国内经营是完全一体化的,但它把生产外包给国外独立生产企业——称之为企业2,其生产部门所有权用灰色表示;企业间的界限用折线 ABC 来表示。由于内部化的深入,新均衡所涉及的企业会更少。因此,图3.4中企业1、3和4之间的合并就会影响图3.5结果的形成,但不会影响企业2。

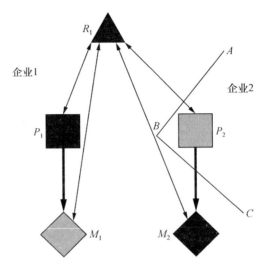

图 3.5　完整例子中的最优区位策略与所有权策略

这种方法很好地解释了上述由其他连接相关要素所驱动的一些连接内部化的观点。在这个例子中,市场销售与研发活动之间的知识流动内部化非常重要,它导致了国家1生产和市场销售活动连接的内部化;相反,如果没有这种知识流动,生产与市场销售活动的连接就会被外部化所取代。

这个例子也解释了国际商务影响的重要性。地理位置与所有权之间的相互影响反映在生产与研发活动之间的知识流动方式上,如果它们在同一国家内部,则最优的是内部化;如果它们不在同一国家内部(即国际化),则最优的是外部化。把它与生产研发活动之间的知识流动的经济逻辑结合在一起,这就会导致国家2生产的外包,即使国家1的生产是内部化的。从(由于比较优势的原因)研发实验室位于国家1的角度看,国家2就是"海外"。

最后,该模型也解释了单个企业(如企业1)行为优化和企业在全球体系中的整个生产结构优化之间的差异。从单个企业问题跨到全球体系问题的这一步,说明了新出现的连接是如何改变整个体系中的企业数量的,这种重要的改变要么是通过并购来集中所有权而实现的,要么是通过投资来分散所有权而实现的。

3.11　应　　用

通常运用比较静态的方法来使用经济模型,改变外生变量的值,并计算对内生变量影响的方向和程度,从而得到一些推论。在当前的模型中,关键的外生变

量是研发成本 c_0、生产成本 c_1 及上述所有的连接成本 $t_j(j=1,\cdots,12)$。

这些成本的绝对数量很重要,相对数量也同样重要。每个国家研发与生产活动的相对成本决定了比较优势的基本方式,而比较优势的基本方式则是影响区位策略的重要因素。不同连接类型的相对成本对区位策略和所有权策略都会产生影响。因此,在推导和预测所有权策略与区位策略之间的连接时,连接成本的变化尤其重要。

该模型最明显的应用就是分析全球化进程。全球化的核心动力是连接成本的下降。连接成本下降,大量的连接才能维持;这也说明全球体系变得更为复杂。

某些促使连接成本下降的要素也可以应用于国内和国际层面上。这表明经济活动的全球化与国内经济活动复杂性的增加在一定程度上是平行发展的。因此,使用复杂的库存管理程序的计算机系统能支持涉及许多不同制造设施的"即时"精易的生产体系;在一定程度上,国内经济活动复杂性的增加还体现在全球体系日益被看成是促进城市"集群"、地区"集群"或者"集聚"的一种方法,使当地的经济活动联系日益紧密。

然而,全球化的重点却是影响国际连接变化的具体因素,包括集装箱技术所导致的国际班轮运输技术的改进,国际商务旅行中喷气式飞机的大量使用,电子邮件技术的发展,通信卫星技术的广泛使用。然而,最为重要的变化还是政治方面的变化,包括:关税与贸易总协定、联合国合作贸易发展组织、世界贸易组织以及地区贸易集团,如欧盟、东盟、北美自由贸易协定和南方共同市场的扩大和发展所导致的贸易自由化,这些变化的一个重要影响就是减少了国际连接相对于国内连接的成本。

因此,运用这个模型时,必须要检验两个既有区别又有关联的变化。一是所有连接成本的普遍下降,二是国际连接成本比国内连接成本下降得更快。第一种变化增加了整个系统的复杂性,第二种变化使国际连接比国内连接更加复杂。本章模型的设计基本上是根据第二种变化进行的,每个区位上的系统建模并不是以满足国内层次上的复杂程度为基础;然而,整个系统的建模能很好地满足利用国际连接促进经济一体化发展的需要,特别是当模型根据下面建议的方向进行扩展时更是如此。

以这种方法运用模型,就会得出国际商务理论中许多著名的结论,认为单个企业的行为只是从属于许多企业构成体系的一个组成部分;这个模型说明了来源于系统效应的区位策略和所有权策略之间的新连接。如在全球化的背景下,一些新连接的产生可能与所有权的新模式有关,这又涉及全球力量的所有连接的重大改变。

3.12 模型的扩展

本章建立的模型相当简单,但可用很多种方法进行扩展,其中最为重要的一种就是扩大协调这些连接的制度安排的使用范围,一种自然的扩展就是允许两种内部连接和两种外部连接。

如前所述,内部连接不仅受中央计划体系的影响,而且还受试图模仿市场的价格转移的影响。内部价格转移与外部市场有两方面的不同:一是谈判进程受企业控制,而不受社会惯例控制;通过公司内部权利结构来执行合同,而不是通过外部法律体系来执行合同。二是不同的内部价格有不同的用途。可以用一套转移价格来分配资源,用另一套转移价格使税收和关税的成本最小化;而正常的市场却只能用一套价格体系为主导。

类似的,外部市场可能是个人市场,也可能是非个人市场。个人市场的共同特征就是"商誉";企业相互间的买卖以定期为基础,而不是四处询价以找到最好的短期交易。这种非正式的长期合同强调的是依次执行它们所达成的短期交易,这种安排也叫做"网络型"制度安排,尽管这个术语可能会产生误解,因为它不具备整个系统的属性,却反映了系统中单个连接的属性。正如内部市场带给内部制度安排一种"类似于市场"的功能,这些"网络型"关系带给外部制度安排一种"类似于企业"的功能。

通过把决策变量 n_j 的取值范围由 2 扩展到 4,可以很容易地在该模型中增加制度安排。假设用 $n=0$ 表示内部计划变量,用 $n=1$ 表示内部市场,用 $n=2$ 表示网络关系,用 $n=3$ 表示非个人的外部市场。如前所述,当连接独立且给定 n_j^* 及其相关的成本 t_j^* 时,用于第 j 个连接的制度安排只由关于 n_j 的最小化的 $t(h_j, d_j, n_j)$ 来决定;当这些连接相互依赖时,出现的问题只与内部化和外部化有关,而与内部化和外部化所采取的方式无关。一个企业为什么不能用价格协调内部连接,却能用中央计划协调另一种内部连接;或者,一个企业为什么不能以网络为基础来处理与一个独立企业之间的关系,却能以非个人市场为基础来处理与另一个独立企业之间的关系,这些可能没有理由。当然,采用单一内部制度安排和单一外部制度对一个企业来说成本可能很小;混合制度安排的额外成本会在更为复杂的模型中分析,显然,在本阶段引入这种复杂性是不明智的。

企业如何就外部连接的形式达成一致?如果一个企业喜欢网络关系,而另一个企业喜欢非个人市场关系,此时,谁的观点占主导地位呢?一个喜爱非个人市场关系的企业是否会拒绝另一个企业的偏好?从现有模型的观点来看,答案很简单,企业都会同意系统运行总成本最小的制度安排,赞成总体绩效最大化的企业肯定会补偿另一些成本大于其最大利润的企业。

也可以从区位的视角来发展这个模型,一个明显的改进就是放松连接成本对称的假设,这样做有以下理由:首先,尽管贸易伙伴间的关税可以协调,但并不总是这样,关税税率的不同意味着产品连接成本的不对称。其次,要考虑运输成本的不对称,产品在船舶或汽车放空时的"返航拖运"肯定比正常直航托运的运费要便宜得多,尤其是海洋运输更是如此,为了航行稳定的需要,也要携带很多压舱物。

不对称也发生在知识转移之中。例如,假设有日本和美国两个位置,如果说英语的日本科学家比说日语的美国科学家多,那么技术从美国转移到日本就比从日本转移到美国更容易。如果文化因素使得日本科学家比美国科学家更容易接受海外研发部门产生的知识,就会产生类似的不对称。这种情况意味着以知识为基础的从日本流向美国的连接成本肯定要比从美国流向日本的连接成本高。在这个模型中,它鼓励将研发部门设在美国,而将生产部门设在日本。

引入不对称连接成本增加了模型结构的复杂性,但并没有影响模型在任意稳定情况下的求解方法,唯一影响的是在内部化优化时必须考虑不同连接类型的数量。

该模型的另一个扩展是增加区位数量,但与前文所述的几种变化不同的是,这会大大增加区位分析的复杂性。例如,如果区位数量从 2 增至 3,潜在区位策略的数量就会从 9 增至 70,但制造工厂不存在双重知识来源的原则会把有效区位策略的数量限制在 52。如前所述,这种扩展对分析国际贸易中的关税同盟有重要作用,由于每个区位是一个独立的国家,两国联盟对第三国的影响也很容易分析,对贸易创造和贸易转移的分析可与对知识创造和知识转移的分析连接起来,也可与内部化效应引致的跨国公司活动的改变连接起来。

保留两国模型结构,在一个现有国家中引入第二个区位,就会影响新增区位的引入。例如,城市与农村,或者沿海与内陆地区的差别很明显,根据区位效应可以分析国际贸易对地区增长的影响,与此同时,也可分析由都市圈或商业"中心"与周边"外围"地区的连接内部化导致的"分支工厂"效应。

该模型的最后一种扩展就是引入一种新的部门。一种可能就是为了全面分析垂直一体化而在生产过程中区分上游和下游企业。巴克利和卡森强调了这种分析方法(Buckley and Casson,1976,pp. 45—49),卡森等(Casson et al.,1983)随后对这种方法进行了实证分析。可在国家和国际两个层面对生产垂直一体化进行分析,在国家层面,可对产业区或产业群的功能(Proter,1990)进行分析;在国际层面,可对以廉价劳动力和出口加工区为基础的离岸生产进行分析,也可对原材料导向型投资进行分析。

第二种可能是分析不同研发类型的差别,例如基础研发活动与适用性研发活动(Pearce and Papanastassiou,1996)的差别。适用性研发活动的区位和对基础研发具有吸引潜力的区位,对很多新兴工业化国家和一些经济转型国家的产业政策问题具有重要作用。

此外,除了在已有产业中增加新类型的经济活动,还可以引入一种新的产业,这就涉及增加一种特定的最终产品,同时,引入与这种最终产品相关的新型市场营销活动,这就把企业间连接模型引入到产业间连接模型,现有经济文献中已经建立了产业间连接的模型(Leontief,1958),这些模型被伊萨德(Isard,1972)和其他区域经济学家用于分析区位问题。然而,对产业间连接模型的主流分析却并不能很好地整合到内部化理论中,因为它分析的重点集中在产业而不是企业。把产业间的经济理论与内部化理论进行交叉研究,在未来肯定会有丰厚的回报。

3.13 结 论

本章只分析了新研究议程中众多几乎被中断的研究线索中的一个,实际上,这个研究线索已经被中断过两次。虽然科斯第一次提出了这个问题,但当时他的大多数同行没有认识到他这样做的重要性。科斯从制度的理论角度对经济系统进行建模,这一方法后来被新古典一般均衡系统的数学建模方法所取代。四十年后,巴克利和卡森推动了科斯学派的"全球化",当时的同行认为科斯学派的"全球化"是对特许经营或原材料导向型投资分析的特殊技术贡献,但并不是对全球经济总体分析的一般方法。因此,认为"内部化"理论是根据单个企业所采取的决策(此时假设其他企业的存在是给定的)界定的,而不是根据效率驱动型的体系中企业相互依赖的决策(此时其他企业的决策并不是给定的)来界定。但无论哪种情况,都必须证明企业理性与利用市场获取的收益有关。

对这个研究线索两次中断的一个明显解释,就是学者为了规避系统分析中的复杂性。本章的分析说明了这种担心是不必要的。离散型选择模型为解决系统组织结构分析问题提供了一个可行的方法,当然,也存在诸如三角形问题的复杂性,但这一问题是可以克服的。

本章还证明了模型可以从几个不同的方向进行扩展,本章所提出的模型只是可供选择的扩展模型中最简单的一种,该模型重点分析了系统效应,其他更为复杂的模型则能够满足实际应用的需要——特别是分析网络效应的三区位模型。

经常会发现,只解决一个问题的研究最终会导致另一个问题出现。因此,

"提出正确的问题"才是研究成功的关键,但只是片面地理解问题并不能提出正确的问题。本章在回答了"有关区位与所有权策略的系统观点是如何建立的"这个问题之后,才提出随后的另一个问题,即"在全球商务系统中企业家如何才能得到一个有效的组织结构"。在某种意义上,他们可能会模仿上述用于计算模型有效解的运算法则,或者可能运用完全不同的方法。到底是模仿上述模型有效解法的运算法则,还是采用完全不同的方式,这一问题不仅涉及企业家用什么方法制订他们的计划,还涉及资本市场用什么样的方法在这些相互竞争的企业家制定的计划之间分配资源。我的另一本书将会研究这一问题(Casson,2000,Ch. 3)。

参考文献

Buckley, P.J. and M. Casson (1976) *The Future of the Multinational Enterprise*, 2nd edn 1991, London: Macmillan

Buckley, P.J. and M.C. Casson (1998) 'Analysing foreign market entry strategies: extending the internalisation approach', *Journal of International Business Studies*, **29**(3), 539–561

Casson, M. et al. (1983) *Multinationals and World Trade: Vertical Integration and the Division of Labour in World Industries*, London: Allen & Unwin

Casson, M. (1990) *Enterprise and Competitiveness: A Systems View of International Business*, Oxford: Clarendon Press

Casson, M. (1992) 'Internalisation theory and beyond', in P.J. Buckley (ed.), *New Directions in International Business*, Aldershot: Edward Elgar, reprinted in M. Casson (1995), *The Organization of International Business*, Aldershot: Edward Elgar, 22–46

Casson, M.C. (2000) *Enterprise and Leadership: Studies on Firms, Markets and Networks*, Cheltenham: Edward Elgar

Casson, M. and N. Wadeson (1996) 'Information strategy and the organisation of the firm', *International Journal of the Economics of Business*, **3**(3), 307–330

Coase, R.H. (1937) 'The nature of the firm', *Economica* (New Series), **4**, 386–405

Dunning, J.H. (1977) 'Trade, location of economic activity and the multinational enterprise: a search for an eclectic approach', in B. Ohlin, P.O. Hesselborn and P.M. Wijkman (eds), *The International Allocation of Economic Activity*, London: Macmillan

Dunning, J.H. (1983) 'Changes in the structure of international production: the last 100 years', in M.C. Casson (ed.), *The Growth of International Business*, London: George Allen and Unwin, 84–139

Hayek, F. von A. (1935) 'The present state of the debate', in F.A. von Hayek (ed.), *Collectivist Economic Planning*, London: George Routledge & Sons, 201–243

Hayek, F. von A. (1937) 'Economics and knowledge', *Economica* (New Series), **4**, 33–54

Helpman, E.M. and P.R. Krugman (1985) *Market Structure and Foreign Trade: Increasing Returns, Imperfect Competition and the International Economy*, Cambridge, MA: MIT Press

Isard, W. (1956) *Location and Space Economy*, Cambridge, MA: MIT Press

Isard, W. (1972) *General Theory: Social, Political, Economic and Regional*, Cambridge, MA: MIT Press

Kemp, M.C. (1964) *Pure Theory of International Trade*, Englewood Cliffs, NJ: Prentice-Hall

Kirzner, I.M. (1973) *Competition and Entrepreneurship*, Chicago: University of Chicago Press

Klein, B.A., R.G. Crawford and A.A. Alchian (1978) 'Vertical integration, appropriable rents and the competitive contracting process', *Journal of Law and Economics*, **21**, 297–326

Leontief, W. (1953) *Studies in the Structure of the American Economy*, New York: Oxford University Press

Leontief, W.W. (1958) *Studies in the Structure of the American Economy*, Oxford: Oxford University Press

Pearce, R.D. and M. Papanastassiou (1996) 'R&D networks and innovation: decentralised product development in multinational enterprises', *R&D Management*, **26**(4), 315–333

Porter, M.E. (1990) *The Competitive Advantage of Nations*, New York: Free Press

Robertson, D.H. (1923) *The Control of Industry*, London: James Nisbet

Williamson, O.E. (1975) *Markets and Hierarchies: Analysis and Anti-trust Applications*, New York: Free Press

Williamson, O.E. (1985) *The Economic Institutions of Capitalism*, New York: Free Press

第四章 有限理性、超越理性和国际商务理论

马克·卡森　内吉尔·瓦德森

4.1 引　言

有限理性这一概念经常用于国际商务行为分析（例如，参见 Kogut and Zander,1993），它是威廉姆森（Williamson,1975）交易成本理论的核心内容之一，也是海德仑德（Hedlund,1993）"分层结构"（也因"网络企业"而闻名）理论的重要基础。然而，对"有限理性"的准确含义却并没有达成一致意见。这一术语本身就是一个有争议的术语，它只是说明了它不是什么——完全理性或真实理性，而并没有明确说明它是什么。对此有很多不同的观点。任何一个有限理性的参考含义都是模糊的，因为它们的解释都是不清楚的。

本章的目的是用信息成本重新解释有限理性的概念，并对跨国公司组织结构进行严密和精确的分析。许多归因于有限理性的效应可以用对信息成本的理性反应来简单地解释。

根据西蒙（Simon,1947,1982,1992）的观点，有限理性涉及使用满意度法则。首先，满意度这一概念意味着寻找解决方案的决策；其次，在理想的解决方案被找到之前，寻找的过程可能随时终止。选定的解决方案只是一个令人满意的方案，它并不一定是最优的解决方案。这一套规则说明追求满意度的问题解决者都倾向于遵循相同的不断寻找的过程。西蒙提倡的行为学视角的观点说明了这些规则已经成为人们程序化的行为，而不再是个人选择的产物，这些原则可能是先天固有的——即生物化的程序，也可能是社会所要求的——例如，通过程序化的偏好去模仿其他人的行为。

尽管西蒙认为用有限理性解释公司的管理行为是非常必要的,但威廉姆森(Williamson,1975)却认为有限理性对公司自身的性质有重要影响。在威廉姆森的理论中,有限理性一个主要的作用就是解释为什么复杂的偶然发生事件不能写进合同,为什么雇用的劳工必须在公司的管理下工作。同样的思想也可以用来解释生产连续阶段的整合。

在威廉姆森之前,赛耶脱和马奇(Cyert and March,1963)提出了公司行为理论,在这个理论中,他们确定了管理者制定价格、产出和存货水平的具体运算法则。尽管这些规定都是基本的,而且很具体,但它们并不能对管理者所做的行为提供更多的解释,它只是对一个典型公司管理者所做工作的描述,其理论内容只限于对管理过程中的次要细节进行归纳。

行为学方法形式简洁,它说明了当环境发生改变时,管理者并不能修正他们的行为模式。然而,大量的证据却表明管理者确实能修正他们的行为,而且这些修正并不是随意进行的——行为改变的方向是由有效适应性的需要确定的。成功企业选择的规则都是现有环境下最有效的规则。实际上,鲍默尔和科万特(Baumol and Quandt,1964)认为,一旦考虑决策的合理管理成本,成功的行为规则就可以解释为理性规则。下面将分析这一点。

尼尔森和温特(Nelson and Winter,1982)在组织行为分析上考虑到更多的弹性,进而使行为方法获得了新生。他们把理论研究的范围扩展到公司之间的竞争,然而,在他们的理论中,企业允许的弹性程度仍然很小;而且,理论的核心内容都是特定的。尼尔森和温特都认为:企业许多无形的知识基础都是一套行为规则构成的,这些规则都是隐含的,它们不可能通过许可证协议来汇编法律以进行买卖。管理者的理性是有限的,因此他们只能通过执行来记忆这些规则;他们习惯性地重复这些规则,只要这些规则能合理地运行。企业草创阶段这些规则可能是任意的,但管理者都能从错误中汲取教训,尽管只是以短视的方式:一个规则发生了不可预期的失败,就产生激励去寻找另一个规则,使它与原来的规则一样好。对这种寻找进行建模就是追求自我满意度的行为过程。学习的累积效果使公司逐渐调整到最优状态,否则企业就不能实际达到这种状态。

能最有效地学习的企业都会增加企业规模,但会牺牲其他东西,因为紧随着每次产业冲击,它们都会倾向于增加自己的市场份额。一个结果就是产业倾向于作为一个整体收敛于一套规则行为的理性模式上。尽管它强调的是单个企业的有限理性,但是,被大多数企业选择的演进过程说明理性在任何情况下都是产业层面的。这表明现有的理论对传统的理性分析有意义,理性行为的趋势也是相当稳健的,因为演进的选择机制支持了这一观点。

对演进的选择机制进行建模存在着潜在的复杂性(例如,可参见 Moss and

Rate,1992)。由于这种原因,演化模型的求解通常用模拟的方法。这些模拟所体现的性质通常很难凭直觉理解。尽管它们的短期动态性比长期动态性更加有趣,但解释起来却异常困难。长期动态性通常很容易解释,因为它们通常收敛在一个理性的结果上,如上述的解释。只有当存在多重均衡,或者完全不存在均衡时,这种收敛才不会发生。因此,它依赖于模型均衡的特性,模型均衡的长期动态性也容易理解。这些均衡特性也反映了在系统内部获得完全理性的障碍。因此,对模拟结果的成功解释通常取决于对理性原则的诉求。

4.2 有限理性是一个空箱子?

有限理性的吸引力在于它似乎能一次性解释我们所观察到的他人的所有奇特行为,但这种解释可能只是一种假象。有限理性显然与一些行为是一致的,但仅仅是因为它能与任何类型的行为都完全保持一致。除非还有其他假设条件,否则它不能预测任何事物,因为它并未排除任何一种可能。

有限理性包括一切的事实得到了这样一种现实的支持,即不可能认为所有的行为都是无理性的。如果有限理性用这种方法来解释,那么至少可以预测到,没有什么东西可以用理性的概念来解释。但是,有限理性的研究者为有些理性的行为留有更多的可能性,他们知道完全没有理性的预测是错误的,结果就导致许多现代作者并不是通过行为主义或者是人工智能来提倡有限理性。最重要的结果就是在理论选择中他们使用了真实(完全)理性。因此,为了一种目的而提倡有限理性的学者可能会为了其他目的而提倡真实(完全)理性。例如,威廉姆森(Williamson,1985)运用有限理性的概念来解释就业合同导致的权利关系,但在分析替代契约安排之间的管理选择时却运用了真实(完全)理性的概念。

尽管对有限理性进行界定的好处是相当虚幻的,但成本却是真实的。这些成本主要源于本章开头提及的模糊问题。不同作者提倡不同的特定行为规则,同一作者对同一观点在不同阶段甚至也提出过不同的行为规则。因此,有限理性在一个背景下表达的意思很难与在另一背景下所表达的意思保持一致。

这种不确定性对理论化并没有好处。一个好的理论应该很容易理解,其作用的逻辑思路应该是透明的;而且这种透明的逻辑也是必要的,因为正如有限理性的假设所示,人们对理论构造的理解和正确使用存在困难。从这个角度看,逻辑透明度对构建由有限理性的人使用的理论是非常必要的,因为它使理论更容易理解。理性行为的假设只是提供了一个好理论所需要的逻辑透明度。有必要假设所有人的行动都是理性的,因为我们知道理解他人的行为是困难的。一个严谨的理论家需要对理性做出假设,因为理论的学习者并不能处理替代方法可能涉及的复杂性。理性的悖论是指必须先对理性做出假设,然而我们知道这是不真实的。更确切地讲,必须在模型中假设人是有理性的,但这对研究模型的人来说是不真实的。如果反对理性的假设,那么必须代之以其他同等的假设。目前为止,还没有找到满意的替代方法。

在理论的构建过程中,逻辑透明度对揭示分歧和矛盾具有重要的作用。不幸的是,那些富有说服力的学者在构建理论时容易犯逻辑错误,这是因为有限理性的人类易犯的错误。提供理性假设的人很容易发现其所犯的错误,因为问题的症状很明显,这也迫使他们改正过错。然而,拒绝理性假设或任何相同假设的人可能无法发现所犯的错误,因为他们所提供的内容缺乏清晰度。糟糕的理论学家并不喜欢理性假设,因为他们知道如果使用这一假设就会暴露弱点;因此,他们转而从有限理性假设中寻求庇护。

国际商务中可以发现大量糟糕的理论。现代国际商务组织理论尤其容易出现逻辑瑕疵,因为它严重依赖有限理性的假定。现在还有一些学者充分利用理性和非理性相互转换的自由来构建理论,可惜的是这些理论内部完全没有一致性。可以用全球化文献中的一个例子来证明这一点。在巴特利特和戈夏尔(Bartlett and Ghoshal,1987)之后,不断出现大量富有远见的论文来说明弹性组织结构面对全球竞争的好处(Hedlund and Redderstrale,1992),而且这一趋势并没有减弱的迹象(例如参见 Hamel and Prahalad,1996)。但提出这些思想的学者没有一个人提出该理论的详细假设(如理性行为)来确保他们的分析具有内部逻辑统一性。相反,他们用有限理性的概念来掩饰其有关人类行为的假设是随观点的变化而不断改变的这一事实。人类行为不一致的观点之所以出现在他们的著作中,是因为理性的基本假设这一应该遵循的规律在他们的每个案例分析中都被抛弃了。

当建立了更为严谨的方法之后,保持国际商务理论的智力标准就成为一个令人遗憾的问题。埃格霍夫(Egelhoff,1991)已经证明了如果从信息加工的角度考虑,则跨国公司组织结构的分析就能保证一致性,更为严谨的方法将在第五章详细论述,它是建立在这一原理之上的,即具有理性的组织都会实现所有信息成本的最小化。根据这一原则,组织结构的实质就是信息加工过程中的劳动分工,上级管理者对下级管理者输送来的信息进行综合加工,这种安排使下级管理者能发挥他们从熟知的特定来源搜集信息的专长,下级管理者的一个功能就是他们是当地知识的专家和管理者;同时,使得具有更多综合知识和更宽视野的上级管理者发挥他们综合从分支机构传输过来的信息并做出决策的特长,然后把这些决策返回到下级管理者去执行。从总部发出指令,实际上是组织内部分享合成信息的一种层次量少的方法(Casson,1994)。这种方法与主张分层结构应该采取柔性形式的观点完全一致。实际上,它对分层结构应根据环境波动方式的变化而采取弹性的形式的理论产生了直接影响(Casson,1995,第四章)。然而,这并不表明分层结构本身应该由某种完全不同的形式所取代。

4.3 理性究竟意味着什么?

事实上,对理性和非理性进行区分并不像看起来那么简单。要正确界定什么是有限理性,首先必须明确什么是理性。对理性的不同定义对有限理性的概念有不同的影响(Elster,1986;Hargreaves Heap,1989)。

在经济理论中,对理性最有用的解释就是一个有益的方法(Blaug,1980)。理性是方法选择的一个特征,通过这种方法就能取得一个给定的结果。理性不是结果本身的特征。成功的商业主管对慈善团体做匿名捐赠并不是非理性的行为,即使是自私和功利主义的人也能理解这种行为。利他行为并不是非理性的,商业主管完全知道他们的行为会减少可支配收入,最有可能的解释就是商业主管由捐赠而体现出来的良心;理性的利他主义者会增加捐赠的数量,直到新增加一单位数量所获得的边际情感收益等于付出的物质成本为止。

当结果给定时,不能说一个结果比另一个结果更理性。理性结果的唯一情形就是偏好可传递,这种传递的一致性要求,如果策略 A 优于策略 B,而策略 B 优于策略 C,则策略 A 优于策略 C。

然而,说服人们接受一些结果比另一些结果更合理也是可能的。因此,一位康德式的哲学家可能劝说一位年轻的艺术破坏者,损坏公众财产是不合理的,因为如果每个人都这样做,那将是自我毁灭的行为。最终留给破坏者的都是损坏的财产,损坏的累积效应会使每个人的情况都恶化。这种论点并不能证明艺术破坏者的行为是非理性的,因为破坏者可能都是从破坏中获得更多满足的人,这种满足使得这些人愿意比其他人冒更高的风险去破坏。劝说会对偏好产生影响,因此,破坏者会对他们的破坏行为感到内疚,进而发现这些破坏行为并不能使他们感觉更好。

如果处理不当,对待结果的方式也会使理性行为原则显得不重要,因为这种独特的结果可以将所有的行动"理性化"。如果必须对这种工具理性的影响进行预测,就需对结果进行限制。就普通商品而言,一个明显的限制是"总是越多越好"。把偏好限制成凸性的,意味着在人们消费的产品范围内,人们更喜欢多样性而不是单调性。结果给定的观点同样重要。正是这个用于经济学中的假定,能预测到决策者将会替换相对不足的方法。如果允许结果改变,那么它们的变化规律肯定是独特的,因此,在考虑这些变化对方法的影响之前,必须先考虑这些变化的影响。

工具理性的不同观点同样也很流行。有关理性的一个非常狭隘的观点就是理性决策以完全信息为基础,这是一个非常严格的假设,在实践中很难满足。正是由于这种原因,那些认为有限理性无所不在的人都赞成这种定义。然而,对于构建人类行为的另一种替代模型而言,这种方法并不能提供更多的帮助。

有关理性的另一种宽泛和富有帮助的观点就是理性决策尽可能充分地利用已有的信息。从这个角度看,决策者都是在不确定条件下行动,但只能以一种特殊的方法来反应。缺失的信息由主观判断来代替,这些主观判断通过概率论来表达。显然这种方法在现代新古典主义微观经济学理论中非常普遍(Lippman and McCall,1979)。然而,它却充满了争议。以实验事实为基础的学者认为人们不可能用逻辑的方法来思考概率。而反对这种观点的人则认为:如果把人们放在一个精心设计的、不熟悉的环境中,这种事实就会产生;同时,如果人们对这种环境很熟悉,他们就会根据看似很好的逻辑来采取行动。

对这种宽泛的观点进行改进,就是允许人们在做出决策之前,决定要收集多少信息(Marschak and Radner,1972)。因此,决策就变成了一个二阶段过程。第一个阶段,决策者必须决定收集什么信息;第二个阶段,他们必须根据已收集的信息决定如何采取行动。这个程序的逻辑就是要求理性决策者在一开始时就必须根据他们收集的信息来决定在每种情况下如何采取行动,这就必须考虑每种可能的信息及其对即将采取的决策的影响(Casson and Wadeson,1996)。如果影响决策的信息没有差别,无论结果如何,收集这些信息都是没有用的。要知道哪种特定的信息对决策有不同的影响,决策者必须在开始时就知道在没有任何信息的情况下要如何决策,这种决策反映了他的主观概率。如果决策者已经有了这种主观概率并且已经决定了每种不同信息的后果,决策者就能决定什么样的信息值得收集,什么样的信息不值得收集。

尽管这种改进可能有点复杂,但它有一个非常重要的影响,这个影响只表明了这种方法很有用,它说明理性决策者通常都会根据一个连续的过程来收集信息。实际上,如果同时观察的几个事物没有实体经济,则不可能同时对一个连续的信息收集方法进行改进。最优程序通常是收集第一类特定信息,再收集第二类信息,它依赖于第一类信息的结果。如果第一类信息是决定性的,则没有必要进一步收集信息,因为此时显然知道将要采取什么决策;如果第一类信息不是决定性的,则必须收集第二类信息……等等。一个典型的例子就是决策者将持续收集几类信息,但并不是所有类别的信息。在集齐全部信息之前他将停止收集,因为收集和加工下一类信息的成本小于预期得到的收益;降低错误决策的风险所获得的收益大于额外信息的成本。本章下述内容将对这种结果的影响进行详细分析。

4.4 超越理性

本章后述内容将研究在有信息加工成本的情况下理性行为的影响。假设理性代理人必须全面考虑他所面对的信息成本,这就是所谓的"超越理性"行为。超越理性行为的重要特征就是决策者在决定他们将如何决策时必须考虑信息成本。一个最简单的超越理性行为的例子就是决策者在决策之前,并不知道环境的某个参数,但同时必须决定是否要观测这个环境参数的数值。一个更为复杂的超越理性行为的例子就是决策者面临几种不确定性,他必须决定按照某种特定顺序依次调查它们,这就需要一种规则,来规定如何根据前面几步所搜集信息的结果来处理每一步的情况。超越理性行为的关键在于这种规则是可选择的,而不是任意的;它是最优的,因为它提供了几种最好的权衡信息成本和错误决策风险的可能方法。

超越理性同样可用于团体内一些成员的联合决策。最明显的原因是它根据人们的比较优势而发挥他们在不同方面决策的专长。典型的经济决策通常在复杂的环境中做出,它需要调查不同的因素,这些不同因素的信息可能是分散的。这种分散可能是地理上的分散,如不同的信息来源可能位于不同的国家;可能是产品上的分散,因此它需要咨询不同市场中的专家;也可能是功能领域上的分散,这是相当普遍的,例如,对生产信息和销售信息进行综合,用于制订下一个时期的产出计划。

劳动分工不是使用联合决策的唯一理由。当搜集的某些信息可能错误时,联合决策可以通过允许人们相互检查和制衡减少错误发生率(Sah and Stiglitz, 1986)。它同样也可以改善决策的执行,曾参与决策的人们更容易感受到一部分责任,因此会更加努力工作并取得成功。集体决策的执行更加有效率,这是民主政治进程的一种优势,也是公司管理采用咨询协商模式的一种优势。

在一个集权的团体中,个人,即领导者,通常对决策过程中的劳动分工负责。领导者通常会选择一套个人的程序来协调彼此的矛盾,同时决定由哪些人对哪个程序的执行负责。因此,集团的运行就像一个组织,它的结构必须与日常管理具体环节的执行保持一致。超越理性意味着由领导者来优化这个结构,还意味着日常管理必须对信息的成本和收益做出有效率的反应。

在一个分权的集团中,劳动分工通常由协商来决定,这就使分析变得相当复杂。幸运的是,分权通常都是局部的过程。个人并不是为自己谈判,而是许多分支机构中的一员。这些分支机构和其他分支机构一起构成了整个集团的组织结构,每个分支机构或附属组织的领导者代表全体成员进行协商。因此,在下面讨论的例子中,所有的成员分别属于两家公司中的一家,一家公司从另一家公司购买商品;两家公司的领导协商由谁负责调查,由谁负责相互交流哪些类型的信息。每家公司的领导根据公司内部的管理常规来做出决定,因为这种管理常规更适合于执行公司做出的调查决定。

一个明显反对超越理性的观点是选择程序或程序规则的决策者必须知道信息的成本,如果他不知道信息成本,就不能做出计算。因此,他必须通过调查来确定这种成本是多少,但可能出现的问题是这些调查本身是否值得执行。因此,决策者必然从事一个无限的回归,在这个回归过程中,必须知道每个决策的信息成本,同时,为了决定这种成本是否值得搜集,还必须同时知道搜集这种信息成本的成本。

尽管这个问题看似不能克服,但实际上它并不像它首次出现时那么严重。理论并没有要求确切地知道信息成本,只需知道这种信息成本的主观概率即可。如果决策者的风险偏好是中性的,那么缺失的信息成本值可以用计算出的预期值来替代。在这种情况下,问题的解答就与不确定性无关;然而,如果决策者厌恶风险,则必须进行另外的计算。

4.5 程序和管理常规

超越理性对解释程序和常规的起源具有特别的作用。最优信息策略是连续性的,这要求决策程序的质量必须相当高。一般来说,必须首先确定搜集信息的类型,再根据搜集信息的结果采取进一步行动。

典型决策者面临的许多情况都是相似的,因此,在这种意义上,交付资源的价值、无知带来的风险和信息搜集的成本在每种情况下都大致相同。这也是一个公司的典型情况,即在每个连续的时期它都面临一系列相同的市场。在这种条件下,一个最优的决策程序也是所有类似决策的最优程序。因此,相同的程序可以用于每个连续的时期。这个程序必须确认环境中最近出现的短期因素,并说明如何对这些短期因素做出反应。最优化程序就构成了程序化的管理常规。

设计这个最优程序也会产生设立成本,从中可以清楚地看出这种结果的重要意义。产生设立成本的一个重要原因就是环境中存在着一些持续的因素,它决定采取何种特定的形式对短期因素做出反应。这些持续因素的调查成本很高,一旦调查了这些因素,只要这些因素不再发生变化,选定的程序就可以成功复制。因此,搜集持续因素信息的固定成本可以分摊到该程序的所有后续应用之中。

例如,假设每个时期的产品需求必然经历由于流行趋势改变所导致的短期变化,这个过程说明了产出是如何对这种改变做出反应的。例如,它规定如果流行趋势可以观察到,产出的调整必须以规定的方式进行,产出调整的方式取决于环境中的持续因素。假定遭遇到短期冲击之后,产品需求肯定会回复到常态,这种常态水平就是一个持续的因素,它制约了对短期冲击的理性反应。进一步假定这个常态受替代产品的影响,同时,替代产品的数量初始时并不知道。因此,规则的建立成本必然包括调查这些替代产品数量的成本。一旦完成这项调查,获得的信息就要编码在程序之中,该程序就可以用于所有的后续情况。因此,策略的设计成本可以分摊在无数的决策中。

因此,超越理性预期决策者在面临相似和不确定环境的情况下,其行为将受制于一种特殊程序的约束。这说明程序的使用不必解释为程序化行为的后果,也不必解释为一些普遍的有限理性的后果。它是超越理性行为在某一特定类型的环境中的一个直接的后果。在这种环境下,间歇性干扰造成了一个基本稳定的制度的暂时性问题。从这个角度来看,公司是一个功能上的专门机构,致力于制定和实施建立在程序化常规基础上的一种特殊形式的决策过程。

4.6 记　　忆

一个程序的重复使用必须要求这一程序被记忆。如果记忆的成本很高,则每期重复调查持续因素的成本可能比记忆程序的成本低。一般来说,决策者必须权衡程序记忆和每次要求"重塑"的成本(Casson,1995,第六章)。

记忆成本一般取决于程序的复杂程度,程序的复杂程序又取决于因素的数量,特别是由搜集到的信息所能确认的环境之间不同组合的数量以及由这些信息为条件的不同策略的数量,条件的具体形式也很重要。如果程序很复杂而且难以定形,则记忆的成本就很高,因而阻碍程序的记忆,使程序的即兴重复成为首选。

为了重新使用一个程序,环境中的持续因素必须可以重复观察。记忆程序涉及对持久因素的观察。因此,使用记忆可以把观察持续因素的成本分摊到按相同方法对程序的重复使用中,而即兴使用程序却不能这样做。越是不经常使用的程序,其记忆成本的分摊就越困难。一个经常使用的程序更容易被记住;持续性因素的观察成本越高,为了分摊记忆成本而记住该程序的优势就越明显。

最近许多对组织行为的研究都关注这种思想,即程序可以记忆在人们的大脑中,而不是编码成书面形式。据说组织的所有管理者都基本依赖相同的程序,管理者相互交流的目的就是强化他们对这些程序的记忆。这与另一种观点相关,即在组织内部的任何地方都可能发生任何问题:程序不可能针对特定的功能和特定的地理区位,但对公司涉及的所有领域都是相同的。因此,经常使用给定程序的人必须与偶尔使用的人分享他们的知识。正是由于这些程序构成了公司的组织文化,它们也被认为是公司成功的重要因素。当企业环境的持续因素发生改变时,这些程序就需要随之改变,但这些改变必须深植于管理心理学之中,同时也要深入考虑过去的成功来确保程序改变的合理性。在这些条件下,对企业有效领导的最基本的要求就是"变革管理"——在不损害管理团队凝聚力的前提下使管理常规的改变合理化。

虽然这种观点还有很多深刻的见解,但也有一种危险,即如果只强调管理的社会层面,一些非个人层面的东西就会被忽视。在许多技术进步的产业中,应用于正式程序中的科技能力通常在特定领域发挥重要功能,它们对企业的成功仍然起关键作用。例如,如何明智地决定搜集多少信息来解决产品发展过程中的某个技术问题的能力,仍然制约企业为"领先"于竞争对手而进行创新的速度。同理,在价格竞争激烈的成熟行业中,通过正常的会计程序来控制成本的能力也是在竞争中取得成功的关键因素。这种科技和会计的程序通常并不由技术专家来执行,技术专家也并不需要通过与其他管理者的交流来工作。这些程序可以通过编成规则手册这一具体形式发给下属,让下属在执行程序的过程中发挥作用。组织的记忆通常内部化于特定的功能领域,而不是均匀地分布于整个公司。而且,很多程序并不是封闭在人们的大脑之中,而是可以用书面的形式记录下来以促进其在集团内部相关功能部门之间的传播。

跨国公司内部的组织记忆本地化也有相同的地方,尽管本地化的记忆可能广泛根植于单个国家分支机构的管理团队之中,但来源于不同分支机构的团队共享记忆的情况还是很少见的。国家对市场营销和生产的要求越具体,从公司的角度分享管理记忆的可能性就越小。

4.7 内部交流

交流成本主要有两种:一是远距离传递信息的地理成本,二是个人之间传递信息的成本。地理成本表现为长途电话较高的电话费和国际邮递较高的邮费等因素。个人之间的交流成本包括用一种收信者可以理解和明白的方式对信息进行编码的成本。

最近的国际商务文献都分析了许多企业内部交流的信息的隐含特征,同时认为只有当公司文化创造了共同的价值观和理念后,这种隐含的信息才可能进行交流。这相当于这样一个命题,即公司内部的交流成本必须小于公司间的交流成本。

然而,满足这一命题显然不容易,因为日益增加的事实说明独立公司的组织机构之间的联系不断增加(Ebers,1997)。对这一问题的详细分析表明很多企业都依赖专业的文化来协调管理者之间的关系。因此,高技术制造业公司可能依靠工程专业文化,而一个金融集团公司则可能依赖会计专业文化,如此等等。这使得企业利用其他机制"搭便车"的行为具有重要的经济意义,因为这些机制在企业雇用的管理者之间已经建立了理解和信任。这种策略也要提供充足的弹性,以实现与雇用同专业员工的其他企业建立内部联系。

解决隐含信息的传统方法主要有两个问题。首先,假定没有交易成本的隐含信息是决定企业边界的决定因素。其次,它降低了隐含信息对公司内部组织结构的影响。尽管隐含信息对公司边界的影响有限,但它对组织的结构和管理的风格却有相当大的影响。过分强调前者的影响是不对的,而忽视后者的影响也是不对的。

隐含信息的交流成本过高,可能损害企业内部的劳动分工。信息的隐含性越强,管理者之间的相互理解就越困难。如果人们不能理解对方所说的话,则其他人所说的话就不能作为决策的基础,也没有任何意义。如果最高管理者不能理解下属告诉他们的内容,他们的管理就是高度独裁的,他们做出决策时所使用的信息只是其个人所收集的信息。如果企业依赖的只是几个关键的信息来源,例如高级管理者订阅的几本商业出版物,这可能是可行的。同样的,如果企业环境中的波动来源很少,很容易监控所有的变化,这也是可行的(Lawrence and Lorsch, p.117)。但是,如果信息来源是分散的,并且存在大量波动性,这些波动相互之间存在着竞争,那么独裁的管理模式就会导致严重的错误决策。

独裁的管理模式通常意味着它是一个高度集权的组织结构,但并不总是如此。一个公司也可能以联邦独裁的方式来运行,独裁者代表各自所控制的集团进行谈判。每个高级管理者亲自搜集当地的信息,并依赖这些信息行动,从不参考下属的建议。如果需要其他高级管理者的资源,他们会以个人为基础与其进行谈判。每个集团的内部交流只限于发出命令,以及向其他集团报价。当这些活动是松散地连接在一起时,这种模式是最合适的,例如,一个公司把不同的本地品牌出口到不同国家的市场。在这种情况下,在一个国家市场实施的策略不会对其他市场产生连锁影响。但是,如果位于不同地区的活动是紧密连接在一起的,例如,不同国家的生产是一个垂直一体化生产过程的不同阶段,或者不同国家的销售机构都负责维护同一个全球性品牌的声誉,这种模式就不合适。

显性信息的交流成本更低,因此它更倾向于咨询管理方式。对不同来源的信息进行最终的合并就能做出更好的决策,同时,也有助于维持较高的创新水平。由某个管理者提交到咨询程序中的许多信息包括其他管理者就其特定领域的环境变化而需要作出更新的信息。因此,通过咨询过程,集体管理者逐渐认识到他们所面临的改变达到了什么程度,以及需要采取集体行动来做出反应。相反,独裁的管理模式则习惯于压制变化的相关信息,因此,总是维持过时的策略。较低的交流成本不仅改善了公司的静态效率,而且鼓励通过咨询来促进正常的变革,以此提高公司的动态效率。这也是一个演化的商业环境(在该环境中持续因素随时发生变化)倾向于采取具有咨询风格的管理模式的原因之一。演化的速度越快,对咨询的需求就越强,促使企业对降低交流成本的投资激励就越大。

这种结果与早些时候讨论的企业文化有关。它说明降低交流成本的优势在快速变化的环境中非常重要。因此,由于相同的公司文化能降低交流成本,它提高了管理者对变化范围的认识,并使管理者在创新的需求上达成一致。因此,在波动的环境下,应当在公司文化建设方面进行投资,以降低交流成本,并推动创新。

4.8 外部交流

外部交流成本在现代企业理论中通常被忽视。在高度重视市场营销功能的现代消费社会中这是非常令人惊讶的;同时,在企业间的相互联系不断增强的情况下这也是令人惊讶的。

外部交流成本是营销策略的基础。正是通过与消费者的交流,才可以向他们解释产品的本质;更重要的是通过聆听消费者意见,企业才能发现产品需要改进的地方,这也许是消费者最愿意看到的。因此,有效的市场营销需要双向的信息流动,在这个过程中,消费者不只限于接受来自公司的广告信息,同时他们也获得了表达对不同产品偏好的机会。这些偏好不只涉及现有的产品——消费者通过他们的购买决策来传递信号——也涉及尚不存在的产品。

企业需要与客户对话的思想是非常有吸引力的,然而仍有一个问题。如果消费者与企业分享他们所有的信息,就可以完全肯定地表达对现在还不能生产的某些种类产品的偏好,这是因为消费者可以把他们理想的产品形象化,但却缺乏技术知识来判断它是否可行。同样的,如果企业与消费者分享他们所有的生产知识,他们也能完全肯定地描述与消费者毫不相关的某些种类的产品。

目前需要的就是要有一种体系,通过这种体系消费者与生产者各自选择与自身相关的信息(Casson and Wadeson,1998)。这种选择需要用原来从另一方收集到的信息来报告,这种信息的目的不在于传达多少自身的情况,而是说明它最需要接受何种类型的信息。换言之,公开信息可能只是一个问题,这个问题的答案不是综合性的,它仅能决定后续需要提出的问题。在给出大量问题和答案之后,真正关键的信息才开始交流,即通过持续的对话从所有信息中选择出来的、针对问题的信息。例如,它可能涉及消费者从两种非常满意的可选产品中选择出一种,尽管这两种产品企业都能生产。

用不同的方法构建问题和答案,真正关键的信息交换才能在不同的步骤里实现。最有效的对话就是在最少的步骤里实现有针对性和决定性的信息交换,这种有针对性和决定性的信息交换使交流过程结束,因为在这个过程中只有少数非常合适且在技术上能实现生产的可选产品,才是最接近消费者理想的产品。

当然,最有效率的对话形式取决于什么才是真正最优的产品,因为事前未知,因而更偏向于用主观概率确定最优的解决方案来选择对话方式。根据超越理性的方法,生产者和消费者都会同意通过对话使总体收益最大化,他们都会同意使用主观概率来设计最优对话方式,然后对对话的结构进行优化,并用双方都同意的方式实现信息共享。

优化对话包括很多方面。其中一项就是提出什么样的主题。生产者和消费者必须在产品设计的内容方面达成一致。同时还要确定交谈的先后顺序——是消费者提出第一个问题,还是生产者开始对话的进程。如果必须使产品满足消费者需求而导致对话不能深入进行,就要确定对话是否应该终止,以及如何迅速地放弃对话。

如果生产者设法扩大品牌产品的生产规模,他会在做出改变之前咨询许多消费者,在消费者总体中选择一批作为样本。这种对话通常会通过市场调查来完成,这就要求约束对话的问卷必须相当严谨。生产者必须主动接近消费者,而且只有消费者回答了一定数量的问题之后,生产者才能提供自己的相关信息,例如可以生产什么类型的产品。可以向消费者提供需要检验的产品原型,在某些情况下甚至可以让消费者来试用,然后把市场调查的结果反馈给产品发展规划部门。产品原型经过修改之后,市场调查的过程可再次重复。

规模生产的另一个极端就是每一单位产出都根据消费者的需求来定制,这对中间产品而言是很常见的,特别是资本设备更是如此。耐用资本品的生产者在产品设计上可能会与每个消费者进行沟通,这类似于社会交往中"一对一"的对话方式。一般说来,消费者可能说出他们对产品性能的要求,由此展开对话,然后生产者就会设计一些方案,由消费者挑出最喜欢的。消费者可能从中选出一种最便宜的或者对所有方案都不满意,而由生产者提供新的方案。与以往的过程相比,对话通常是由消费者而不是生产者开始的;消费者的要求很可能更严格,与前一种情况相比,不同产品特性之间的替代余地更小。如果找不到消费者问题的可行解决方案,对话过程则可能被终止。

因此,外部交流的超越理性的方法说明约束中间产品企业间的市场营销问卷与适用于最终消费者产品的市场营销问卷有显著不同。尽管这种结论和产业市场营销的文献所持有的观点很相似,但超越理性的方法对有效交流结果的解释更严谨;同时,它也提供了一种方法,可以对中间产品和最终产品的不同营销方法的差异进行扩展分析。

尽管这些对话跨越了公司的边界,但值得强调的是如何构建对话这个问题显然不同于企业边界在何处这类大家更为熟悉的问题。尽管有区别,但这些问题相互关联。相互不信任的程度越高,联系就越紧密。对话的过程随着时间的累积会使每一方都产生成本。在对话的每个阶段,一方从另一方获取有用的东西比另一方从它自己那里获取的要多。在因为不成功而被迫中断对话过程的每个时点,一方都比对方产生了更多的沉没成本。当每方都怀疑对方时,就会希望投入到对话中的成本最小。他们都会为了其他目的而劝说对方提供一些有用的信息,同时尽可能少地透露自己的信息。如果消费者会以非常琐碎的理由拒绝产品原型,生产者也不会愿意花费成本来制造产品原型。狡诈的消费者可能声称原型不能达到他的要求,尽管这种产品相当的好,实际上消费者这样做的目的是希望得到一个非常优惠的价格。一般说来,当公司减少对交流过程所尽的义务时,误会就可能变得更加频繁,交流结果的有效性就会降低。如果公司之间合作的收益很高,但相互信任的程度很低,公司间进行整合就很有利。通过对公司经济利益的合并,各方不再坚持以牺牲另一方为代价使交流成本最小化并从中获益,相互交流就会更加频繁,就有可能达成一个合理的价格来供应一个满意的产品。因此,正是不信任和对结果进行控制的需要,把公司边界的区位和跨越这些界限的交流模式连接在一起。

4.9 理性学习

超越理性为解决什么是真正的"理性学习"这个棘手问题提供了一种方法。学习是目前组织结构演变文献中的重要主题(详见 Nohria and Ghoshal,1994)。显然,学习与有限理性相关,在某种意义上,有限理性界定了学习发生的初始条件。一个完全博学的人肯定不会再学习。然而,目前的文献再次出现了一种趋势,即用一种更加肤浅的方法来探讨这个问题。超越理性的方法提供了一种更加严谨的分析,因此,对研究诸如在何时何地会发生学习以及真正的学习如何发生这些问题,它能提出一系列相互关联的假设。

根据新的信息,理性学习涉及主观概率的更新。贝叶斯法则提供了一个逻辑框架,在这种框架中能实现这种更新。决策者开始用一系列的替代假设,但并不能确定哪个假设是正确的,这些假设通常与未知关键参数的值有关,例如市场的增长率、需求价格弹性等。

贝叶斯法则的实施并不是一个简单的事情(Kirman and Salmon,1995),因为非线性使得它的计算非常复杂。根据贝叶斯法则,用简单的程序近似这种非线性关系则更容易更新概率。当计算的成本很高时,使用这种替代方法就是理性选择。一个理性的人能比较这些替代性的学习策略,并会选择最适合其目标的学习策略。

对这类观点最常见的反对意见是,学习所面对的不确定性是很强的,根本不可能用理性选择的工具去处理。不可能形成主观概率,也不可能知道使用这些主观概率的基本模型。人们可能知道它们是不确定的,但并不知道不确定的内容是什么。

然而,遇到这种不确定性时人们仍然可以采取试错的策略,可以通过"试"一些东西,记住哪种试验产生的结果最好。这类试验有两个关键问题:一是决定用什么顺序来进行各种可能的试验;二是决定何时停止试验以及决定坚持到何时才能发现最佳策略。

有趣的是上述分析中有许多相同的问题,它们的表现形式却不同。这些问题都涉及策略寻找的优化。它们的不同之处在于所搜集的信息的性质以及使用这些信息的方式。在第一种情况下,收集的信息主要关系到公司环境,并且把这些信息放入到决策者使用的公司环境模型中来指导决策。在第二种情况下,收集的信息主要关系到给定类型的试验行为所达到的表现,但并不把这些信息放入到公司环境模型之中,因为此时这种模型并不存在;相反,要把这些信息放入到一个学习过程的模型之中。根据过去的经验,这个模型能确定在下一步试验中可以实现多少改进;如果需要再进行一个试验,当前试验得出的最新信息可以判断试验是否需要改进。

当然,可以认为由于不确定性这一固有性质,这一过程不能应用于所有学习过程的模型。另一种观点则认为由于进行试验的顺序是任意的,停止试验的时间也是任意的。然而,这种消极的观点忽视了随时都面对持续不确定性环境的决策者用不同程序进行试验的可能性。如果这些不确定的环境有一些共同的成分,在某些情况下用特定学习程序获取的解决方案就可能成为其他情况下有效解决程序的参照。因此,如果对具有很强不确定性的环境进行试验的数量足够多,决策者就会通过实际的调整而不断地集中到一个有效的学习程序上,这个有效的学习程序就可以准确地权衡更少的错误决策所获得的预期收益和当前试验失败所产生的预期成本之间的关系。

对"试中学"的分析,说明了经验的积累是成功决策的关键。与没有经历过不确定性环境的人相比,经历过不确定性环境的人肯定能对什么样的学习程序最有效做出更为正确的判断。然而,即使那些没有任何自我经验的人也会利用别人的经验来"搭便车",模仿他们的行为;即使其他人的学习程序不能直接观察到,最成功的人的学习速度也成为一个标杆,其他人会由此调整自己的行为。自身现有的表现与这个"标杆"的表现之间的差距,说明了未来试验中学习程序可以改进的空间。

接下来的问题是,即使在具有很强不确定性的环境中,也能对根据理性假设推导出的行为进行有效的预测。理性行为只是一个原则,它适用的范围并不限于特定的情况。如果环境很具体,它的应用就相当容易,但这一原则也不是脆弱的,在面对一些宽泛的特定问题时也不会瓦解。

4.10　总结与结论

　　超越理性的本质是决策者在做出某项决策之前计算如何对信息成本的不同构成部分做出反应。我们已经知道信息成本有五个主要构成部分,并详细讨论过其中三个。从超越理性的角度看,最直接的一类信息成本就是观察成本。观察成本的超越理性分析非常简单地说明了决策时消除不确定性的成本和收益。记忆成本比较困难,为了分析记忆成本有必要采取动态或跨期的方法,记忆成本允许搜集信息的持续因素成本分摊到后续所有需要这些信息的决策上。记忆成本超越理性的分析方法,解释了为什么需要记忆管理常规,以用于应对具有相同持续因素的重复环境。

　　交流成本为这一分析增加了另一个内容。与观察成本和记忆成本不同,如果不考虑交流涉及两个以上的人的事实,就不可能对交流成本进行充分分析。交流成本产生于组织内部或组织之间。最容易分析的交流成本是组织内部的交流成本,在这种情况下,雇主通过在雇员之间建立信息流动机制从而使信息处理过程中的劳动分工达到优化。这种最优化过程在管理常规的规划中很容易看到。正是管理常规执行的优化,决定了企业的组织结构和管理风格。

　　假设组织追求总体利益的最大化,那么组织之间的交流也很容易处理。同时,根据管理常规或者市场调查问卷来对分析进行定位也同样有效,因为组织之间的交流是建立在常规基础之上的。在两个组织间用超越理性的方法构建的交流,就是运用协议在装配工和分包商之间进行合作设计的一个例证。

　　超越理性的理论使传统产业组织理论的很多观点具有更加严谨的立足点。然而,这种严谨也有一个重要的结果,即它强调了以前用不适当的方法得出来的许多结论的短期性。在其他方面,超越理性的理论也削弱了在目前一些文献中发现的一些观点,例如,它不但说明了组织的分层结构形式也有许多内在的优点,还说明了国际商务中组织设计的关键问题不在于分层结构是不是合适,而在于分层结构在什么条件下采取什么形式工作最有效。在稳定和受保护的环境中,公司采用高度独裁的管理模式经营起来可能是最有效率的,但是随着冲击种类和数量的增加,对创新的需求就会增强,采取咨询的管理模式就是合适的。超越理性的理论有能力准确预测采取什么样的咨询方式,也可以预测公司内部使用的决策程序,以及每种程序的不同部分是如何分配给不同的人。同样的,它比当前国际商务文献对组织结构特征的分析更能提供有远见的分析细节。

参考文献

Bartlett, C.A. and S. Ghoshal (1987) 'Managing across borders: new strategic requirements', *Sloan Management Review*, Summer, 6–17
Baumol, W.J. and R.E. Quandt (1964) 'Rules of thumb and optimally imperfect decisions', *American Economic Review*, **54**(1), 23–46
Blaug, M. (1980) *The Methodology of Economics: or How Economists Explain*, Cambridge: Cambridge University Press
Casson, M.C. (1994) 'Why are firms hierarchical?', *International Journal of the Economics of Business*, **1**(1), 43–81
Casson, M.C. (1995) *The Organization of International Business*, Aldershot: Edward Elgar
Casson, M.C. and N. Wadeson (1996) 'Information strategies and the theory of the firm', *International Journal of the Economics of Business*, **3**(3), 307–330
Casson, M.C. and N. Wadeson (1998) 'Communication costs and the boundaries of the firm', *International Journal of the Economics of Business*, **5**(1), 5–27
Coase, R.H. (1937) 'The nature of the firm', *Economica* (new series), **4**, 386–405
Commons, J.R. (1934) *The Legal Foundations of Capitalism*, New York: Macmillan
Cyert, R.M. and J.G. March (1963) *A Behavioural Theory of the Firm*, Englewood Cliffs, NJ: Prentice-Hall
Ebers, M. (ed.) (1997) *The Formation of Inter-organizational Networks*, Oxford: Clarendon Press
Egelhoff, W.G. (1991) 'Information-processing theory and the multinational enterprise', *Journal of International Business Studies*, **22**(3), 341–368
Elster, J. (ed.) (1986) *Rational Choice*, Oxford: Blackwell
Hamel, G. and C.K. Prahalad (1996) 'Competing in the new economy: managing out of bounds', *Strategic Management Journal*, **14**(1), 23–46
Hargreaves Heap, S. (1989) *Rationality in Economics*, Oxford: Blackwell
Hedlund, G. (1993) 'Assumptions of hierarchy and heterarchy: an application to the multinational corporation', in S. Ghoshal and E. Westney (eds), *Organization Theory and the Multinational Corporation*, London: Macmillan, 211–236
Hedlund, G. and J. Ridderstrale (1992) 'Towards the N-form corporation: exploitation and creation in the MNC', paper presented at the Conference on Perspectives on International Business: Theory, Research and Institutional Arrangements, University of South Carolina, Columbia, SC
Kirman, A.P. and M. Salmon (eds) (1995) *Learning and Rationality in Economics*, Oxford: Blackwell
Kogut, B. and U. Zander (1993) 'Knowledge of the firm and the evolutionary theory of the multinational corporation', *Journal of International Business Studies*, **24**(4), 625–645
Lawrence, P.R. and J.W. Lorsch (1967) *Organization and Environment: Managing Differentiation and Integration*, Cambridge, MA: Division of Research, Graduate School of Business, Harvard University
Lippman, S.A. and J.J. McCall (eds) (1979) *Studies in the Economics of Search*, Amsterdam: North-Holland
Marschak, J. and R. Radner (1972) *The Economic Theory of Teams*, New Haven, CT: Yale University Press
Moss, S. and J. Rae (1992) *Artificial Intelligence and Economic Analysis: Prospects*

and Problems, Aldershot: Edward Elgar

Nelson, R. and S.G. Winter (1982) *An Evolutionary Theory of Economic Change*, Cambridge, MA: Harvard University Press

Nohria, N. and S. Ghoshal (1994) 'Differentiated fit and shared values: alternatives for managing headquarters-subsidiary relations', *Strategic Management Journal*, **15**(6), 491–502

Sah, R.K. and J.E. Stiglitz (1986) 'The architecture of economic systems: hierarchies and polyarchies', *American Economic Review*, **76**(4), 716–727

Simon, H.A. (1947) *Administrative Behaviour*, New York: Macmillan

Simon, H.A. (1982) *Models of Bounded Rationality*, Cambridge, MA: MIT Press

Simon, H.A. (1992) *Economics, Bounded Rationality and the Cognitive Revolution* (with M. Egidi, R. Marris and R. Viale), Aldershot: Edward Elgar

Williamson, O.E. (1975) *Markets and Hierarchies: Analysis and Anti-trust Implications*, New York: Free Press

Williamson, O.E. (1985) *The Economic Institutions of Capitalism*, New York: Free Press

第五章 跨国公司的组织结构：信息成本的方法

5.1 引　　言

本章的主要目的就是用非技术的方法对由信息成本理论推导出的跨国公司理论的一些观点进行总结。信息成本不同于交易成本，尽管许多交易成本都是信息成本，但反之则不是。与交易成本相比，信息成本是更为一般化的概念，因此，很多信息成本并不是通常意义上的交易成本，例如在评价投资、规划实验和寻找新生产区位的过程中发生的成本就不是交易成本。虽然如此，这些成本的最小化也会对企业组织结构产生重要影响。

不同的理论有不同的知识渊源。正如第四章的解释，信息成本理论源自决策理论，特别是来源于以团队理论而闻名的合作决策理论（Marschak, Radner, 1972）。这个理论对哈耶克（Hayek, 1937）和理查森（Richardson, 1960）的一些早期观点正式化成经济学中合作问题的本质提供了有用的技术方法。合作的过程得益于劳动分工，即把具有特定功能的组织进行合并。跨国公司就是这样的一种组织，为了特定产品的生产，它以全球为基础对供应劳动力（以及其他生产要素）的家庭决策和消费这些产品的家庭决策进行协调。

这种协调统筹要密集地使用信息。不同种类的信息需要从不同的来源进行搜集，必须对不同种类的信息进行合成，然后用之于决策。企业不同职能部门在搜集处理不同的信息过程中发挥自己的专长，可以把信息作为一种抽象的商品（Stigler, 1961），流动于由企业组织结构所界定的交流渠道之中。信息的经济学逻辑决定了这种组织结构所采用的形式，也说明是生产者决定了信息的使用和生产,规定了最优的程序,并决定了它们所依赖的因素。因此,可以预期程序如何对商业环境的变化做出反应。

公司搜集的信息不仅仅可以用于跟踪商业环境的变化,而且可以用于研究这些变化的自身规律。在这种环境下,公司的演化将取决于公司对外生变化的反应以及企业由于其所处环境而产生的内生变化。

用这些术语解释组织结构肯定比只诉求于交易成本理论更能令人满意。例如,反映在内部化理论中的交易成本分析,首先关系到对企业边界的解释,它极其详细地解释了企业的边界,正如本书其他章节所示。然而,却不能对公司边界的内部进行很好的解释,因为它不是理论的重点。

根据企业的初始定义,需要对企业内部组织结构进行解释。公司开始雇用生产要素并对它们进行组合来生产用于销售目的的产品和服务。为了销售这些产品,企业需要与消费者接触并取得他们的信任,这种营销活动需要密集地使用信息。同样的,为了评价工人的技术水平和告知股东资金使用情况,产品采购也要求信息密集地流动。为了解释公司的组织结构,把通过产品市场进行的信息流动与通过要素市场进行的信息流动结合起来,就显得相当重要。市场营销活动要与采购活动结合起来,以使公司整体表现达到最优。通过结构化的信息流动促进这些活动的有效整合,是决定公司内部组织结构的首要因素(例如,可参见 Egelhoff,1988)。

本章的结构如下:第5.2节和第5.3节分析了信息成本和交易成本的关系,指出在分析交易成本时人们过于重视机会主义的作用,以至于机会主义经常被引入到一些问题分析之中,实际上这种做法的意义很小,甚至根本没有现实意义,特别是将它用于解释企业组织结构。第5.6节到第5.9节系统地分析了信息成本理论,这是基础的却很重要的起点;这几节解释了决断的概念,并用它说明了在组织替代的理论中为什么决策是时序性的、假设的程序驱动型的过程,但却从来没有被证明(见第四章)。第5.10节到第5.17节把这个理论扩展到由许多不同的高级管理者参与的相互依赖的一系列决策。短期信息和长期信息之间的区别很明显,短期信息的性质决定了组织结构的管理常规,而长期信息的性质则决定了这些管理常规如何随着时间的推移而变化。不同类型的信息有不同的来源,这些信息来源的空间分布方式影响了企业的权利分散。随后分析了有效决策路径依赖的性质,并探讨了它在企业国际化过程中的应用。第5.18节对这些结论进行了总结。

5.2　信息成本与交易成本

　　信息成本与交易成本到底有何不同,对不同的读者来说,可能是仁者见仁,智者见智。之所以要强调这个区别,部分原因在于交易成本以一种模糊的方式广泛应用于文献中,建立一项交易的过程中所生产的任何成本都被解释成是"交易成本"似乎很自然。因此,具体到即将购买或出售商品的一些费用都可能成为交易成本,例如,买卖双方相互交换名字和地址所产生的费用,为了安全交付产品或安全收回货款这样做是非常必要的。这就是交易成本通常的概念,即任何交易以某种方式所产生的费用,这也是诺斯(North,1991)使用的概念,也是日常使用的一个概念。

　　然而,根据威廉姆森(Williamson,1985)的观点,机会主义是交易成本的核心内容。威廉姆森一直认为,如果没有机会主义,交易成本的差异就很小,甚至可能为零。这显然与诺斯所持有的交易成本的观点有本质的不同。但是这种本质的差异并没有被那些只使用自己著作中的概念的学者和经常徘徊在以上两种不同交易成本概念之间的学者所认识,他们并没有认识到这种混淆产生的原因。

　　这个问题是严重的,因为一些与交易相关的成本,它的产生与是否存在机会主义没有关系。因此,机会主义并不必然包含在上述讨论的任何一种情况之中,例如产品规格或者买卖双方地址信息的交换。买方没有必要误导卖方他所渴望购买产品的类型,撒谎的结果就是提供给他的产品是他所完全不需要的产品,对卖方不诚实的方法完全是浪费自己的时间;同样的,用卖方不能接受的支付工具(如信用卡)来支付货款,这也是不可行的,买方会由于这种行为而失去交易机会;关于相互交换地址,如果买方提交错误的地址,卖方因此而把货物交付给错误的人,这样的买方肯定是愚蠢的。显然,规定商品和交换地址的费用都是信息成本,因为这两种情况下的交流都可能会占用时间和资金资源。然而,按照威廉姆森的观点,由于它没有涉及机会主义,显然不是交易成本。有时可能涉及机会主义(例如,使用偷来的信用卡去购买产品,为隐藏真实的地址,消费者会选择直接把货物带走),但这些情况通常是例外而非常态。

　　即使否认这种对机会主义的狭隘强调,正如威廉姆森的一些批评者们(例如见 Kay,1993)所极力主张的那样,但在一般意义上的现实世界,仍然存在大量非交易成本的信息成本,例如市场调研的费用就不是交易成本,因为它与任何特定的交易都没有关联。如果非要把它与交易相关联的话,它也是与所有的产品交易相关联,这些产品都是根据这些市场调查结果而做出反应并开发出来的。如果要扩展交易成本的概念以使之包含所有这种类型的成本,那么许多其他类型的费用,如整个公司总部的日常管理费用,也将不得不包含进去。而解决这个概念问题最简单的办法就是明确地承认很多信息成本不属于交易成本。

然而,千万不要从一个极端走向另一个极端,不能由此推断信息成本与交易成本之间不存在任何联系。尽管并不是所有信息成本都是交易成本,但许多交易成本都是信息成本,特别是很多直接由于机会主义而产生的交易成本,它既属于交易成本,也属于信息成本。这是因为通常搜集信息也是降低机会主义威胁的一种手段。交易中的机会主义表明由对方所提供的某些信息可能是虚假的:可能是虚假的要求,例如,"我无法支付更高的价格"或"支票在邮寄中";或者是虚假的承诺,"我给你的产品是我所有的产品中质量最好的,并且明天就发货"。当一条信息被认为是虚假的,人们通常的反应就是搜集另一条信息。可以认为这是检查;然而,更好的情况是交易者能受到制裁的约束,如果他知道自己提交的信息要经过检查,则更倾向于告知真相。在这种情况下,最重要的是"被检查"的威胁,而不是检查本身。同时,对交易者自身的检查也是必要的,其目的是找出交易者的行为动机,此时,检查与声誉也是相关的,如果一个一向以诚实著称的交易者被发现撒了谎,他就会遭受更大的损失。重要的一点就是无论信息采取什么形式,检查一条信息所产生的交易成本将会被花在另一条信息上。因此,许多归因于机会主义的交易成本同时也是信息成本。

然而,并不是所有起因于机会主义的交易成本都是信息成本。例如,责令违约者支付货款或者规劝供应商退换次品,这些也会产生实际费用。因此,尽管很多交易成本是信息成本,但有些却不是。

信息成本与交易成本之间的关系如图5.1所示。左边是两个同心圆,右边是一个与这两个同心圆都有重叠的椭圆。外面的大圆代表所有的交易成本,即通常意义下的所有交易成本,它通常与单个具体的交易有关;里面的小圆代表了由机会主义所产生的所有成本;环状区域——由两个同心圆的圆周所围成的圆环——代表所有非机会主义所引起的交易成本,例如上文提到的规定商品和相互交换地址所产生的费用。

两个同心圆和椭圆的交集代表了信息成本的三个构成部分。椭圆与内圆的交集构成了第一类信息成本,它们是由机会主义引起的交易成本中的属于信息成本的部分,例如,对交易伙伴交易动机的检查所产生的成本;椭圆与外圆的交集构成了第二类信息成本,这类信息成本与交易成本相关,是更为宽泛的定义,但它与机会主义没有关系,例如规定商品和相互交换地址的费用。椭圆剩余的部分构成了第三类信息成本,这类成本与特定的交易活动没有关系,它只与所有的交易活动有关(更大的交易集合)。在这种限制下,它们是这个企业的所有交易所产生的成本;换句话说,是商业活动中的其他日常经费,例如为应对新竞争

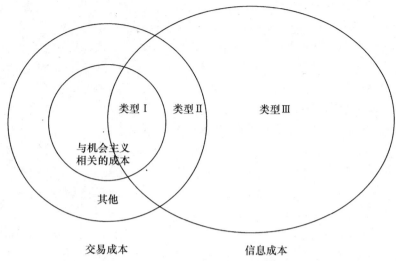

图 5.1 信息成本与交易成本的关系

者对公司造成的威胁而对市场环境进行监控所产生的费用。

5.3 市场营销与采购对组织结构的影响

内部化理论重点研究第一类信息成本,与之相反,本章重点研究第二类和第三类信息成本,因为第二类和第三类信息成本在生产要素的采购和最终产品的销售过程中特别重要。为了认识这些成本对于企业组织的重要作用,弄清由生产要素采购和产品市场销售而引起的问题与内部化理论所关注问题之间的巨大差异,就显得非常重要。这是因为"内部化"与中间产品从一个生产部门向另一个生产部门的流动有关系,而最终产品的市场销售和生产要素的采购则与资源在企业和家庭之间的流动有关系。市场销售和采购活动使企业与消费者直接联系,但中间产品市场则不是。

这种差别之所以重要,是因为需要组织市场时,通常是企业对市场组织负责。企业对产品市场信息成本的降低具有重要作用。消费者参与组织交易的规模肯定与企业不同。企业通常是一个很大的经济单位,而且很善于销售特定类型的商品。典型的家庭通常消费种类繁多的商品,但对每一种商品的需求量都很小,而一个企业通常只会较大规模地销售一种或两种商品。所有这些都表明企业经常处理某种特定的商品,而普通家庭则不是。

因为企业善于处理特定类型的产品,就会积极地投资这些专业化的设施;企业也会积极发展专业化的方法来降低信息成本。因此,企业进行零售的前提条件就是消费者的聚集,在消费者集中的地方展示产品,提供咨询和售后服务,这有利于消费者根据产品质量和价格来评价产品。企业也可以通过广告来宣传他们的产品,同时把零售所在地设在传统的中心,如大城市,这些地方的消费者很有信心地认为这里的价格具有竞争水平。企业还可以制定游戏规则,消费者按照此规则对价格进行谈判,对低价值的产品通常以"要么接受要么走人"为基础设立一个不变价格;而对于高价值的产品,则通过谈判在一定的范围内打一些折扣,特别是当需求很疲软或者遇到"巨额"订单时。

结果就是企业成了信息加工活动的主力,正是通过这种加工活动,产品市场才能正常地运转,它们在产品成本和零售价之间设立一个差价来弥补信息加工的成本。市场销售活动中企业使用程序的效率越高,向消费者提供特定标准服务所产生的信息成本就越少,企业就越有可能获取更多利润。

同样,企业也承担了在生产要素采购中所发生的很多信息加工成本。然而,在要素市场中,集中由企业承担而不是由家庭承担的成本是很小的。相对产出而言,企业在要素投入方面的专业化程度要小很多。因此,尽管企业生产的产品种类有限,但企业可以雇用很多不同类型的工人,每种类型的工人都有不同的技能;企业把产品销售给成千上万的消费者,却只能雇用几十个或者几百个工人。因此,工人在劳动市场上与企业分担的交易成本在一定程度上比消费者在最终产品市场上与企业分担的交易成本要高。工人寻找一份合适的工作,比寻找一个消费商品的来源要付出更多的努力。尽管如此,许多企业仍然认为这样做是值得的,即一些企业主动提供岗位空缺和支付薪金的信息,另一些企业则会设计出一些招聘和员工培训的日常管理程序。类似的思考同样适用于其他生产要素的采购,如土地和资本等。为了确保生产要素供应来源的安全,企业通常会主动与要素所有者联系。为了及时和快捷地处理,企业也会对采购的程序进行投资,但会限制在一定范围之内。

因此,企业的组织结构一方面决定于对市场销售信息加工的需要,另一方面也决定于对采购信息加工的需要。市场销售和采购也是相关联的,一个公司对要素投入的需求来源于市场对其产品的需求,反之,要素投放供给的约束也限制了企业对产品的供给。因此,企业的组织结构决定于对这两类信息加工整合的需求。

然而,此时有些读者可能已经注意到这种描述中遗漏了一项重要活动,即产品的生产。尽管这种遗漏有点出人意料,但它并不像看上去那么严重。对企业进行信息成本分析的方法有一个优点,就是把生产结构放在它自己固有的位置上,在很多情况下这是一个从属的位置。

要理解为什么是这种情况,有必要认识到,对企业组织结构而言,传统的企业理论倾向于过分夸大生产的经济意义,为了纠正这一偏见,信息—成本的方法就很有用。通常假设典型企业是一个从事制造的企业(这已经成为企业理论的一种惯例),它更关注企业的生产活动——就是从劳动和其他要素到最终产品的实物转换过程。在当今信息化时代,这种方法是高度值得怀疑的。实际上,从一开始这就是一个不好的假设,总有很多企业只提供服务而不是产品,特别的,还有大量的企业,如像证券公司或银行,它们的产品和支付业务并不涉及实物意义的生产转换。历史上有许多有前途的公司都是由商人和中间商拥有和经营的,它们大多数只是对货物进行储存和转口贸易,也就是通过储存实现产品在时间上的转换,通过转口贸易实现产品在空间上的转换,而不是通过生产实现产品在实物上的转换。

尽管如此,用平衡的观点看待企业时,对生产组织的重视也是非常重要的。生产过程中的效率需求对信息加工提出了更高的要求,在生产过程中为了避免由超前和滞后相互作用导致的库存短缺和库存积压,需要对商品流进行持续的监控;同时,需要通过预防性的维修计划对机械设备进行监控,需要对工人进行监管以减少人为失误。这些信息的需求也必须增加到上述源于市场销售和采购活动的其他信息需求中去。

在需求的所有来源中,对市场销售信息的需求通常是最为迫切的,这也是为什么市场营销策略通常被视为企业成功的关键。市场营销所需要的大部分信息属于上述第二类信息成本,包括与消费者接洽,对产品类别的广告宣传,告知消费者哪些零售商有商品库存,以及在哪里能找到这些零售商店。不披露这些信息,就会导致严重的机会主义风险。如前所述,在这种活动中撒谎通常会"搬起石头砸了自己的脚"。成功的关键就是高效地加工信息,而不是在检查由其他人提供的每条信息的真实性上进行昂贵的投资。

5.4 中间产品流动的协调

如果假设第二类信息成本的最小化非常重要,那么读者可能会问:从企业行为的角度考虑,其他类型的信息成本是否也能真正地引起企业的关注?显然,答案是肯定的,但却比通常的假设有更多的限制。

在考虑中间产品流的情况下,与机会主义相关的第一类信息成本就显得非常重要。在多阶段的生产过程中必然会产生中间产品,根据内部化理论,在给定生产阶段所生产的中间产品,可以通过完全竞争的交易卖给其他独立企业,也可以传递到同一个企业内部的其他部门。第一种制度基于外部市场,第二种制度基于内部市场,这两种制度安排的主要区别在于是否存在交易的欺诈动机,这也是第一类信息成本盛行的原因。

然而,在这种情况下,第一类交易成本不仅仅是相关的一种交易成本,而且也是相关的第二类信息成本。这是因为,中间产品市场的内部化为生产过程中相邻阶段之间的信息流动的组织形式提供了更大的选择空间,一个拥有中间产品内部化市场的一体化企业,可以执行一个完整的集中化程序来协调相邻生产阶段之间的产品流动,而依靠外部市场连接在一起的两个独立企业,则不能使用这种类型的集中化程序。然而,如果一体化的企业不愿意那样做,它也可以不执行这个集中化程序,而选择使用一个分散化的程序。例如,它可以指导上下游工厂的管理者对内部转移价格进行谈判,作为生产决策的协调工具。因此,内部化的一个优势在于它能提供一种选择,而不是一种义务,可以运用一个分散的控制程序来协调上游和下游的生产;分散的控制程序影响企业支付第二类成本大小的水平,因此,它不只是第一类成本,也是第二类成本,它影响中间产品市场的内部化。

不能正确地区分第一类信息成本和第二类信息成本,就会对这个特定主题产生更大的混乱。一些学者曾经认为集中化的协调是唯一的,或者至少是中间产品市场内部协调最自然的一种形式。因此,威廉姆森(Williamson,1975)使用"分层结构"的术语,它可以与"内部市场"相互替代,并认为无论何时只要内部化可行,企业就会选择中央集中化。赫纳特(Hennnart,1986)则走得更远,他认为只有采取分层的结构,才能形成真正的内生化市场。尽管威廉姆森和赫纳特分析了多生产企业(multi-product firms,"M型"企业)背景下的内部分散决策行为,但是他们可能并没有充分认识到它的重要意义,特别是对单一产品多阶段生产的协调。

与此相反,巴克利和卡森(Buckley and Casson,1976)并没有解决内部协调是否是集中化的问题。尽管他们认识到分层结构也是可行的,他们还是把应该由转移定价协调的分散化内部市场当做外部市场最自然的替代形式。卡森(Casson,1982)后来对这一观点进行了更详尽的表述,他认为内部市场的集中化程度取决于资源分配问题的基本解决方法。

当讨论中间产品市场的内部化时,在企业内部一个最重要的中间产品就是信息,这也是强调第一类成本重要意义的主要原因。在跨国公司内部化理论中,一个经典的观点就是在没有充分专利保护的情况下,在科技领域保护知识产权的最好方法就是使用企业内部的技术,这是因为运用内部市场有利于秘密地保护知识产权。然而,即便如此,第一类信息成本并不是事情的全部,第三类信息成本也可能是很重要的。企业研发取决于一般科技知识的投入,进而影响技术突破。一家有创新力的企业需要有效利用最新的科技研究成果。然而,这种知识的运用并不能简单地归因于任何一个与企业相关的交易活动。这一点也同样适用于长期市场趋势,这一趋势对企业的投资政策具有重要影响。对企业而言,最主要的问题就是得到拥有这种知识的人才,而不是企业找到这种人才以后被他们所误导。因此,企业面临的是如何用最有效的方法来解决第三类信息成本问题。

综上所述,显然可以看出,最近几年企业理论遭遇了大量的扭曲。传统对生产的重视导致学者们把生产组织作为企业面临的最重要的组织结构方面的挑战。实际上,此时企业面临的主要挑战通常是市场销售的组织和市场销售与其他活动的一体化,不仅仅包括生产,也包括生产要素的采购和研发活动。此外,对交易成本的性质还存在大量的误解,进而隐藏了交易成本和信息成本的重大差别。还有一个重大的失败,就是没能认识到第一类信息成本和第二类信息成本在最终产品和中间产品之间相对重要性的差别。对于知识而言,第一类信息成本是中间产品市场的支配因素,而第二类信息成本是最终产品市场的支配因素。然而,即使在中间产品市场,第一类成本也可能并不像部分学者认为的那样起支配作用。最后,对内部中间市场是否总是集中化协调,仍然存在一些争议。

5.5 做市商型跨国公司

本章的目的就是通过强调第二类和第三类信息成本的重要性来纠正文献中的问题。这样做能方便地分析在其他地方已经得到广泛讨论的一种类型的企业——做市商型企业(Casson,1997,2000)。本节的重点就是分析做市商型跨国公司(market-making multinational, MMM)。

做市商型跨国公司最基本的特征是它建立了国际贸易的连接,这种连接在其他情况下可能并不存在。它利用自身的企业家才能和国际声誉来协调在相互之间可能并没有连接的不同国家的生产要素供应商和最终消费者,分析国际需求和供应条件的变化,为一些特定类型商品的新市场创造了机会。

做市商型跨国公司最基本的形式就是它只采购并销售同一种产品,它也可能对产品进行转换,但是否要进行这种转换主要取决于产品的性质。例如,茶叶供应商在把产品交付给消费者之前,除了混合和包装产品,基本不再做其他事情;而巧克力供应商还需要对巧克力进行加热和铸模。做市商型跨国公司是自己生产商品,还是把商品生产分包给其他人,这是一个内部化的问题,它取决于确保产品质量和持续供应的需要。尽管做市商型跨国公司可以从事传统的生产,但市场开拓却是它的主要活动。可以毫不夸张地说,大多数从事生产的跨国企业并不是由它们使用的技术或是对中间产品流动的协调所支配,而是受它们为自己的产品开拓市场的能力所支配。这些看起来很真实。

做市商型跨国公司这个概念与熊彼特(Schumpeter,1934)的观点不谋而合,熊彼特认为创造不仅仅是技术上的,而且还可能创造新产品,发展新的出口市场,以及获得新供应来源(见第八章)。正如邓宁(Dunning,1977)和波特(Porter,1980)所说,它对作为所有权和竞争优势构成要素的市场营销技能进行了深刻的理论分析,也与最近的实证分析相符,这说明开拓市场在企业的国际化进程中会导致更大规模的技术创新(Mitchell 等,1996)。

有趣的是,做市商型的创新者通常比技术发明型的创新者遭遇到更严重的压力,尽管历史上他们对经济财富的贡献是一样的。即使在今天,做市商型创新者仍然经常被描述成社会的寄生虫(de Monthoux,1993),却大力褒奖科学家和工程师,把他们奉为英雄。可以看到,技术创新被高度评价为人类控制自然的象征,相反,市场开拓者更多被视为控制不可预测波动的代表,因为价格的涨跌只是对不可预测的产品短缺和过度供给的反应。

在跨国服务行业,如餐饮酒店业、银行保险业和零售业,可以找到无数的做市商型跨国公司案例,同样也可以在生产行业中找到许多例子。一个特别好的例子就是20世纪90年代中期的个人电脑产业。一些成功的个人电脑供应商的核心配件基本上都是购买的,它们所做的只是组装和批发这些产品;在很多情况下,它们只是对几乎是完全组装的产品进行授牌,再通过预装软件和配给不同语言的操作说明书,来对目标市场进行配置销售。这些声誉卓著的公司重要的优势就是品牌,它向消费者确保了配件的质量和售后服务。但市场进入的相对容易也证明只有品牌还是不够的,销售渠道的有效管理才是最重要的因素。

个人电脑分销是一项信息密集型的活动。电话销售部门处理了大量的信用卡交易,这些交易迅速转换为对特定规格的产品的申购。产品库存必须保持在较低水平,不仅是因为较高的利息费用,而且还因为技术淘汰的风险。个人电脑供应商是所谓的"空心公司"或者"旗舰公司"的一个很好的例子,具体的例子参见罗格曼和克鲁兹(Rugman and D'Cruz,1996)。鉴于它们与荣誉供应商建立的良好关系,通常也被描述成"网络公司"(Chesnais,1988)。而关键在于它只是一个被这些公司"掏空"的生产企业。如果从以生产为中心的角度看,这里可能有点自相矛盾,但是从市场决策的角度看,则没有任何矛盾。这些公司只是做市商型企业的一种最为简单的形式。事实上,即使高科技产业也会外包所有的主要技术配件,这说明技术并不是成功的关键,即使研发型企业也倾向于在与个人电脑市场并无关联的领域进行专业化。它们的成功基于这一事实:它们认识到了大规模分销对后勤服务的迫切需要和拥有满足分销渠道信息加工需要的组织程序。因此,个人电脑产业可以作为一个合适的案例来研究这个问题,下面将分析说明。

5.6 信息经济学的原则

决策就是替代方案之间的选择。理性的决策需要知道与这些替代方案的成本收益相关的信息。本章的重点就是在无限数量的替代方案之间做出离散选择。离散选择模型是简化问题和克服其他难题的有力工具。最简单可行的离散选择是是否要选择一个给定项目。之所以简单是因为它是配对选择,而且其中的一个是无效的(零)策略,即什么都不做;无效项目的净收益开始时可能是零。因此,这个决策只需要单一项目的成本和收益信息。例如,个人电脑供应商在决定是否要推出一个新型号的产品时,只需要两种关键因素的信息,即潜在的需求和存储芯片的成本。

许多决策都是在不确定的情况下做出的。信息的缺少会导致不确定性的存在。如果信息是充足的,那么就有可能搜集和吸收充分的信息来消除每个决策所有的不确定性。虽然不确定性的存在是理所当然的,但在大多数情况下需要的信息都可以得到,只是有时需要极高的成本。例如,如果个人电脑供应商不惜成本地与新型号产品的所有潜在购买者进行交谈并记下他们的消费偏好,他就能准确地知道什么型号的产品能最好地满足消费者的需要。

任何商品的稀缺程度都可以用成本来衡量。信息和其他任何商品一样,其稀缺性也可以用信息成本来衡量。可以把信息成本的构成分为几个部分,它主要包括:

1. 直接衡量公司经营环境时发生的观察成本;
2. 信息从一个地方传递到另一个地方或者从一个人传递到另一个人时产生的交流成本;
3. 把持有的信息进行储存以备未来使用时发生的记忆成本;
4. 存储信息和再次从存储中提出信息时发生的存储和取回成本;
5. 为了做出决策,或者是为了更容易地存储和分享信息,用逻辑或数学的方法对信息加工时发生的计算成本。

例如,个人电脑供应商观察竞争对手制定的价格,以及随着新型号产品的推出和已有产品的行将过时,这些价格是如何变化的,这时就发生了观察成本;个人电脑供应商收到消费者的订单,并把这些订单传到由个人电脑建立的工厂,这时就发生了交流成本;个人电脑供应商把已经供货的消费者细节存储在数据库中,以供求助热线顾问和从事维修工作的工程师使用,这时就发生了存储成本;个人电脑供应商把销售交付的记录输进数据库,当需要提供售后服务时就从数据库取回,这时就发生了存储和取回成本;个人电脑供应商把存储在数据库的信息汇总起来,用于需求的预测,以此指导未来投资的决策,这时就发生了计算成本。

如果信息很昂贵,则只有存在补偿收益时,搜集信息才是值得的。只有当预期收益超过成本时,理性的决策者才会投资信息。信息的好处在于它消除了不确定性,这种好处可以用实现的结果的预期价值的增加来衡量,而结果的预期价值则是用决策者的主观概率来计算的,主观概率却取决于不同环境的各个方面。为了计算信息的价值,决策者必须知道一旦他拥有信息,他将如何处理这些信息;同时,他还必须比较拥有信息时采取行动的方式与没有信息时采取行动的方式。例如,如果信息不能改变决策,那么这种信息就是不相关的,它完全没有使用的价值。一般说来,信息的价值可能是正向的,因为根据信息所选择的行动可能是正确的,而没有这种信息时所选择的行动可能是错误的。在这种条件下,做出决策是一个两阶段的过程。第一阶段,决策者会考虑如果有某一信息他将采取什么行动;第二阶段,他要根据这些信息来决定是否要采取这种行动。与之形成鲜明对比的是没有信息成本的情形,此时决策者开始时只要搜集他需要的信息,可以有效地把决策过程减少到只有一步。

例如,对于某个计划推出新型号产品的个人电脑供应商来说,如果他认为市场调查成本很高,在投资生产之前不进行市场调查,就可能是一个理性行为。显然,对该供应商而言,采取一个精心计算的新型号产品肯定能成功的冒险行为,比花费大量的资金来避免可能的失败是更好的选择。

考虑一种特殊的情况,即决策只需要某种单一的信息。为了计算使用这种信息所采取行动的预期价值,决策者必须评估每种可能方案的正确反应,然后运用上述主观概率对这些反应的结果进行衡量,对主观概率加权的结果进行总结,就能计算出需要的预期价值。必须把这个预期价值与忽视这种环境时所采取行动的预期价值进行比较,然后依次对每种可能的行动采取相同的方法。假设真实的情况未知,也可以根据各种结果的预期价值计算出来。每种计算与之前所做的类似。预期价值最大的就是忽略这种环境时的最优行动路线。

可以证明:用这两种预期价值差异衡量的信息价值越大,分属于不同环境的主观概率的差异就越大,在任何给定环境中不同行动的结果就越不相同。相反,两种预期价值的差异越小,分属于不同环境的主观概率的差异就越小,但是任何给定环境下的每种行动路线的结果都是相同的。

主观概率之间的差异说明了决策者对特定环境或其子环境可能占支配地位的信心。相同环境下不同策略产生的结果价值差异,则衡量了错误的成本。如果决策者对真实的环境缺乏信心,同时也不知道何处出现错误的成本最高,此时信息对决策者来说是最有价值的;相反,如果决策者很有信心,他知道真实的环境和出现错误的成本,此时,信息对决策者来说的价值是最低的。决策者的信心越强,出现错误的成本越低,他就越感觉不再需要额外的信息,越有可能采取一个精心计算过的冒险行为。决策者越没有信心,出现错误的成本越高,他就越感觉必须要获取更多的信息来避免错误。

例如,当个人电脑供应商对市场潜在规模不确定,而且也不知道推出新型号的产品在何处发生的沉没成本比较大时,他就更有可能进行市场调查。相反的,如果供应商非常自信,他已经知道了市场的规模,那么他可能决定不再做市场调查。如果他认为市场规模很大,推出新产品的装配成本很小,那么他会立刻投资;相反,如果他认为市场规模很小,而装配成本很高,就会拒绝这个想法。换句话说,自信的乐观主义者会选择投资,而自信的悲观主义者则会选择不投资。不自信的供应商在投资之前会进行调查,因为他需要信息,而市场调查会提供这种信息。

5.7 合　　成

典型的决策需要对不同类型的信息进行合成。对一个项目的评价,需要知道它的成本和收益信息。两个项目之间的选择,也需要知道这两个项目的成本和收益信息;换句话说,它共需四种信息。合成的原则表明不同类型的信息之间存在着正的外部性。一个信息本身可能不会对任何决策产生影响,但把它与其他信息合并之后,就能发挥重要的作用。

例如,个人电脑供应商为了填补缝隙市场,试图在两个产品型号之间进行选择,在他选择其中一个进行投资之前,他必须知道每个型号产品的成本和收益信息。因此,他共需四种信息。任何一种信息自身可能都没有商业意义,但如果把它们合并起来,就能确定一个有利的项目,它们实际上都具有商业意义。

当需要不止一个类型的信息时,决策者面临的不再是一个二元选择,即是否要搜集某种单一类型的信息,而是面临一个分等级的选择,即要准确知道需要搜集多少信息。一种极端就是无效(零)策略,即什么信息也不搜集;另一个极端则是综合策略,即搜集所有的信息。在这两个极端策略之间有很多可能的选择。

如果做出正确的决策共需 n 个信息,而在实践中所有可能搜集到的信息只有 $m \leq n$ 个,而且 m 个信息可以组成 $\dfrac{n!}{m!(n-m)!}$ 种不同的方式,这就意味着共有 2^n 种可能的信息子集。因此,当 $n=1$ 时,只有两个可能性,如上所述,要么搜集单一种类的信息,要么不搜集;当 $n=2$ 时,有 4 种可能性;当 $n=3$ 时,有 8 种可能性,依次类推。决策问题的复杂程序随着所需信息数量的增加呈指数增长。

对这种环境建模的方法就是发现一般规律,可以用这些规律对问题提出解决方案,尽管可能很复杂;也可以通过这些规律发现这些方案的一般性质;这些规律也可以用熟悉的经济学逻辑来推导,而且可以通过正式的数学方法来证明。这三个重要的原则是:

1. 搜集的信息越多,结果的预期价值就越高,这个原则可以概括前面的结论,即单一种类信息通常能增加结果的预期价值。

2. 权衡结果的预期价值和信息成本之间的关系。这个原则能概括前面的结论,即只有能得到补偿性收益,才会付出代价去搜集某种类型的信息。

3. 随着搜集信息数量的增加,最终信息的边际收益开始递减。只有在仅需要几种信息时,这个原则才适用,因为理性决策者会先搜集最有价值的信息,然后才会搜集价值较小的信息。

在这些条件下,理性决策者通过搜集信息直到下一个信息的预期收益等于其成本,来最优化信息成本和决策质量之间的权衡关系(Casson,1995b,第四章)。在少数情况下,理性决策者可能选择上述一个极端的策略;但是在多数情况下,他将选择一个中间策略,搜集一些信息但并不是全部信息。

例如,考虑销售收入和市场销售成本之间的权衡关系。个人电脑供应商原则上可以对影响需求的新型号产品的所有设计特征进行市场调查,调查的特征越多,销售的电脑可能就越多,这是因为更多产品的特征都能很好地满足消费者需求;但是用这种方式满足消费者需求可能会使边际收益下降。当市场调查的预算较少时,新型号的产品只有最重要的特征才能得到很好的改进,随着预算的增加,一些次重要的特征也会实现改进。这些后来更改的设计对需求增长的贡献较小;最终,设计改变是很微小的,因此,市场预算增加所导致的收入增加会被额外增加的成本所抵消。在这一点上市场销售预算通过边际收益(减去生产成本)等于市场销售的边际成本得到最优化。

5.8 决断力:为什么时序性程序有选择值

当需要对一个信息进行合成时,信息的子集是决定性的。尽管开始所有的信息看起来都是必需的,但可以证明的是,只搜集部分信息,就可以非常清楚地知道应该做什么,因为其他信息不太可能影响决策。信息集合的子集只在某些特定的情况下才会影响决策。如果这种情况经常发生,那么信息子集对决策就相当充分,严格地讲,剩余信息都不再相关了。

决断力之所以产生是因为必须在离散替代之间做出理性选择。最优选择的特征就是一组不等式,它是最大值的必要和充分条件。如果每个出现在这些不等式中的变量都有一个有限的范围,那么当一些变量采取极端值时,其他变量对这个不等式关系就没有任何影响。它们差异的范围太小,不能超过其他变量极端值所产生的差异。因为它们不能把这些不等式倒过来,所以就不能影响决策,因此,搜集这些变量的一些信息就没有意义。

要利用这个决策性质的优势,开始就不需要搜集所有的信息。这就排除了搜集到相同信息的可能性。当同时搜集到相同信息的时候,就不能运用信息子集的调查结果告知决策者是否应当同时搜集其他信息。最初承诺必须是只搜集某一个种类的信息子集,这种最小的子集就是某个种类的信息。因此,彻底地执行这种原则就要求每次只搜集一个信息,换句话说,它支持了时序性信息搜集的策略(Radner,1996)。

决断力的逻辑表明必须首先搜集变化最大的某种信息,一种信息相对于另一种信息的差越大,就越有可能建立一个不易推翻的不等式。将需要合成的所有信息,按照其变化范围的降序排列,这就为调查提供了一种趋势,这种趋势会在最大的间断点停止,此时相邻两类信息变化范围的下降是陡峭的。

如果从概率的角度分析,对决策而言最重要的就是决断力。在实践中,只有少数情况下,可以认为一个变量的一些后续观察通常总是在一定范围之内,而这个范围并不影响决定;但在多数情况下对决策是有影响的。尽管还有可能性,但如果已经搜集了信息,决策就可能发生改变,那么这个可能性也是遥远的,因为那样做是有风险的。因此,只有决断力有保障时,才能付诸行动,尽管实际上它只是一个很大的概率。

最简单的情况只涉及搜集两种信息。不是同时搜集这两种信息,而是先要选择其中的一种,通常是变化最大的一种。然后用这个调查结果来决定是否有必要搜集第二种信息。

例如,准备推出新型号的个人电脑供应商可能认为,如果需求看似继续上升,那么就应该继续投资,无论配件的成本是多大。因为他认为需求强度的潜在变化是很大的,而成本的潜在变化却相对较小。因此,他会先通过市场研究来调查市场需求;同时,如果证实需求较小,则只对成本条件进行调查,因为需求较小时,逆向选择的成本可能使投资没有经济效益。

一种表达这种结果的方法就是对时序性投资策略赋予选择值。选择值来源于避免搜集不必要信息而节约的成本,选择值扩展了不同种信息之间的外部性的范围,说明了一类信息决定了另一类信息是否是信息合成的必要构成部分。

时序调查策略的一个重要特征就是对不同策略赋予不同的选择值。选择值最大的策略都是理性选择,这意味着使用这种方法,不仅可以解释为什么信息搜集是时序性的,而且还可以预测要选择哪种特定的时序。对时序性策略赋予选择值最重要的影响因素就是它终止的速度,程序预期停止的时间越早,平均而言,必须搜集的信息数量就越少,获得结果的预期价值所产生的信息成本就越低。当然,其他因素也是如此,但在很多情况下,它们在重要程度上都是第二位的。因此,推迟搜集较贵的信息直到能搜集到较便宜的信息,这种策略也有很高的选择值,只要存在合理的机会,证明搜集一些较贵信息是没有必要的。

例如,计划投资一种新型号的个人电脑供应商,有一个由两种带有选择值的时序策略所构成的选择。第一种时序策略首先对这个型号的需求情况进行调查,如果需求量很大(前面已经讨论了需求量相对较低的情况),再继续调查成本情况;第二种策略的顺序正好相反,先调查成本,只有成本处在一定水平上时才开始调查需求。例如,如果成本很低,则立即着手投资;但如果成本很高,那么只有当调查表明需求量很大时,才会进行投资。如果需求变化很大,那么通常会采取第一种策略;但如果成本条件的变化也很大,就会采取第二种策略。但是,它隐含这样一个假设:调查需求条件的成本和调查成本条件的成本大致相等。如果其中一个的成本,例如市场研究成本,实际上远远高于另一个,那么最优的策略就是首先选择调查成本最低的一个——在这种情况下,是调查成本条件的策略优先。只有需求的变化大于成本的变化时,才会首先对需求条件进行调查。

当信息的种类大于两类时,也可采取相同的原则。然而,随着信息合成范围的增加,选择值的分析变得更加复杂。为引导求解的过程,必须诉求另外一种原则,这个原则就是逆向递归原则。求解的过程是先考虑所有只搜集一种信息的情况,它与搜集其他信息的时序没有关系,需要考虑的情况是它与其余信息的差异。这意味着如果需要搜集 n 类信息,就有 n 种不同的情况,每种情况只缺少一种信息。我们知道为了评价是否需要再搜集一种信息,必须把这种信息如何使用这个问题提出来。当下一个信息是最后一个时,整个过程就相当清楚,这是因为,如果搜集这个信息,就能充分表述决策者面临的环境,决策者就能因此做出正确的决策。运用上述这种方法就能找到每种情况的解决方案。

下一步逆向递归要考虑的是能搜集到两类信息的情况,此时有 $n(n-1)$ 种不同的类别,每种类别的信息能独立调查。在每种情况下都有一个选择,它不是确定是否要搜集其他信息,而是要确定首先要搜集哪一类信息。余下的步骤每经过一步,决策者都会发现又回到前面分析过的一种情况,即只有一种信息可以找到。因此,把在第一个逆向步骤中获得的解代入到第二个逆向步骤的解中,就可以避免重复计算。每种情况和上述讨论的相似,决策者必须在两个策略中做出选择,这两个策略用不同的方法对来确定信息搜集的时序。对 $n(n-1)$ 种情况中的每一种,必须对两个选择策略的值进行比较,同时,也要与没有进一步搜集信息的策略的值做比较。这就决定了继续搜集信息的最佳方法,它是以程序结束前的最后两步的信息为条件的。

再来分析可以搜集到三种信息的情况,然后是四种信息,依此类推。可以看出,对于需要合成的任何有限的信息集,逆向递推的方法最终都能把问题带回到第一个阶段。利用这一方法,只有一个需要解决的问题,因为起点都是对需要搜集的信息完全一无所知;另一方面,从这一点出发,能使用的解决方法是最多的,但除了第一步,在这个递归过程的每一步,其之前的步骤都会分析所有的可能性。因此,这个求解过程的最后一步和其他格式完全相同,因为它是建立在其他所有步骤之上的,它解决了所有问题,这个解确定了搜集信息的全部时序。

例如,一家个人电脑的跨国制造商,决定是否把某个配件,例如芯片,从一个海外区位外包到另一个海外区位。制造商开始就知道一个海外区位使用劳动密集型的方法;而另一个海外区位使用资本密集型的方法,具有规模经济。配件的相对成本取决于三个因素,每一个因素都可以独立观察到,即第一个海外区位的劳动力成本、第二个海外区位的劳动力成本,以及由需求水平决定的产出规模。制造商知道如果第一个区位的劳动力成本比第二个区位低,那么就应该选择第一个区位;但是如果第一个区位的成本较高,那么就应该选择第二个区位;如果第二个区位劳动力成本适中而且需求很高,也会选择第二个区位。个人电脑制造商最初认为第二个区位的劳动力成本有可能很高,在这种看法之下,最优调查策略就是先观察第一个区位的劳动力成本。如果它很低,就立即承诺把生产给第一个区位;只有当第一个区位的劳动力成本高时,才会进行下一步信息的搜集。在后一种情况下,就要调查需求;如果需求很高,就会选择第二个地方。如果需求很低,就要调查第二个地方的劳动力成本,来检验最初的看法是否正确。因此,公司在做出最终决定之前,都会遵循一个相当详细的国际咨询程序。而向谁咨询则取决于这个程序如何根据每个阶段得到的结果而变化。

5.9 运用相关性改善决策程序

在这种分析中有一个比较复杂的问题,它就是决策的不同影响因素之间的相关性问题。假设影响决策的每种信息与这种环境中一个单独的因素相关,而且每个因素与其他因素是独立的,而且也是不相同的。独立性是指任何给定要素在任何给定情况下与其他要素的状态独立的概率。如果决策者认识到了这种独立性,根据以前对其他要素状态的调查所学习到的知识,就不需要修改给定要素在给定状态的概率。换句话说,决策者根据调查可以更多地从整体上了解这个环境,但他获得任何要素的信息的最有效途径都是直接观察这个要素。

如果决策环境中的每个要素之间是相关的,这种情况就会发生变化。如果存在相关性,对某一要素的间接调查就能提供其他要素的相关信息。理性的决策者必须根据给定状态下给定要素对已经观察到的其他所有要素的状态的条件概率对这种情况做出反应。随着对其他要素了解的增加,赋予其他要素的主观概率将会改变。在上述的计算中,这意味着用来评估是否要进一步搜集信息的概率取决于其他已搜集到的信息。更重要的,决策者必须估计这些主观概率是如何根据他计划搜集的信息而改变的。尽管从理论分析的角度看,这种复杂性会带来一些麻烦,但它可以为有效决策提供一个强有力的帮助。正是对这些相关性的策略使用,才能通过对一个要素的衡量来省略对与其高度相关要素的观察。换句话说,相关性产生了外部性。一个重要的结果就是,在调查的早期阶段,它有助于观察高度相关的要素,因为这些搜集的信息可以避免后续其他观察的需要。

例如,对于计划在全球市场推出新型号产品的个人电脑供应商而言,每个国家的市场与其他国家的市场都有潜在的不同。只有通过实地调查才能发现当地具体因素。然而,某个国家的市场具有所有国家市场的典型特征,也就是说,这个地区的市场需求就与其他地区的市场需求高度相关。为了避免对所有地区市场需求的调查,这个供应商可能决定调查这个典型地区的市场需求,然而把这些数字加总。

5.10 记忆经济学

最优决策的时序性质反映了不同类别信息之间存在的外部性。然而,目前只有单个决策才会考虑外部性。当一个决策者同时负责几项决策,其他种类的外部性也开始发挥作用,即用在一个决策中的信息也可以用在其他决策中,这反映了信息"公共产品"的性质。每种信息都是一种公共产品,在这个意义上,当使用它时,每种信息都不可能使用完。信息这种性质的经济意义取决于不同决策之间的相似性,这种相似性的出现是因为共同要素的存在。一旦搜集了某种要素的信息,它就能在这种要素起作用的环境之中再次使用。因此,在这种背景下,把同时能影响几种环境的某种要素的一般信息和只能影响一种环境的某种要素的具体信息区别开来,是很有意义的。

由于决策通常都是按时序做出的,信息重复使用也要求相关的要素保持相同的顺序,在某种程序上要求保持相同的状态。如果是短期和经济变化的要素,那么信息就会很快过时。这对后续决策中重复使用信息造成了困难,为了保证信息的准确性,每做出一项新决策时,必须重新审查这些要素。因此,决策者不仅要区别一般信息和具体信息,而且还要区别长期信息和短期信息。如果把信息抽象为商品,持久化的信息就是耐用品。

持久化信息的重复使用提出了记忆问题。原则上在每种时序操作中的信息都需要记忆,包括每个单一决策中的信息合成。然而,几乎没有决策能保持很久,因为在最终决策做出之前,开始搜集的信息都有被忘记的危险。但是,如果有几种不同的决策,一个决策与下一个决策之间都有很明显的时滞。此时,记忆就成为一个重要的问题,因为信息必须要进行保存,并使之在两个决策之间的整个时期内都能持续存在。

记忆成本取决于用于补充人类意识的技术的种类。记忆成本的存在说明尽管此前已经获得了需要的信息,但信息的使用仍是有成本的。对于任何给定的记忆体,包括人的头脑,记忆容量都是有限的,一旦容量满了,要进一步容纳信息,只能通过遗忘一些信息,也就是说,要从存量中删除一些信息。这种情况可以通过把记忆的边际成本当做变量来正式化。随着存储的填满,边际成本逐渐增加直至达到边际成本变成无限时的规模。然而,把存储的短期经济学和长期经济学进行区分是很必要的。从长期看,可能设计和建造更大的存储载体——当然是计算机而不是人——同时在规模收益不变的条件下复制任何给定规模的存储内容。

文件的归档和检索成本是随着存储信息数量的变化而变化的。存储信息的数量越大,就需要付出更多的努力去寻找合适的文件存储位置,同时,需要存储更多的信息用于以后重新检索调用。

对记忆需求的变化取决于信息种类的变化。一般持久化的信息适合于记忆,因为长期以来它一直应用于更宽范围的决策。在这方面科学知识就是一个很好的例子。对相关决策者来说,如果具体的环境保持不变,这种具体持久化的信息对记忆是很有帮助的,定期消费者的地址是一个恰当的例子。尽管需要持续更新的短期信息在动态变化的分析中很重要,但短期信息通常不适合于记忆。建立短期信息文档是提高预测能力的一种方法,例如,五年以上的销售记录可以说明销售的季节波动方式和基本趋势。

例如,个人电脑供应商根据正常月度销售额来规划产品的价格和产出水平,每月供求的平衡通常取决于短期因素。影响需求的短期因素不仅包括一些显性因素,如供给和需求的宏观经济波动,也包括一些隐性因素,如消费者需要的软件种类的变化。通常影响需求的短期因素包括原材料价格,如用来制造配件的硅和镓;为了锁定个别消费者,具体的短期因素也起作用,如消费者是否需要更换电脑;如果是特定供应商的某项托运业务,具体短期因素(如生产者当地劳动力成本等)也是很重要的。有关短期因素的一些例子如表5.1左侧所示。

表 5.1 影响个人电脑产业市场制造的因素

	短期因素		长期因素	
	需　求	供　给	需　求	供　给
具体	个人对新电脑或电脑更换的需求	每个配件工厂的工资率	到单个消费者地址时的运输成本	每个配件厂的运输成本
一般	影响电脑内存要求的新发行的软件	影响所有配件供应商的原材料成本	生活方式对个人电脑的需求	计算机科学的基本现状

如果长期因素保持不变,那么在每个时期内搜集短期因素相关信息的程序就可以保持不变。因此,公司从一个时期到下一个时期都可以记住这个程序。这个程序的性质——如首先进行观察——取决于这种情况下的长期因素。影响个人电脑供应商的长期因素如表 5.1 右侧所示。在任何时候个人电脑供应商都能记住长期因素的价值和与之相关的最优程序。短期因素不需要记忆,为了提高预测精确度而用于研究档案中的因素除外。

5.11　惯例与重新创造

读者可能会问:为什么理性决策者永远把决策的时序放在首位?为什么理性决策者期待能在时间结束(在公司的情况下)或生命结束(在个人的情况下)之时还在为一个单一全面一体化的计划而努力寻求答案?这样的决策者会根据其搜集不同信息的时间和地点来对未来的决策进行排序,开始时他不会搜集所有信息,因为他认识到最好的方法是延迟搜集有关未来状态的信息,直到这些状态实际发生。

这种单一综合性计划的推导是极端困难的,因为优化问题是很复杂的,它要对许多不同的可能性进行检验。幸运的是,复杂的问题有时可以分解成许多很容易解决的小问题。上述不同种类信息之间的区别是如何检验的关键。如果给定的长期因素趋于稳定而短期因素不稳定,则在每个未来时期,都能给短期因素带来新价值,而长期因素则是重复价值。如果以让每一期的表现最优为目标,则问题的答案可以简单地确认为是处理短期因素和定期重复使用的最优程序。

最优程序取决于长期因素的值是什么。如果长期因素不变,那么一开始就可以调查这些因素而且不需要对其进行再次检查。但这种条件在实践中很难满足;如果长期因素发生变化,则会产生一些相关的问题。

第一个问题是对长期因素监督的频率。除非每个时期都观察它,否则因素的不确定性就不能完全消除,但每个时期都观察是不经济的。另一种极端,如果这种因素可以忽略,假如它与上一次观察的结果保持相同的值,则错误的风险是可以接受的。错误的成本反映出对短期信息运用不合适的决策程序所产生的后果。错误成本随着对这个因素观察频率的减少而不断增加。理性决策者通过选择适当的观察频率来平衡观察成本和错误成本。

第二个问题是决策者是否应记住与每个长期状态相关的最优程序。如果每次一个长期因素都视为可变化的,则决策者必须要对最优程序进行转换选择。这就提出了一个问题,即是否要从存储中提取一个新程序或者新程序在开始时是否要工作。一方面,记住每一个可能需要的程序会产生很高的成本;另一方面,如果不记住任何程序,则意味着每次新条件发生时,都要准备一个新程序。

事实上,有两种方法可以记住这些程序。第一种方法是开始时就记住这个程序;第二种方法是在第一次使用它的时候记住这种程序。开始时记住这种程序就能确保这种程序只能派生一次,但记住了这个程序,也可能会有永远都不使用这种程序的风险。从第一次使用就记忆的情况最多要临时制定一个程序。然而,如果在较大的时间压力下,临时制定一个程序必然会受到影响,相反,它比在开始派生的程序具有更高的成本。

因此,决策者面临的是临时制定一个程序的成本和记住一个程序的成本这二者的权衡。随着程序变得更加复杂,这两方面的成本都会增加,同时权衡的重要性也会增加。权衡的关键是决策环境可能重复发生的频率,这是由长期因素的遍历性决定的。如果这个因素的可能性状态的数量很少,而且任何两对状态之间的转换很容易,那么任何状态发生的概率都是很高的,可以说这种要素具有很高的遍历性,相关的实际的时间结构取决于长期因素变化的频率。尽管按照定义长期因素相关状态变化的频率是很低的,但其变化仍有一定范围。变化的频率越高,重复发生的等待时间就越短。因此,高频率和很强的遍历性结合在一起,有利于决策者记住现在不使用的程序;相反,低频率与很低的遍历性结合在一起,有利于临时制定一个程序。

可以用很多种方法精炼这种结果,在实践中,许多做市商型公司面临多种长期因素而不只是上述的一种。根据变化的概率,可以用不同的频率来监督不同的要素,因为随着要素数量的增加,组合配置的数量也会增长,任意情况再次发生的概率就会递减,因此,记住这种反应的价值就会降低。因此,涉及这种情况的要素越多,临时发挥制定一个程序的偏好就越大。

进一步精炼就是对经常发生的环境和不经常发生的环境加以区别。一个久经世故的决策者肯定会记住与经常发生的状态相关的程序,同时,对其余不经常发生的状态进行临时发挥。这就意味着组织有一种选择性的记忆,它的惯例强调经常发生的状态,而让决策者对其他状态进行临时创造。

这些结论对公司化理论有着重要的影响(Nelson and Winter,1982;Cantwell,1995）。演化理论援引了"干中记"的基本原则,说明一个公司只要停止使用就会很快忘记这个程序,因为如果不是这样的话,记忆成本将是很高的。演化理论的观点也支持了这种策略,因为演化轨迹的特征之一就是过去的情况几乎不可能再次发生。因此,值得一提的是根据这种观点完全不需记住惯例也能对企业进行实际经营,而惯例在某种意义上就是记住事情以前发生的方式;当与过去相类似的情况重复发生时,企业就没有惯例再可以依赖。但在这种情况可能重复发生的商业环境中,相关惯例的缺乏是企业严重的竞争劣势。

一个可能不需要惯例的例子是上述的个人电脑供应商。个人电脑产业之所以引人注意,是因为以下事实:即使长期因素具有很强的波动性,集成电路设计技术的一个非常细微的变化也会对操作性能产生重大的影响。因此,记住现在这个行业是如何发展变化的,也不可能对十年后的问题有太大的帮助,因为过去的情况不可能再发生。

相反,石油产业的公司面临的政治不稳定经常重复发生,它能中断石油的供给。尽管每次的情况在细节上与前次会有不同,但前几次的石油危机中使用的程序之间仍有相关性,因此,这些程序的经验显然是重要的优势,并表现为惯例在主要石油公司的公司文化以及在许多公司终身职业结构的持续性上所发挥的更大作用。这些惯例的价值还可以解释为什么有竞争优势的竞争者进入石油产业的频率比进入个人电脑行业的频率要低。

5.12 症状和观测误差的控制

观察不必很精确,通常观察到的都是某种情况的症状,而不是真实情况本身。然而,如果误差风险可以估计,在选择程序时我们就可以考虑到这一点。例如,如果在某种情况下一个因素很难直接观察,而且只有几种症状,那么把它们合在一起就能对这种情况做出一个总体判断。最有用的就是与真实状况密切相关的症状,但是误差的原因要相互独立。一流的质量甚至使单一的观察也有用,而二流的质量则意味着要综合多个观察才能减少余下的错误。

程序可以用各种方式来考虑误差。如果症状与决策者原先的看法有严重冲突,那么在改变行动路线之前他可理性地用第二个症状来验证第一个症状;然而,如果症状证实了他的看法,那么他根本就不需要验证。如果策略发生了错误的改变,可能会导致严重的后果;如果这种改变是轻微的,则可以理性地要求更多的验证。这也是为什么理性组织在采取决策之前要对异常结果进行检验。

在某些情况下只依靠症状所产生的问题,可能比在其他情况下更严重。如果同一种情况有许多不同的症状,但它们都是不可信的,此时会出现最大的问题。在这种情况下,面临的挑战就是用适当的方法对搜集的症状进行排序。是搜集给定要素的几种症状,还是只需一个症状就足够了?在分析第二个因素之前,是否对第一个要素进行深入考察?还是在一开始就对所有要素进行形式上的考察?是否应该同时对这些不同症状进行检查以节约时间,即使这样做会浪费选择权?

使用症状来识别市场机会是企业制造市场的基础。这种机会总是与其他人不能识别的长期因素的具体配置有关(Casson,1982),寻找这种机会就如同勘探金银财宝,在某种意义上,其目标要尽可能地涵盖调查的所有领域,即所有能看到的地方,但也要避免其他人也能看到的地方。因为新市场的发现并不经常发生,一个创新型企业的基础是即时创造,而不是惯例和陈规。

随着时间的推移,长期因素可能发生改变,随后企业合并和成长的关键则取决于对这些要素信息的定期更新。诊断技术要对某些变革症状(例如成本的不可预期的增长,或者需求的下降)作出有效的反应。诊断技术和建立一个企业所需要的勘探技术是大不相同的。一旦认识到这种改变,程序必须修改,这对企业来说可能会产生一个问题,即企业雇员必须要遵守这个特定的程序。要用领导技术来改变企业文化,因此,诊断和文化改变的技术都是一个成熟的做市商型企业竞争优势的重要来源,它们完全不同于建立企业所需要的技术,这也许可以解释为什么许多企业的规模到达一定程度就要更换高层管理人员。

例如,一家美国个人电脑供应商在欧洲的市场营销经理,他面对的困难是市场销售额持续下降。起初他怀疑欧洲市场需求普遍下降,因此,他开始评估公司的市场份额是否已经发生了变化,结果发现市场份额下降了;同时,也可以考虑另外一种解释,如产品促销不力。由于寻找到的解释变得更加微妙,因此诊断所需要的专业技术也增加了。问题悬而未决,随后被提交到全球总部以寻求更多的经验来加以解决。然后他们决定邀请顾问,最后顾问从样本调查中发现:消费者认为产品的稳定性方面存在某种问题,而由于缺乏延保计划,该问题没能正确地显示出来,这一问题源于消费者使用机器的方法。技术方面的解决方法就是修改键盘设计;组织方面的解决方法是建立一个数据库来记录保修计划中所报告的事件。通过查询数据库,由保修计划所报告的紧急问题可以在产品声誉遭受严重损害之前得到解决。

5.13 作为一种副产品的信息

正如早先的分析,决策是一个两阶段的过程。第一阶段要求获得信息,第二阶段决定采取行动。然而,在实践过程中,这种区别并不像分析的那么明显,因为第二阶段也会产生信息,这种信息就是采取行动而产生的副产品;然后记住这些信息并用于后续的决策中。这说明连续的决策是相互依赖的;为了使来自于副产品信息的正外部性达到最大化,可以对这些决策进行排序。

  由行动而产生的信息,既可能来自于行动的结果,也可能来自于执行的过程。执行的过程有时产生信息仅仅是因为它把决策者带到很容易获得某种信息的具体区位。更为重要的情况就是行动结果通常是信息的来源,这是因为结果是根据基本环境的症状而采取行动的后果——换句话说,它说明了开始没有观察到的长期因素的状态。

  系统分析这种情况需要实际的实验,之所以需要实验是因为对这种情况的了解通常取决于采取的行动。某些行动通常比另外一些行动能提供更丰富的信息,这是因为它们能揭示更多的有关长期因素的状态的信息。因此,在短期内,这些行动可能是冒险的行动,因为如果状态是不利的,其结果可能很糟;但是这个冒险行动的优势是它能揭示后续决策中需要的有用信息。因此,从长远角度看问题的决策者都喜欢进行实验。

  通过实验搜集信息这种方法就是在开始时通过观察来搜集,它极大地降低了不幸结果出现的风险。从这个意义上说,实验方法也是实际的方法——它是在其他事情做完之前,通过"尝试和观察"的方法来搜集信息,这种方法与大多数搜集信息的分析方法不同。

  副产品规则对策略的影响主要取决于所获信息最终如何使用,主要有两种可能。第一种就是把信息与已经做出决策的环境直接联系起来,然后反馈到下一个相同的决策。如果是一个短期因素的信息,那么就用一种经济的方法来保持这种决策继续进行;相反,如果是一个长期因素的信息,那么它能对这种情况提供更为深入的解释,并有助于未来决策程序的调整。这种信息的重复反馈可以赋予决策者更多的令人印象深刻的专业知识。

  例如,消费者对一种新型个人电脑模型的反应,可以提供有关消费者偏好的信息,这种信息并不能通过最初的市场调研来获得。如果这些偏好是很稳定的,那么这些信息就可以反馈到新型号产品的设计之中。这说明能系统地从上一个已经发行的产品型号中获取信息并把这些信息反馈到新型号产品设计中将提高长期盈利能力。

  第二种可能就是把信息与不涉及决策者的其他情况联系起来,利用这种信息可以使决策者的行为多样化。例如,固定获取对其他市场有重要影响的某种要素的企业,也可能通过进入这些市场而获益。该企业可能停止在某种单一市场上的专业化,转而开始在一系列市场上进行专业化,这些市场由该企业搜集信息的某种共同要素所支配。

例如，一家个人电脑制造商，他需要更新有关主要消费者如何使用计算硬件的知识。他的询问所产生的信息与个人电脑系统的其他配件——显示器、打印机、扫描仪等有关。制造商设立单独的零售部门来处理一系列与计算机匹配的硬件，以此对其做出反应。零售部门依靠制造商搜集的信息，制造商也可以使用零售部门搜集到的信息来改善新型号产品的设计。因此，企业产品的最终范围是由对消费者所使用的计算机系统的信息进行搜集的责任所决定的。

一些类型的实验通常比另一些类型的实验更能导致企业的多样化。致力于基础研究的企业比致力于应用研究的企业更可能产生与其他产业相关的信息，因此，研究越基础，多样化的激励就越强。然而，技术外部性并不是多样化的唯一原因，致力于应用研究的企业也会遇到信息的外部性，但它们更可能与消费者的偏好有关。因此，重要工业客户数量很少的企业，可以在掌握用户产业的技术方面进行专业化，并最终与消费者建立伙伴关系，共同利用分离出来的创新。产品市场销售与特定社会经济集团相连的消费品企业，也可能生产一些关于这个集团的信息，主要是企业希望购买其他产品的信息，这可能诱使企业进行多样化，从而进入其他消费产品的产业。所有这些例子都说明了企业演化理论中一些主要观点是如何通过简单计算信息成本来推导的。

5.14 路径依赖

时序策略的执行体现了一种独特类型的路径依赖。这种路径依赖产生于这样一种方式，即调查过程中下一步采取的时序策略是以上一步所获得的内容为条件的，是否搜集给定类型的信息，取决于是否已经搜集了其他类型的信息。在给定的情况下，开始于某种信息的策略可能导致以后要搜集另一种信息，但是，开始就具有多种不同信息的策略则不会。如果这种特定信息实际上是很重要的，决策结果就会对程序开始时的信息产生影响。这种选择使调查沿着一个特定的路径，它忽略了关键信息，导致错误的决策。

然而，值得关注的一点就是在一个理性选择的框架内，这种错误的决策代表了一种值得尝试的风险。选定的程序之所以被选择只是因为关键信息缺失的概率实际上是很小的。选定的程序受欢迎是因为它能避免更大的风险，可以证明选择其他程序的风险更大。如果与缺失信息相关的风险实际上与假设的一样大，则可能会使用另一种程序——例如，把安全放在首位的程序，它可能搜集了每一条可信的相关信息。其寓意是说决策中的路径依赖是一个充满魅力的特征，因为它是理性决策者在可以接受的信息成本之下控制风险的方式的结果。它显然不是非理性的反映，总体说来，并不会导致低效的结果。实际上，路径依赖为什么是决策的一个重要特征,其原因在于它用一种重要的方式提高了决策的效率。

根据以前所获信息的结果,如果程序中每一个步骤都能产生信息,并作为信息来源的副产品,则时序程序中路径依赖的性质就变得特别明显。这一点可以用一个企业在国外投资时通过经验来学习的方法进行证明。在斯堪的纳维亚式的企业国际化进程中,企业按国外市场的顺序进行投资,每次只投资一个海外市场(Johanson and Vahlne,1977)。进入每个市场都会产生关于那个市场的信息,并当成投资的副产品。如果某个市场被认为与另一个市场在某些方面相似,那么从这个市场获取的信息可以用来告知决策者是否进入其他市场。通过进入这些被认为与其他市场类似的市场,就能使这个时序策略的选择值最大化(Casson,1995a)。

被选择的时序反映了企业对相关市场特征的最初看法。一系列不同的看法导致了不同的时序策略。因此,具有不同看法的企业会进入不同的市场。结果它们会了解到不同的事情。它们所了解的内容的差异可能会强化最初看法的不同。如果是这样,它们会在下一阶段进入不同的市场;同时,这又将反过来强化它们所了解的信息之间的差异。

如果它们继续投资,它们的看法最终会聚合在一起,因为随着进入过程的继续,它们最终会进入相同的市场(尽管在不同阶段进入),同时,它们的市场知识也会趋于相同。因此,一旦这种经验变得相当普遍,投资行为就变得相似。另一方面,它们早期的经验与最初的看法结合在一起,就会形成约束,使它们未来的投资不超过某一点。在这种情况下,它们最初的看法可能从未纠正,同时最初的偏差仍会保持不变。在已投资的国家的企业之间有很强的多样性,反映了它们最初看法的差异,也反映了通过他们早期经验的多样性对这些差异进行合成和调和的方法。

总的来说,没有经验的投资者都会倾向于采用不同的扩张路径,而有经验的投资者会倾向于采用相似的扩张路径。许多投资者可能永远都不会成为经验丰富的投资者,因为早期的经验阻止了他们的进一步投资。因此,海外投资的路径依赖的性质在国际化进程只达到有限程度的企业之间是非常重要的。

例如,刚刚在美国建立的一家个人电脑供应商,根据记忆中的国内消费者特定需求开发了一个新型号产品,但并不确信这种型号的产品在全球是否具有吸引力。已知全球市场已经划分成不同的文化区域,在任意给定区域都缺乏吸引力的产品型号,也不可能在更遥远的文化区域具有很强的吸引力。在每一个文化区域都存在一个规模相对很小的市场。此时推出这个型号的产品需要的投资极少,失败所带来的信誉损失也是微乎其微的。因此,所犯错误的代价也是很小的。在这种条件下国际化是由一个序列的市场进入投资所构成的,在这个序列中第一次投资的结果可用来决策是否要进行第二次投资,依此类推。理性的投资顺序反映了信息外溢效应,它是由不同文化领域中的需求条件之间的主观相关性决定的。

个人电脑供应商并不确定文化障碍对进入每个市场的影响。实际上,欧洲是与美国最近的文化领域,其次是拉丁美洲,再次是东南亚。当其他条件相同时,企业将根据已知"文化距离"的升序排列来投资市场。如果他的看法是正确的,那么他首先将投资供应一个欧洲小市场;如果投资成功,他将继续投资供应其他欧洲市场,此时也可以投资一个小型的拉美市场;如果第二次投资成功,那么他将供应其他拉美市场,与此同时可投资一个小型的东南亚市场,等等。当然,其他条件也可能不相同。全面的分析表明,这种投资顺序不仅受市场预期利润的影响,而且会受国家特定竞争威胁的影响,如全球性竞争对手优先购买权的威胁,或者当地公司仿制的威胁。即使如此,根据文化距离升序排列而进行市场投资的基本模式仍会保持不变。

路径依赖的产生是因为市场进入的不同顺序将导致一系列最终服务不同的市场。如果个人电脑供应商错误地认为东南亚的文化距离最短,则他会首先调查东南亚市场。如果他发现欧洲的文化距离太长,他可能认为在欧洲投资是完全不值得的。因此,他可能永远不会纠正对欧洲的错误看法。一般来说,供应商如果最初拥有最合适的看法,这种看法就是最能接近真实情况的主观概率,他就可能获得最大的商业成功。如果这种看法是不恰当的,则投资中的路径依赖可能导致严重的问题。

5.15 劳动分工与交流

如果不分析劳动分工的经典原理是如何用于信息加工的,就完全没有必要分析组织结构。信息是一种抽象商品,它从劳动分工中受益的方式与其他任何商品一样。尽管前面的分析已经讨论了基于多重信息来源的多重决策的情况,但它涉及多个主体的假设只是隐含的,从某种意义上说,前面的讨论只是为建立劳动分工理论奠定了基础。劳动分工解释了为什么不同类型的人会合作在一起来做出决策,也解释了为什么他们用一种特定的方式与其他人联系在一起(Buckley and Carter,1996;Carter,1995)。

决策对信息合成的需要,说明了在信息中进行劳动分工的明显优势,因为信息合成通常比信息观察更困难,或者至少需要不同的技能。因此,让不同的人去完成这两种任务是有优势的,专业化提高了这两种活动的效率。

如果信息合成涉及大量不同的信息,就会在几个信息搜集者中产生一个信息合成者。可以经济地搜集到的信息数量,将反映获得正确决策的重要程度,等等。这表明在关键的决策中,信息合成者可能受到其他几个信息搜集者的支持,后者向前者提供了需要的信息。

信息来源的当地化强化了这种趋势。如果信息来源是分散的,由一个人负责搜集所有的信息是完全不可能的。对于每个信息来源,处在现场的本地人在提供信息方面都具有比较优势,这种优势体现在空间和功能两个方面。它解释了为什么只有少量信息需要合成,而且还需要由不同的人来提供这些信息。

在这一点上,副产品规则也是相关的,它把信息提供的劳动分工与决策执行的劳动分工连接起来。由于在执行的过程中产生的信息与下一个类似的决策相关,那些专门从事程序实施的人在信息来源方面有着天然的优势。这就形成了一个简单的组织结构,可以从执行命令的人中得到信息反馈。如果责任分工的方法是以信息合成者对执行其命令的下属的监督为基础,同时下属又把执行中的信息反馈给他,这种结构肯定是相当简单的。信息合成者位于等级结构的顶端,而在这个结构中的下属搜集信息并把这些信息反馈给他,同时也接受他的命令。在执行这些命令的过程中,他们获得了作为副产品的信息,并把它们反馈到下一次决策中。信息合成者根据这个程序的顺序向下属咨询,他首先获得环境波动最大的部分的信息,这些都是信息合成者最不确信的内容,或者是对企业短期利润有最大影响的变量。在这种安排下,信息合成者显然比他的下属有更大的权力,但是这些下属之间的权力也是不平等的,这是因为首先被咨询的下属可能提供了决定性的信息,这些信息使合成者中止了咨询过程而不再向其他下属提问。负责处理波动性最强的短期因素的下属比其他下属具有更大的权力,因为他们总有机会表达自己的观点,而其他下属则不能(Casson,1994)。

再来分析第5.8节第二个例子中的个人电脑供应商,每个月都要执行短期信息合成的程序,合成的主要是关于供给和需求的信息。现在他开始进行劳动分工,把市场销售的任务分配给一个管理者,把采购的任务分配给另一个管理者。负责市场销售的管理者根据上个月产品销售的信息获得了有关市场需求的信息;同样的,负责采购的管理者根据上个月采购配件交付的信息获得了有关市场供给的信息。个人电脑供应商合成这些短期信息,就能确定需要这些管理者执行的明确命令。这个循环过程本身可重复进行。

当需求的波动大于供给的波动时,负责市场销售的管理者可能首先被咨询,负责采购的管理者只有在负责市场销售的管理者报告的信息不是决定性信息时才有可能被咨询。这就给了负责市场销售的管理者更大的权力,并形成了一个市场导向型的企业。反过来说,如果供给的波动大于需求的波动,那么负责采购的管理者就可能首先被咨询,这就赋予了负责采购的管理者更大的权力,并创造了一个采购导向型的企业。

信息合成并不只是促进等级组织结构形成所需要的一项特殊技能。对某种类型的症状进行诊断也需要特殊的技能。实际上,一些诊断技能是非常稀缺的;另一些诊断技能则是直观的,也可能是继承的,而不是后天获得的;但更多的诊断技能则是长期培训的结果。因此,许多组织都有各种层次的专门技术人才。在这个层级结构的底部是一般管理者,他们实际上是起着当地诊断实践者的作用;而在企业总部的都是具有特定功能的专家团队,他们负责处理一些特殊的问题;在这个层级结构的顶部通常是负责处理这个组织中以前从来没有遇到过的问题的通才,这些通才经常得到专家的支持;但如果意见不同,专家也会干预。因为处在高层的人通常是诊断问题而不是做出决策,在这个层级结构中相互邻近层级的关系都是建立在专业能力而不是权力之上的。这个层级结构中的人事职位安排首要是基于可识别的能力,这些能力可以由经历、资格和业绩记录来支撑。诊断问题的复杂程度越大,就越需要组织采取这种绩效化的形式。

例如,个人电脑供应商为企业重要消费者就有关操作问题建立了求助热线。这条热线的日常管理是产品支持部门的责任,支持人员可能解决不了一些很困难的问题,就把这些问题转交给设计团队的专家,这些专家的工作就是负责新型号产品发展的高级管理。因为他们设计了产品,所以设计团队通常能更好地理解这些问题。如果设计团队不能解决某些问题,就把这些问题转交给高级执行者,由他决定如何处理——决定企业是否继续对这个问题负责,是否给予退款,或者是加速发展能克服这种问题的另一种型号的产品。

5.16 交流成本和权力分散

交流成本是信息加工过程中劳动力分工的一个主要的障碍,交流成本主要有两种,第一种是信息编码和解码过程中产生的成本,第二种是信息传递过程中产生的成本。

在信息编码和解码过程中遇到的困难,不仅反映出信息内生的隐含性,而且反映了信息发送者与接收者之间的文化差异,在本章分析的背景下,隐含性只是形成昂贵交流成本的众多原因中的一个,也是信息内容的一个重要特征,即主题涉及的性质以及试图表达这种性质的自信程度,例如,人们很难把自己的感觉用清晰的符合语法的句子进行编码。

文化差异意味着一条信息可以运用不同的基本假设进行编码和解码,模棱两可的编码和不恰当的解码,不仅会导致误解,而且会产生无意的冒犯。短期内对文化差异的理性反应可能把交流的内容限制在一些可以清晰表达的重要问题上；长期内的理性反应则是促进非正式的社交联系，而不是立即做出决策，从而能更好地理解对方的态度，并更可能达成一致。这种投资可以带来未来信息成本的节约。

一旦信息被编码，第二种交流成本就与信息的传递有关。这种成本与媒介的活动有关，如传真、电话、电子邮件和面对面接触等，媒介的选择主要是根据对速度、清晰度和机密性等的要求而定；同时，它还涉及距离的作用，尽管距离在今天已经不是那么重要了。

交流成本有利于决策者有选择性地决定咨询对象。在许多组织中，交流成本超过了观察成本，因为副产品规则使得观察成本几乎为零。远距离交流比面对面交流的成本高出很多，这种结果在跨国公司内部被强化。这说明决定组织结构的一个主要因素就是权衡影响广泛运用的信息合成的功能专业化的优势与相关交流成本之间的关系。

这种权衡对企业内部权力分散程度有重要的影响。如果某种信息总是决定性的，就没必要进行周期性的咨询；经常获得这些决定性信息的人可能自己就会对决策负责。例如，如果一个企业每个时期都面对着一个波动的来源，那么监督这种来源的人可能就会控制这个企业，这就形成了独裁式的管理模式，高层管理者并不需要咨询其他人就能做出决策，其他管理者就被放逐到一个被动的角色。

波动方式只是当地市场的特征，而不是全球市场的特征。全球市场通常有多重波动来源，这些波动来源是由源于世界各地的冲击而形成的。这有利于对信息进行深入广泛合成。在这种条件下对独裁管理模式的唯一解释就是信息成本很高，而且不需要进行咨询。在这种环境下决策者只有使用全球观点来制订计划，并接受可能在当地犯一些错误的事实。

另一方面，如果交流成本很低，在做出决策之前，对需要的所有信息进行合成并不存在障碍，这就形成了具有咨询风格的管理模式。比较低的交流成本通常反映了文化的同质性、紧急性的缺乏和隐含性信息的缺失。二者可能支持一个扁平的同僚权力相等的组织结构，使更多的人参与决策，尽管只有在管理团体的成员之间存在很强的信息合成能力时这种结构才可能出现。

在实践中，没有一个组织符合这些理想类型中的任何一种，因为交流成本不是很高就是很低，由总部获取的信息交流成本和由当地外围部门获取的信息交流成本之间总是存在一种差异。当信息交流成本随着信息来源的不同而变化时，对信息合成者来说，提供成本更高的信息是有利的，因为这对控制交流成本做出了最大的贡献。因此，如果当地信息是相对清晰的而且很容易进行交流，对信息的集中合成就是有利的。隐含的信息是由高层管理者直接提供的，他们把这些隐含的信息与来自当地管理者的信息结合起来，并用明确的指示把它们编码在决策之中,使所有的交流更加清晰,并降低了交流成本。

相反的情况就是当地信息是隐含的,而中心信息是显性的,把决策权力分散到当地水平则是非常有利的,问题是当地决策之间的协调。首先,总部必须公布已经搜集的信息,这样所有的当地管理者才能获得这些信息。其次,为所有的当地管理者制定一个合适的决策规则,这个规则告诉他们如何把自己的信息与从总部获得的信息合成在一起,这些规则由总部设计,因此,在任何给定条件下执行这些规则,当地管理者之间都能保持一致。有时,当地管理者相互之间的匹配可以通过标准化的规范和实施统一的程序来实现;但在很多情况下,他们相互之间的匹配取决于每个当地管理者所使用的独特规则。运用这种规则,即使在存在当地隐含信息的情况下,全球策略与当地反应能力也能协调一致(Bartlett and Ghoshal,1990)。

各种不同的组织结构如表5.2所示,但此表不可能把所有的可能性都列出来。例如,可以进一步区分信息的战略用途和战术用途;也可以对部分权力的分散进行评估,在权力分散的过程中是由总部制定战略框架,当地管理者只能在这个框架中采取战术性决定。当中心和外围都是显性和隐含性信息的来源时,这是合理的。中心把自己的隐含性信息与从外围接受的显性信息结合起来,并把它们编码在总体水平很高的战略性计划之中,然后把这些计划发布出来,同时用当地的隐含性信息对这些内容进行合成,进而形成当地策略。这种规划使用了设计用来协调当地计划的程序,协调的过程可能被当地计划所强化,当然,当地计划在执行之前还需要由总部进行检查。

表5.2 沟通成本对组织结构的影响

中心因素的交流成本	外围因素的交流成本	
	低	高
低	全面咨询	权力分散
高	咨询式分层结构	独裁式分层结构

例如,一家个人电脑供应商按固定顺序推出了一批新型号的产品。技术的潜在价值构成了隐含性信息,并由总部的设计团队所掌握;一旦提供样品,给定的设计的性能则构成了显性信息,因为可以编写操作手册,并允许其他人亲自试验样品。因此,设计团队向当地管理者提供样品,并让他使用样品,通过这种方式与当地管理者进行交流。消费者的要求则构成了由每个国家的当地管理者所掌握的隐含性信息,当地管理者同时也掌握了显性信息,如已有型号产品的销售,这些显性信息很容易传递到总部。

给定这些限制,个人电脑供应商总部会把设计权集中起来,但是会通过下述方法把市场销售权进行分散。设计团队把他们的隐含性技术信息合并在新型号产品的许多替代样品之中。当地管理者根据消费者的工作实践来比较样品的性能,甚至可能让忠诚的消费者亲自使用机器。用不同样品的排名这种清晰的方式,或者是把消费者要求的特定的性能添加到受欢迎的设计之中,把消费者反映的相关信息反馈给设计团队。最后,总部把这些显性信息综合起来,选择一种样品用于开发新产品。

5.17　新信息技术

如果不分析新信息技术的作用,就不可能全面地研究信息成本。对跨国公司组织结构影响最大的是交流成本和记忆成本的减少。直到目前为止,信息加工成本的减少主要是与科学计算机工程有关。实际上,现在它们与商业的相关性主要源于更快的文件归档和记录检索功能,而不是更快的计算功能。信息成本和记忆成本的减少促进了对相关数据库的投资,这些数据库存储了大量非常具体的信息,而且这些信息很容易被组织机构中的成员广泛使用(Casson and Wadeson,1996)。对有关单个家庭、宾馆房间、航班等信息的存储,对服务产业中的做市商企业有重大影响,如旅行和旅游计算机预定系统的发展,广泛地使用计算机处理银行账户以及金融部门的信誉等级评价等。

新信息技术的一个重要特征就是它有助于清晰地解释隐含性信息,因此,它助于把定性化的信息转换成定量化的形式,同时有助于定量化信息共享,这是因为它的交流成本很低。过去交易的信息可以存储成文档并用于未来的研究,企业的市场营销部门可以把这些用于邮寄广告、确定消费者电话咨询的优先顺序、优化零售商店出口的区位等活动。具有企业家精神的雇员可以使用数据库来研发新的产品,它还激励了企业沿着特定的路线进行多样化。充分利用作为企业内部公共产品的数据库,能推动企业在其能涵盖的区域内制造市场。

计算机能执行由专家系统所驱动的复杂决策程序,普通管理者学习这些程序可能太困难,即便他们能够学会这些程序,他们执行程序的速度也可能会很慢。在那些时间是关键因素的地方(如金融投机),专家系统可以向他们提出很多建议,专家系统的执行把权力从普通管理者转移到设计这个系统的人。如果设计者依赖的是隐含性知识,则把这些设计者集中在一起,以便高级主管能面对面地向他们咨询。因此,普通管理者经历了一次权力转移,他们把权力交给系统分析者,但是他们像组织中的其他人一样可以共享数据库中的大量信息。"授权"的程度受准入方式的影响,也取决于单个管理者的企业家精神和对计算机的精通程度。

系统分析者如何分享他们的权力取决于隐含性信息的其他来源是否也是重

要的。例如,主要借款者的信用等级的隐含性信息对银行是非常重要的。尽管把隐含性信息应用到专家系统是集中进行的,但有效率的银行仍然会继续对当地管理者进行判断,从而能正确地使用有关借款者的隐含性信息。这说明了一个基本的观点:尽管使用计算机有利于系统专业知识的集中,但是当组织内仍存在没包括在计算机运算之中的隐含性信息时,保持权力的分散仍然是重要的。

5.18 结 论

本章首先区分了三种不同的信息成本。一般的观点认为:在解释企业行为时,以前关注的重点是第一种类型的成本,即与机会主义相关的交易成本;这种成本主要与解释企业边界有关,因此,在解释企业组织结构方面的作用就小得多了。换句话说,它不能解释企业边界内各种不同的行为是如何相互协调的。第二种类型的成本和第三种类型的信息成本则都与这个问题高度相关,这些处理信息的成本被认为是可信的。由于测量错误,同时错误也可能由于负责观察的人的失职而不断扩大,信息不可能是完全准确的。尽管如此,即使改变了激励方法,信息质量也不可能大幅度提高,因为这些相关的人员没有特别的理由去撒谎。

企业的组织结构取决于用最小的信息成本去协调企业活动的需要。这意味着搜集、交流、存储和加工第一种类型的信息和第二种类型的信息的总成本,必须控制在最小的范围之内。需要协调的主要活动包括市场销售、采购、生产和技术研发等。由于企业环境的性质不同,这些行为的相对重要性也不一样。影响某种特定行为要素的波动性越大,搜集和加工影响这种特定行为的要素信息就越重要。在信息加工的过程中,也存在内部的劳动分工,在波动性最大的领域内负责处理信息的管理者,通常有更大的权力。

本章分析的重点是做市商型跨国公司,因为波动的首要来源是市场销售,其次才是采购,生产上的波动只在有限的范围内讨论。本章已经提出了许多关于有效加工信息的基本规则,并用一家供应个人电脑的跨国公司作为例子来说明。已经证明:最优的决策程序都有时序性,通常要先搜集波动最大的要素的相关信息,只有当这些信息不是决定性的信息时,才搜集其他要素的信息。咨询的优先权是搜集主要波动来源信息的人所拥有权力的基础。

企业的整个国际化战略可以看做是一个比较大的决策,它实际上在一开始就已经做出。然而,时序性的规则说明海外市场的信息可以分步搜集;同时,副产品规则说明在首次海外投资之后许多信息可以用到决策过程之中。因此,整个决策过程能即时得到延伸。最初可能只是按照时序进入市场,它与上一次投资的结果是相伴而生的,这导致了企业扩张的路径依赖。但如果从非理性的角度看,它可能不是路径依赖,因为路径依赖实际上是理性策略的基本性质。

这些结论和其他结论都是从一个简单的信息成本经济学理论推导出来的,决策者必须权衡信息成本和错误决策的预期成本。尽管信息成本理论并不是分析组织行为的唯一方法,但上述报告的结论却说明它是研究国际商务的一种富有成效的方法。

参考文献

Bartlett, C. and S. Ghoshal (1990) *Managing across Borders: The Transnational Solution*, London: Routledge

Buckley, P.J. and M.J. Carter (1996) 'The economics of business process design: motivation, information and coordination within the firm', *International Journal of the Economics of Business*, **3**(1), 5-24

Buckley, P.J. and M.C. Casson (1976) *The Future of the Multinational Enterprise*, London: Macmillan

Cantwell, J.A. (1995) 'Multinational corporations and innovatory activities: towards a new evolutionary approach', in J. Molero (ed.), *Technological Innovation, Multinational Corporations and New International Competitiveness*, Chur: Harwood Academic Publishers, 21-57

Carter, M.J. (1995) 'Information and the division of labour: implications for the firm's choice of organization', *Economic Journal*, **105**, 385-397

Casson, M.C. (1982) *The Entrepreneur: An Economic Theory*, Oxford: Martin Robertson, reprinted, Aldershot: Gregg Revivals, 1991

Casson, M.C. (1994) 'Why are firms hierarchical?', *International Journal of the Economics of Business*, **1**, 47-76

Casson, M.C. (1995a) 'Internationalisation of the firm as a learning process: a model of geographical and industrial diversification', *Revue d'Economie Industrielle*, special issue, 109-134, rev. version in Casson (1995b), Ch. 5

Casson, M.C. (1995b) *The Organization of International Business*, Aldershot: Edward Elgar

Casson, M.C. (1996) 'Comparative organisation of large and small firms', *Small Business Economics*, **8**, 1-17, rev. version in Casson (1995b), Ch. 6

Casson, M.C. (1997) *Information and Organisation: A New Perspective on the Theory of the Firm*, Oxford: Clarendon Press

Casson, M.C. (2000) *Enterprise and Leadership: Studies on Firms, Markets and Networks*, Cheltenham: Edward Elgar

Casson, M.C. and N. Wadeson (1996) 'Information strategies and the theory of the firm', *University of Reading Discussion Papers in Economics*, No.334, forthcoming in *International Journal of the Economics of Business*

Chesnais, F. (1988) 'Technical cooperation agreements between firms', *STI Review*, **4**, Paris: OECD, 51-119

Coase, R.H. (1937) 'The nature of the firm', *Economica* (New Series), **4**, 386-405

de Monthoux, P.G. (1993) *The Moral Philosophy of Management: From Quesnay to Keynes*, Armonk, New York: M.E. Sharpe

Dunning, J.H. (1977) 'Trade, location of economic activity and the multinational enterprise: the search for an eclectic approach', in B. Ohlin, P.O. Hesselborn and P.M. Wijkman (eds), *The International Allocation of Economic Activity*, London: Macmillan, 395-418

Dunning, J.H. (1981) *International Production and the Multinational Enterprise*, London: Allen & Unwin

Egelhoff, W. (1988) *Organizing the Multinational Enterprise*, Cambridge, MA: Ballinger

Hayek, F.A. von (1937) 'Economics and knowledge', *Economica* (New Series), **4**, 33–54, repr. in F.A. von Hayek, *Individualism and Economic Order*, London: Routledge and Kegan Paul, 1959, 33–56

Hennart, J.-F. (1986) 'What is internalization?', *Weltwirtschaftliches Archiv*, **122**, 791–804

Johanson, J. and J.-E. Vahlne (1977) 'The internationalisation process of the firm – a model of knowledge development and increasing foreign market commitments', *Journal of International Business Studies*, **8**(1), 23–32

Kay, N.M. (1993) 'Markets, false hierarchies and the role of asset specificity', in Christopher Pitelis (ed.), *Transaction Costs, Markets and Hierarchies*, Oxford: Blackwell, 242–261

Marschak, J. and R. Radner (1972) *The Economic Theory of Teams*, New Haven, CT: Yale University Press

Mitchell, W., R. Morck, J. Miles Shaver and B. Yeung (1996) 'Causality between international expansion and investment in intangibles, with implications for financial performance and firm survival', *mimeo*

Nelson, R.R. and S.G. Winter (1982) *An Evolutionary Theory of Economic Change*, Cambridge, MA: Belknap Press of Harvard University Press

North, D.C. (1991) 'Institutions, transaction costs and the rise of merchant empires', in James D. Tracy (ed.), *The Political Economy of Merchant Empires*, Cambridge: Cambridge University Press, 22–40

Porter, M.E. (1980) *Competitive Advantage*, New York: Free Press

Radner, R. (1996) 'Bounded rationality, indeterminacy and the theory of the firm', *Economic Journal*, **106**, 1360–1373

Richardson, G.B. (1960) *Information and Investment*, Oxford: Oxford University Press

Rugman, A.M. and J.R. D'Cruz (1996) 'Strategies of multinational enterprises and governments: the theory of the flagship firm', in G. Boyd and A.M. Rugman (eds), *Euro-Pacific Investment and Trade: Strategies and Structural Interdependencies*, Aldershot: Edward Elgar

Schumpeter, J.A. (1934) *The Theory of Economic Development* (trans. R. Opie), Cambridge, MA: Harvard University Press

Stigler, G.J. (1961) 'The economics of information', *Journal of Political Economy*, **69**, 213–225

Williamson, O.E. (1975) *Markets and Hierarchies: Analysis and Anti-Trust Implications*, New York: Free Press

Williamson, O.E. (1985) *The Economic Institutions of Capitalism*, New York: Free Press

第六章 国际合资经营

马克·卡森 彼得·巴克利

6.1 引 言

在全球环境中,参与国际合资经营(international joint venture,IJV)是一个重要的策略选择(Beamish and Banks,1987)。当研究 IJV 时,清楚的假设特别重要。然而,没有一家国际合资企业能够完美地运行,因此,深入理解为什么要选择 IJV,对理解这种方法的缺陷是非常必要的。IJV 有不同的配置方法,不同配置方法与不同的行为模式有关系(Tallman,1992)。

当企业的目的是利润最大化时,任何策略的选择,如 IJV,都是由收益成本结构决定的,这种结构又取决于企业所处的环境。通过对环境的关键特征进行研究,可以用相当简约的方式对企业的行为进行建模。模型的预测能力取决于利润最大化假设以及模型创建者对收益和成本结构所做的约束。通过重新检验这些约束条件,而不是抛弃作为理论核心的最大化原理,可以解决这个模型的预测失败问题(Buckley and Casson,1988)。

代入理论中的变量并不一定要具有严格的经济学属性。变量纳入的标准是能从理性行为的角度来分析它们。对 IJV 建模就能很好地解释这一点。影响 IJV 的因素很多,不仅是传统的经济因素,如市场规模,还有技术、法律、文化和心理因素,所有这些变量都会出现在下述模型中。

经济模型允许对效率进行判断。尽管 IJV 因其社会和政治基础而备受推崇,但也可能会因无效而受到批评,比如对于作为产业中的领导者的大企业来说就是如此。经济模型可以正面解决这个问题,因为无论企业规模有多大,都不可能是完全自足的,因此,可以很容易地证明:如果条件适宜,参与 IJV 肯定是有效率的。本章的主要目的就是把这些条件完全列出来。正是因为这些条件比过去更能得到广泛的满足,所以 IJV 已经成为国际商务的一个重要内容。

6.2 国际合资经营的分类

第一章分析了 IJV 在全球经济中的作用,强调的是 IJV 可以采取多种不同的形式;第二章讨论了 IJV 对进入海外市场的企业的战略意义,在此阶段强调的是规范化方法对 IJV 建模的意义,规范化的建模能更加清晰地说明 IJV 相对于其他市场进入模式的优点和缺点。

由于 IJV 的许多种形式都是可行的,而且有许多不同的作用,在进一步深入分析 IJV 之前,有必要形成一个固定的思想。本章重点分析基于股权的两个私有企业构成的合资企业的情况,每一个企业都持有 IJV 企业 50% 的股权。假设建立 IJV 企业的基本原理就是把互补的资源结合起来,这些资源构成了企业特定的知识;而且一个企业与另一个企业共享知识会影响这种结合。在 IJV 中,企业通常并不把所有的知识进行共享,而只是共享其中一部分知识,这一点将反映在下述的模型中。

本章对 IJV 收益和成本的假设,与前几章中的假设完全不同。因为分析的重点是 IJV 的一种特殊类型,所以关注 IJV 的收益成本是恰当的,因此,本章的假设比以前做出的假设更具体,第七章中的假设将会更加复杂。

企业提供的知识可能与技术,或者是市场条件,或者是技术和市场两者相关。利用技术的地理范围通常比利用市场销售专业知识的地理范围更宽广,因为市场销售专业知识更具有当地化的性质,这对 IJV 的结构和合作伙伴之间的对称程度有着重要的影响。它意味着在一开始就通过研发合作把两种技术结合起来,通常更能适应全球市场的开拓。合作企业都处在对称的地位,在某种意义上,它们对 IJV 所贡献的资产都是能全球应用的资产。

相反,把一种新技术和市场销售的专业知识结合起来,通常要涉及更多具当地属性的市场准入。在由高技术企业所贡献的具有全球导向型的资产和由合作伙伴贡献的具有当地导向型的资产之间存在着不对称。在技术利用的全球化过程中,高技术企业可能与不同地区的企业缔结一系列的市场准入联盟。这使高技术企业具有更多的建立合资企业的经历,同时也能通过使其他合作伙伴之间形成对立而自己从中获利。

最后一种可能性就是每个企业在不同的地区都贡献出市场销售的专业知识,这样可以恢复第一种情况的对称性,但并不能恢复到全球层面,除非合并之后合作伙伴的技能可以覆盖全球所有的市场。这种合作的基本动机是协调世界市场中不同地理区位的局部市场的价格。如果产品交易非常容易,而且行业进入存在障碍或者是行业生产能力过剩(如钢铁产业),这种市场共谋具有潜在的意义。

这些类型的可能性总结在表 6.1 的前两行和前两列,同时用图 6.1 进行简要演示。两个企业分别用编号 1 和 2 来表示,企业 1 位于国家 A,企业 2 位于国家 B;图使用的是由巴克利和卡森(1988)提出的方法,卡森随后对这一方法进行了精炼(1995)和扩展(1997)。它首先界定了两种实物行为——用正方形代表的生产行为和用菱形代表的分配行为。实物活动由产品流动连接起来,用黑色的粗线表示,流动方向用箭头表示。要区分两种以知识为基础的活动——用三角形代表的研发活动和用圆形代表的市场销售活动。研发活动产生的专用技术只能在生产过程中利用。市场销售也是专用技术的来源,但在本模型中它主要是一种协调活动。市场销售是信息的轴心,协调与生产的关系,同时也要协调国家之间的分配活动。因此,在图中来自研发的专用技术流向生产,而来自市场营销的协调信息却从市场营销流向生产和分配。专用技术的流动用灰色粗线表示,协调信息用黑色细线代表。然而,在实践中,研发和市场营销也是通过信息流动连接起来的,但这些流动与本章的分析并没有直接关系,因此,出于简化的目的在图中把它们省略了。

表 6.1 根据共享知识方式确定的 IJV 的类型

		企业 2		
		技术	营销专业知识	两者组合
企业 1	技术	1. 研发合作	2. 企业 1 在 B 国的市场准入	7. 研发合作和在 B 国的市场准入(企业 2 "回购")
	营销专业知识	3. 企业 2 在 A 国的市场准入	4. A 国和 B 国的市场共谋	9. 企业 2 对两个市场供应技术(企业 2 "回购")
	两者组合	6. 研发合作和在 A 国的市场准入(企业 1 "回购")	8. 企业对两个市场供应技术(企业 1 "回购")	5. 研发合作和在两个市场的准入(两个企业均"回购")

企业 1 活动的所有权用灰色阴影表示,而企业 2 活动的所有权不用阴影表示。联合所有权的设施用一部分有阴影和一部分没有阴影的图形表示。IJV 设施有实验室 R_0 和营销总部 M_0。它们可以位于国家 A,也可以位于国家 B,或者位于第三国 C。

表 6.1 共计区分了 9 种 IJV 的配置,其中在表的左上部分显示了 4 种配置,

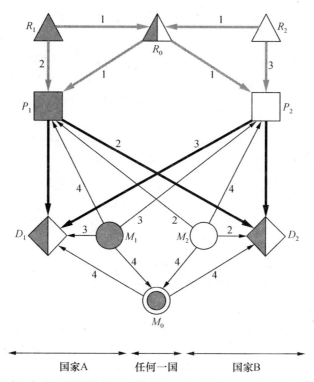

图 6.1　根据对两个企业提供的技术和营销知识的共享而确定的四种 IJV 配置的图解

把来自于每个企业的一种类型的知识结合起来,而其余 5 种配置中至少有一个企业要提供两种类型的知识。这 4 种简单的类型在图 6.1 中通过连线上的数字标签来区别。单纯的研发合作(类型 1)用合作伙伴自己的实验室 R_1 和 R_2 到 IJV 的实验室 R_0 的连线来表示,新技术流向合作伙伴的生产工厂 P_1 和 P_2;企业 1 在国家 B 的市场准入(类型 2)用从生产工厂 P_1 流向 IJV 的分配部门 D_2 的出口来表示;来自实验室 R_1 的技术体现在生产中,而来自 M_2 的市场营销专业知识用于协调出口的流动。相反,企业 2 在国家 A 的市场准入(类型 3)用从生产工厂 P_2 流向 IJV 的分配部门 D_1 的出口来表示,它把来自于实验室 R_2 的技术和来自于 M_1 的市场营销专业知识结合起来。最后,产品分配中的共谋(类型 4)用来自于 M_1 和 M_2 的市场营销专业知识的合成来表示,合资企业所有的设施 M_0 影响这种合成,它协调合资企业所有的产品分配部门 D_1 和 D_2。

最简单的可用于分析的案例,也是最能吸引经济学家广泛关注的案例,就是单纯的研发合作(类型 1)(Veugelers and Kesteloot,1994)。这种类型在实践上的困难就是当研发的成果被共享时,利用这一相同技术的产品之间的竞争将减少合作伙伴的租金,这将鼓励在最终产品市场营销上进行共谋,而且如果合作伙伴共享它们的市场营销专业知识,这种共谋可能是最有效率的。把研发合作(类型1)和共享的市场营销专业知识(类型4)结合在一起,就构成了第五种IJV方式(类型5),鉴于它在实践上的重要意义,这种类型就构成了本章研究的重点,当然,其他几种情况也是可能的。研究表6.1的第三行和第三列可知,两个企业都提供了技术,但是只有一个企业提供了市场营销的专业知识(类型6和类型7)。而且只有当一个企业控制的新技术适应当地生产条件和满足由另一个企业控制的特定市场中的消费者的要求时,这种情况才会出现。与之相似的是两个企业能提供市场销售的专业知识,而只有其中一个企业提供技术(类型8和类型9)。但只有当新技术产生了一种只有用独特方法才能销售的新产品时,这种情况才可能发生。进行创新的企业对这种独特方法很熟悉,但只有另一个企业才拥有当地消费者的信息。

到目前为止还没有提到生产的联合所有权问题。这个问题与全球化高度相关,众所周知,实际上现在许多新产品都是随着全球市场的发展而开发出来的。运输成本和关税越低,在生产中利用规模经济的机会就越大。如果合作伙伴企业的工厂具有范围经济——例如,它们的生产设备具有灵活性而且有生产能力闲置——那么,它不需要在用于新产品生产的设备上投资,就能取得范围经济。然而,因为产品特定的投入要求和产品需要的地理分布都是给定的,所以即使这种工厂存在,它们也不一定位于理想的地理区位上。如果确实需要一个新的专门的生产设备,那么很自然地就要被联合所有,特别是以类型5的形式,其中每个企业都投入技术和市场营销专业知识。实际上,全球化对建立类型5的合资企业提供了极大的激励:要开发一个具有全球吸引力的产品就需要对专业技术知识进行整合,而市场销售潜力的实现则同时需要对市场营销的专业知识进行整合。研发的固定成本越大,生产中的规模经济越强,为了实现全球销售的基本水平而对市场营销专业知识进行整合就变得越重要。

联合所有的生产设备 P_0 如图6.2所示,尽管单独所有的设备 P_1 和 P_2 继续用于其他产品的生产,但由IJV企业开发和营销的产品现在用生产设备 P_0 来生产。假设生产所在的国家已经获得了向全球主要需求中心出口的资格(通过自由贸易和低运输成本)。为了保持配置的对称性,假设这一生产地点位于第三国 C。

可以用图来描述IJV的类型5—9,它们也出现在表6.1的第三行第三列。其中只有类型5是对称的,在这种类型中两个企业在实验室 R_0 中合并它们的技术,运用市场营销总部 M_0 来协调产品分配。这种配置最有用的一个特征就是每个企业都回购一部分它们进行了技术投入而生产的产品。这就强烈地激励了

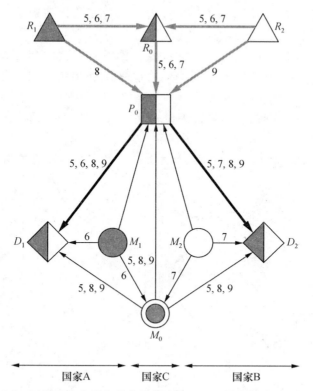

图 6.2　以单个生产设备共享为基础的 IJV 配置类型 5—9 的图解

每个企业以确保它们的技术投入都是高质量的，也强烈地激励了它们确保用更有效率的方法去经营生产设施 P_0。同时，从共有设施回购产品也发生在类型 6—9 中，但是激励却不是很强，因为这种激励只涉及一个企业。

6.3　策 略 集 合

不仅存在许多不同类型的 IJV 配置，而且每种特定的配置也存在许多契约式的替代方法。如果不能对特定的 IJV 配置和契约式替代方法进行清晰的界定，就不可能严格地讨论 IJV 策略。这里所考虑的替代方法就是内部化理论所提到的方法（Buckley and Casson, 1976），即并购和许可证协议。所有这三种策略（并购、IJV 和许可证协议）选择都需要把两个企业的技术和市场营销的专业知识结合在一起，但结合的方式却有很大的不同。

所有三种选择都要取得两个企业的同意。如果不能取得双方的同意，双方的合作就不可能发生（这是无效的选择，即策略 0）。为了简化分析，假设企业1在促进企业间的合作中采取主动,企业2则完全扮演被动的角色。放松这种假设的后果将会在下面进行讨论。由企业1评估来自于并购、IJV和许可证协议的利润,并且进行相互比较。只要安排中的条款没有让情况比以前更糟(与策略0进行比较),企业2就会同意企业1提出的任何安排。假设在这种条件下,企业1的单独收益将和每种策略的总收益是一致的,同时从经济学的角度看,企业1的决策对局外人来说也是帕累托最优的,即使报酬分配看起来可能不公平。

图6.3描述的这种IJV的选择,与图6.2中类型5的连线是相符的。

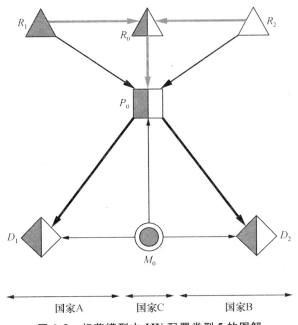

图6.3 规范模型中IJV配置类型5的图解

并购在原则上要么是受企业1收购企业2的影响,要么是受企业2收购企业1的影响,或者是受第三个企业收购这两个企业的影响。现在假设由企业1采取主动,即企业1收购了企业2。然而,值得注意的是:即使企业1更善于捕捉机会,而企业2更善于管理一个更大的组织,但是事实上如果企业1采取一种反向收购,对企业1来说可能获得的利润更大。同样的,对许可证协议而言,可能是企业1从企业2那里得到技术许可(而且获得了市场营销的专业知识),或者企业1把自己的技术授权给企业2。假设企业1从企业2那里得到技术授权,正如并购一样,就可以保持完全的独立。然而,如果企业1比企业2的技术更容易估价,企业1则更容易把自己的技术授权出去。这里并不讨论这种情况。

假设企业 1 能从相互的合作中得到回报,但主要是通过与企业 2 共同制定的条款,而不是通过它们所持有的资产比例。如果只考虑股权,那么收购企业 2 的利润总是大于建立合资经营的利润,而合资经营的利润大于许可证方式的利润,这一结论显然是荒谬的。在并购的情况下,价格是关键,用这个价格可以评价企业 2 的资产;在 IJV 的情况下,管理费是关键,必须向企业 1 支付管理费;而在技术许可的情况下,必须向企业 2 支付专利许可使用费。

并购的配置可用图 6.4 来表示。全都是阴影表示企业 1 收购了以前由企业 2 拥有的全部设施。对研发活动进行合理化配置:实验室 R_1 和 R_2 都不存在了,所有的研发活动都集中在实验室 R_0,这种合理化配置是并购之后的必然结果。毫无疑问,并购的优势之一就是容易操作;同时对市场销售进行合理化配置:随着 IJV 的建立,当地的市场营销活动 M_1 和 M_2 都被取消,以利于通过 IJV 的市场销售 M_0 来实施全球营销。

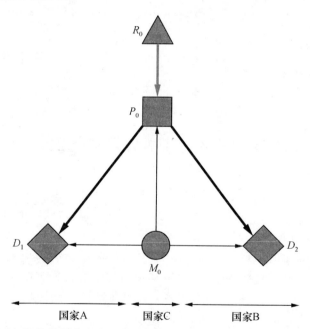

图 6.4　规范模型中企业 1 收购企业 2 且把 R&D 合理化的并购图解

图 6.5 用同样的方法来阐述许可证这种方式。许可证并不像并购和 IJV 那样能为合理化配置提供相同的机会。在许可证方式的条件下,企业 2 的实验室 R_2 直接向"对等的"实验室 R_1 提供技术,实验室 R_1 把自己的技术和转让过来的技术打包之后一起提供给内部的生产工厂 P_1;在内部把最终产品提供给产品分

配部门 D_1，在外部把最终产品提供给分销部门 D_2，在许可证协议的条件下，由市场营销部门 M_1 运用其获得的信息来协调这两种产品的流动。

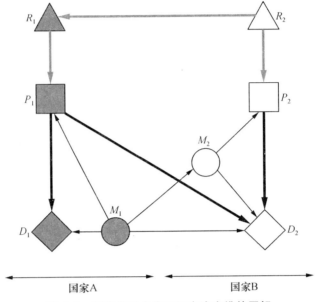

图 6.5　规范模型中许可证方式安排的图解

6.4　策略选择中的内部化因素

IJV 的一个重要优势就是它使两个伙伴企业都能获得知识流动内部化的一些收益，而不会产生像并购时所发生的设置成本。相反，许可证方式不能提供内部化的收益，却避免了比 IJV 的设置成本更多的成本。

有许多内部化的因素能潜在地影响 IJV（Buckley and Casson，1988）。表 6.2 的左侧列出了许多重要的因素，并给出其相应的代表符号，这些符号将在第 6.6 节中使用；列的条目则说明了每个因素对每种策略成本的影响。

表 6.2　替代策略成本的主要决定因素

决定因素	标 记	许可证方式	IJV	并 购
许可证方式的障碍				
规模经济	z	+	0	−
专利权的缺失	p	+	0	0
技术能力的不确定性	t	+	0	0
IJV 的障碍				
文化距离导致的误解与不信任	d	0	+	+
并购的障碍				
企业依赖的保护	n	0	0	+
与收购企业其他技术无关的技术的范围经济	s	0	0	+

注:正号表示成本增加(负号则相反),0 表示成本不受影响。

我们已经注意到,许可证方式比并购提供内部化的机会更有限,而 IJV 方式则处在这二者之间。规模经济越大,通常内部化带来的收益就越大。因此,表的第一行说明了规模经济增加了许可证方式的成本,却减少了并购方式的成本。

最出名的影响内部化的因素通常是指产权的安全性,特别是技术专利权的存在。当存在专利时,更容易通过公平竞争的方式把获得技术的权利进行出售,而没有专利时则正好相反。因此,专利保护对许可证这种方式有利,而对并购和 IJV 这两种方式不利。

比较微妙的地方就是企业对其拥有哪种程度的技术能力体验的不确定性。合资经营合同的一个关键特点,就是它并不详细地说明每个合作伙伴在合资经营中提供的技术专业知识,这与许可证协议正好相反。尽管一个企业通常不会把它所知道的全部信息提供出来,但是在 IJV 的条件下,也并不企图像在许可证协议的条件下那样明确地限制提供的内容。每个企业通常都同意提供合理的能达到约定目标所必需的东西,如一个技术问题的解决方案,或者开发一个新产品。这种安排在合作伙伴都不太信任的条件下,能给双方提供相互的担保,不仅是对合作伙伴技术能力的担保,也是对自己拥有的技术能力的担保。如果每个合作伙伴企业都能清晰地知道自己的能力,而且能完全理解这个项目的要求,那么就能具体地知道自己需要从合作伙伴企业那里得到什么;同时,也能清楚地知道自己能提供什么。因此,许可证方式没有风险,因为任何一方都没有全面执行具体承诺的能力。然而,相对于技术目标而言,合作伙伴越是对自己的技术能力没有信心,为了补充自己的能力,越有可能详细地规定能从对方获得的技术;与之相反的是,接受提供特定技术的义务的风险也越大。

这显然关系到知识的隐含性(Polanyi,1966)。鉴于把知识传递给其他人的成本,通常都会分析知识的隐含性,但是,一个相关的,实际上也是一个更为基础的问题,就是人们能否真正地把他们所知道的内容传达给自己。换句话说,管理者在把他们的能力投入使用之前,能真正理解自己的能力达到什么水平吗? 这说明对自己的能力不确定这一概念是把这个困难的问题进行概念化的一种有用的方法。

因此,合资经营合同没有具体的规定,这为每个企业提供了弹性,它们可以根据自己对专业知识的发现,不断地修改要求从对方获得的东西。并购同样也能获得相同的反应弹性,表 6.2 对这一点已经说得很清楚。因此,企业对自己的技术能力越是不自信,对并购或 IJV 的偏好就可能越强烈。

对这一主题仍然可以构建许多种变形,例如,合作伙伴在什么地方能发现对方的缺点,而不是自己的缺点。但是,基本原理仍然是相同的。虽然 IJV 合同缺少具体的规定,但它可以通过弹性反应来提供某种程度的相互担保,而这正是普通许可证合同所缺失的。

然而,只有在相信合作伙伴能做出适当反应的情况下,相互的担保才能奏效(Casson,1991;Ring and Van der Ven,1994)。人们对自己无能的担保则会产生"道德风险"问题。他们可能以自己的无能为借口要求对方提供支持,但自己却声称不能提供这种支持。许可证方式对信任的要求比 IJV 方式要少,因为这种在细节上更详细的合同很容易在法律上执行。然而,许可证方式在国际法执行效率方面上的优势,又依次取决于现有的制裁、证据规则和公平司法制度的获得等因素。

尽管 IJV 并不依靠法律来获得成功,但却更多地依赖文化。从经济学的角度看,文化可以定义为价值观和信念的共享。文化的同质性,通过共享的信念而行动,这样通过避免误解就能减少交易成本;同时,通过共享的价值观,即常说的正直和忠诚,巩固了对知识共享的意愿,而这对 IJV 是极为重要的。谨慎要求知识只在那些可以相互信任的人之间进行共享,而这又有利于与具有相同文化的集团建立伙伴关系。这种情况体现在表 6.2 的第四行,其中文化距离被认为是 IJV 的障碍;同时,文化距离也被当做并购的障碍,尽管这与传统的观点相反,但是这种障碍不可能大于 IJV 方式下的障碍,这是因为并购允许层级结构的监督代替社会中介的信任;同时,从长期来看,并购在企业内部从领导层到工程师之间建立起了高度信任的文化。

表中最后两个因素被分类为并购的障碍。一个众所周知的问题就是一些国家的政府都限制"国家冠军"企业被海外收购,而其他的都是"家庭企业",这些企业的股东重视的是企业的独立性,而不是企业的利润流。这些限制能把并购的成本提高到禁止性的水平;竞争政策和反垄断政策保护企业不被收购,同时,在某种情况下反垄断政策可能会禁止 IJV。

因此,通过收购获得的技术都有一种特点。除了特定要求的应用之外,这些技术还有许多其他方面的应用,收购企业可能需要多元化地应用这些技术,或者把这些技术授权给其他企业使用。无论是哪种情况,收购企业让原来的技术所有者去做这件事都具有更多的比较优势;收购的技术与收购企业所拥有的其他技术(如果有的话)越是不相关,收购的比较劣势就越大。

6.5 全球经济中的创新动态

策略选择的分析,既可以当成是每次合作机会出现时对一次性决策的再次更新,也可看成是运用相同的策略持续处理给定类型机会的一种义务。当技术创新没有规律时,第一种方法就是最为恰当的选择;但是在有规律地进行创新的产业中,更好的是第二种方法。下面将要讨论的是第二种方法。

假设每个企业都承诺把自己的一种技术和另一个企业的技术结合在一起,但是随着创新的持续发生,企业与其合作伙伴必须要持续地改变,这是因为创新能力是分散在这个产业内许多潜在的合作伙伴之中,而且实际上许多重要创新可能来源于全新的进入者。如果后续的创新致使合作伙伴的技术过时,那么就需要更换一个合作伙伴。在任何时候企业都只能有一个合作伙伴,但合作伙伴身份的改变都是随着反映产业内创新率的频率的变化而变化的。

在并购的情况下,更换合作伙伴的成本是巨大的,因为它的代价就是要重构企业的法律框架及其后续的合理化配置(如图 6.4 所示),尽管并购承诺能提供重要的内部化收益,但它的成本也是巨大的。因此,创新的快速发展导致合作伙伴的持续更换,增加了并购策略的平均周期成本。建立一个 IJV 企业也会产生设置成本,尽管它没有并购的成本那么大;相应的,内部化的收益也很小。与并购极端对立的是许可证方式的选择,虽然它的设置成本较低,但是却完全没有内部化经济。因此,当技术快速变化时,许可证方式的成本比并购方式低很多,却只比 IJV 低一点。

更换一个新合作伙伴的成本,通常在协议安排的初期就会产生,而获取的收益却会延期:它们是随着时间的推移而不断分配的。由于在合作伙伴更换的过程中存在着利息成本这种因素,因此,计算替代策略的成本和收益时必须考虑到利息成本因素。

与成本不同,内部化的收益是持续产生的,而且通常随着市场规模而发生变化,这与设置成本的方式不同。合作伙伴企业的产品的市场价值越大,内部化的收益就越大,这种情况的一个产生原因就是内部化提高了企业自己能占用的产品市场销售租金的比例。

6.6 国际合资经营选择的规范模型

上述各种因素之间的相互作用很微妙,需要一个规范的模型来进行说明。这三个策略用内部化的升序指数来表示:$k=1$ 表示许可证策略,$k=2$ 表示 IJV 策略,$k=3$ 表示并购策略;此外,还有零策略(无效策略)($k=0$),表示企业之间不存在合作。企业 1 选择策略就是使整个利润 π 最大化。

利润有三个构成部分:一是来自于合作的基本收益,它独立于策略的选择,但是随市场规模而变化;二是内部化的收益,它随着市场规模和选择的策略而变化;三是内部化的成本,它独立于市场规模,但随着选择的策略、合作伙伴更换的频率以及下述其他因素的数量而变化。

设 π_k 是通过与创新型合作伙伴企业持续合作来协调实施策略 k 在每一期所获得的利润。设 c_k 是更换一个新合作伙伴实施策略 k 时所产生的设置成本。表 6.2 所示的所有成本都可以解释成这种成本。从表 6.2 的右列往下读则显示:许可证协议的设置成本 c_1 是包括规模经济 z、缺失的专利权 p 以及对企业技术能力的不确定性 t 的递增函数;IJV 的设置成本 c_2 是文化距离 d 的递增函数;而并购的设置成本 c_3 是经济规模 z 的递减函数,同时也是文化距离 d、对合作企业独立性的保护程度 n 以及技术的范围经济 s 的递增函数。

$$c_1 = c_1(p, t, z) \quad (6.1.1)$$

$$c_2 = c_2(d) \quad (6.1.2)$$

$$c_3 = c_3(d, n, s, z) \quad (6.1.3)$$

设 $f \leq 1$ 表示合作伙伴更换的频率,这个频率可以解释成任何给定时间内更换合作伙伴发生的概率。f 的值反映了全球经济中创新的速度;设 $r \geq 0$ 是国际资本市场的利率,如果利率费用与偿付能力相关,则设置成本必须考虑利率几何级数的求和,相当于 单位设置成本的平均周期费用可以写成:

$$v = (f + r)/(1 + r) \quad (6.2)$$

假设 r 足够小,则很容易得出结论,v 是频率 f 和利率 r 的增函数。

$$\partial v/\partial f = 1/(1 + r) > 0 \quad (6.3.1)$$

$$\partial v/\partial r = (1 - f)/(1 + r)^2 > 0 \quad (6.3.2)$$

设 b_k 是在一个单位规模市场中运用策略 k 之后产生的内部化收益。设总

收益与市场规模 x 成比例。如上所述,并购之后的内部化收益大于 IJV 方式的收益,而 IJV 的内部化收益大于许可证方式的内部化收益,即:

$$b_3 > b_2 > b_1 = 0 \quad (6.4)$$

因此,利润可以用收益大于成本的部分来定义:

$$\pi_0 = 0$$
$$\pi_k = (a + b_k)x - c_k v \quad (k = 1,2,3) \quad (6.5)$$

其中,$a > 0$ 是单位规模市场合作的基本收益;选择的策略 k 满足以下不等式:

$$\pi_k \geq \pi_i \quad (i \neq k) \quad (6.6)$$

当不等式(6.6)严格满足时,k 的选择是唯一的。

等式(6.5)中的所有因素都会影响 k 的选择,而决定这些因素的因素又会影响 k 的选择,因此:

$$k = (a, b_2, b_3, d, p, n, s, t, f, r, x, z) \quad (6.7)$$

并不是所有的因素都会一直影响 IJV 的策略,只有这个因素处在边际的时候,才会影响策略的选择。目前,主要有三种不同的边际选择。IJV 和许可证方式之间的边际选择取决于除了 b_3、n 和 s 之外的其他所有因素和 a,其中,因素 b_3、n 和 s 是并购的特定影响因素,因素 a 则对两者都有影响。IJV 和并购之间的边际选择取决于除了 p 和 t 之外的其他所有因素和 a,其中,因素 p 和 t 是许可证方式的特定影响因素,因素 a 则对两者都有影响。IJV 和零策略之间的边际选择取决于因素 a、b_2、d、f、r 和 x。尽管它们中间只有一个边际选择在任何时候都是相关的,但理论上所有这些边际选择都是相关的。

6.7 市场规模和波动之间的相互作用

离散选择模型在国际商务中有许多应用,实际上,巴克利和卡森(1981)运用这个模型的变形对通过外商直接投资进入海外市场进行了研究,他们的这个模型排除了 IJV,但是包括了出口,把它作为外商直接投资和许可证方式的替代选择。目前这个模型已经包括了出口行为,并把出口作为三种策略的一个构成部分,而并不需要像以前的模型那样单独处理;同时,以前的模型也不包括波动,和本章相比它只分析了技术的短期变化。通过分析市场规模对策略选择的影响也可看出规模模型的一些相似的特征,如图 6.6 所示。

图 6.6 的纵轴表示利润,横轴表示市场规模。横轴 $A_0 A_0'$ 表示利润为零,它对应着零策略;底部的横轴只是用来说明图的标签。在许可证方式下市场规模

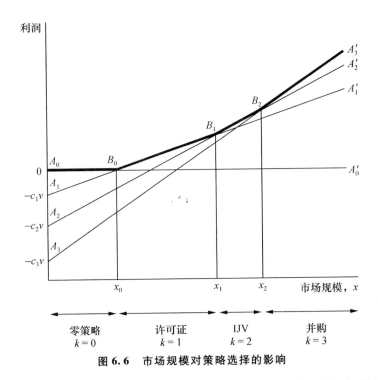

图 6.6　市场规模对策略选择的影响

的利润变化用直线 A_1A_1' 表示,尽管许可证方式的设置成本很低,但是没有内部化的收益,因此,直线的截距仅稍低于 A_0A_0',同时它的斜率(用 a 表示)也比较平缓。在 IJV 的条件下,利润变化用直线 A_2A_2' 表示,因为它的设置成本比较高,所以截距较低;又因为存在内部化收益,所以它的斜率(用 $a+b$ 来表示)比较陡峭。最后,在并购的条件下,利润变化用直线 A_3A_3' 来表示,因为其设置成本非常高,所以截距很低;又因为它获得了所有的内部化收益,所以它的斜率(用 $a+b_3$ 表示)极为陡峭。

包络曲线 $A_0B_0B_1B_2A_3'$ 用粗线来表示,它代表了每种市场规模条件下的最大利润。产生这种利润的相应策略取决于在适当点上的包络线是何种既定的形状。如图 6.6 所示,沿着横轴可以直接读取相应的策略,画图的目的就是让所有策略都能发挥作用——没有一个策略能被其他策略所支配。这种条件下,随着市场规模的扩大,就存在一个稳定的演进过程——从没有合作到许可证方式,再到 IJV,最后到并购,这是因为:随着市场规模的扩大,可以对独立于市场规模而且又是固定的内部化设置成本进行更细的划分,同时,在内部化上进行更多的投资就变得非常有价值。然而,这也只是这种情况的部分描述。尽管市场规模制约了内部化的收益,但是要素 v 制约了成本。要素 v 可以解释成波动的要素,它反映了技术进步速度和资本成本的影响。

对图 6.6 的补充看法可以用图 6.7 来表示,它说明了不同策略的利润是如何随着给定市场规模的变化而变化的。许可证方式、IJV 和并购的利润分别由给定的直线 D_1D_1'、D_2D_2' 和 D_3D_3' 表示,最大利润的包络曲线是 $D_3E_1E_2E_3D_0'$。从中可以看到,随着波动的增加,内部化越来越没有吸引力。首先发生的转换是从并购到 IJV 的转换,然后就是从 IJV 到许可证方式的转换,到最后相互之间的合作也被抛弃。

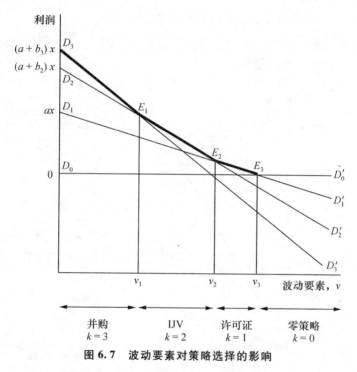

图 6.7 波动要素对策略选择的影响

这个图形为合资经营的不稳定性提供了一种简单的解释。与并购相比,IJV 的优势来源于它随技术进步而更换合作伙伴的能力,IJV 方式的这种固有的特性,使得它的合作协议安排不像并购协议安排那样是长期的。实际上,如果 IJV 的期限变得很长,则有可能说明是管理出现了战略性错误;此时并购应该是最好的选择。例如,并购可能比 IJV 更彻底地实现活动的合理化配置,许多 IJV 最终走向并购的事实也证实了这种观点,说明这种战略错误可以在随后得到纠正。同时,它还证实了最新的一种观点,即短暂的 IJV 并不意味着失败。实际上,不仅如此,它还显示了加入到一系列 IJV 中的企业不会表现得很差,而会在技术快速变化的条件下极具弹性。

通过研究波动和市场规模之间的相互作用,把这两个局部分析结合在一起是很自然的,图6.8就说明了这种结果,用横轴代表市场规模,纵轴代表波动;同时假设没有一个策略能够被另一个策略所支配。把这些条件代入不等式(6.6),再与条件(6.4)结合起来,就可得到:

$$k = \begin{cases} 0, & \text{如果 } v > a/c_1 \\ 1, & \text{如果 } b_2(c_2 - c_1) < v \leqslant a/c_1 \\ 2, & \text{如果 } (b_3 - b_2)/(c_3 - c_1) < v \leqslant b_2/(c_2 - c_1) \\ 3, & \text{如果 } v > b_2/(c_2 - c_1) \end{cases}$$

这些条件说明了这些策略之间的边界 OF_1、OF_2 和 OF_3 是如何对内部化的收益和成本做出反应而不发生变化的。

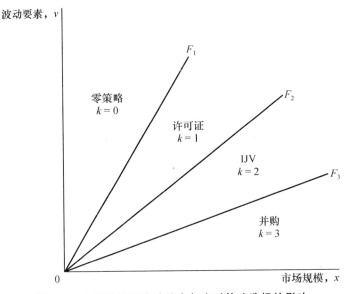

图6.8 市场规模和波动结合起来对策略选择的影响

图6.8中共有4个部门,每个部门对应一种策略。如果市场规模很大,同时波动也很大,那么就选择零策略;随着市场规模的扩大和/或波动减少,则应选择许可证策略;如果市场规模和波动都很小,即市场规模很小,而且没有创新,或者市场规模和波动都很大,即市场规模很大,创新也很多,此时最好的选择就是IJV;最后,当市场规模很大,但波动却很小时,就应该选择并购。

表6.3总结了这些结果的主要应用范围。IJV在对称的条件下最受欢迎,此时,市场规模和波动要么都很大,要么都很小;许可证方式在市场规模小但波动却很大的不对称环境中最受欢迎;而并购正好适用于相反的情况,即市场规模

大,但波动却小。

表6.3 替代策略成本的主要决定因素

市场规模	波动程度	
	低	高
高	并购	IJV
低	IJV	许可证

假设波动依赖于技术变动的速度和利率的大小,依然可以对这些结果进行总结。在下列条件下,IJV 最受欢迎。

1. 创新速度有限,利率低,市场规模小;
2. 创新速度、利率和市场规模适中;
3. 创新速度快,利率高,市场规模大。

其中第三种情况与 20 世纪 80 年代 IJV 活动的增加有关。而第二种情况同样很有趣,因为它说明了在"凡事都要适度"的条件下,IJV 也能发生;这种适度原则也有其他变形,如一种要素的增加,而另一种要则做补偿性的下降,如市场规模。

通过检查其他因素对这四种策略中的每个策略的效应,也可以分析其他要素的影响。图 6.9 描述了表 6.2 列出的每种影响是如何反映在每个策略边界的旋转方向中的。而每种策略边界的旋转方向是对文化距离 d、对合作伙伴独立

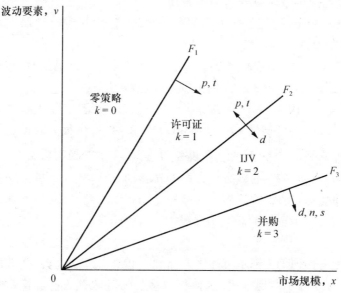

图 6.9 文化异质性、范围经济和技术的不确定性对策略选择的影响

性的保护程度 n、专利权的缺失程度 p、技术的范围经济 s 以及技术能力的不确定性 t 的综合反应。另外,也可以看到上述报告的结果:对合作伙伴独立性的保护程度 n、专利权的缺失程度 p、技术的范围经济 s 和对技术能力的不确定性 t 这些因素有利于选择 IJV;而文化距离 d 的影响是模糊不清的,因为尽管它有利于 IJV,却不利于并购;同时,它有利于许可证方式,却不利于 IJV。类似的,生产中的规模经济效应也是模糊不清的,因为规模经济在有利于 IJV 的同时却不利于许可证方式,在有利于 IJV 的同时却不利于并购。而技术的范围经济 s 肯定对 IJV 有利,因为这种范围经济很难通过并购方式来利用。最后,对技术能力的不确定性 t 对 IJV 也有正面的影响,因为它使得许可证协议安排缺乏相对的弹性。

6.8 模型的应用:全球经济中的国际合资经营

这个模型可以解释 20 世纪 80 年代和 90 年代 IJV 在国际商务中的快速增长(Dunning,1993,pp.250—255),主要根据以下事实。

1. 关税壁垒的削减和货物条件的改善,因为有"全球化"的市场和有效市场规模的扩大;

2. 快速增加的国民收入,特别是亚太地区,它增加了市场规模,特别是消费耐用品市场;

3. 日益加速的技术创新增加了波动;

4. 新技术的出现,与各种不同的科学传统结合在一起,增加了企业对自己拥有的技术能力的不确定性;

5. 新技术,如信息技术、生物技术和基因工程,与 20 世纪 60 年代占支配地位的工程技术相比,展现了更强的范围规模经济。

根据图 6.10,因素 1—3 代表了从区域 Z_0(20 世纪 60 年代适度的市场规模而且波动性很小)到区域 Z_1(20 世纪 80 年代和 90 年代很大的市场规模而且波动性很大)的旋转。因素 4 对应着边界 OF_2 到 OF_2' 的逆时针方向旋转;因素 5 对应着边界 OF_3 到 OF_3' 的顺时针方向旋转移动。结果,一些曾经受并购影响的合作,现在却受 IJV 的影响。而一些曾经受 IJV 影响的合作,现在却可能受许可证方式的影响,因为更大的波动仍然受 IJV 的影响,因为技术的不确定性已经增加了。

然而,无论如何 IJV 都不可能随心所欲。由于"国家冠军"企业的存在导致的并购障碍可能会不断地消失,这使得更多的海外收购发生在高科技产业。20 世纪 80 年代的投机性繁荣,减少了大企业资本的有效成本,同时也减轻了金融

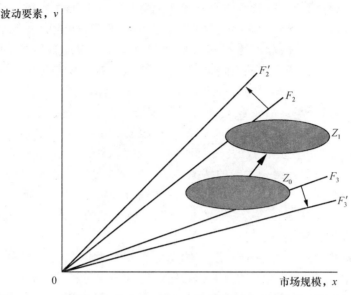

图 6.10　20 世纪 60 年代和 20 世纪 90 年代国际商务环境的比较分析

收购和合并的利息负担。而且,欧盟市场规模的扩张和一定程度的"技术保护主义",把更大的市场规模和更适度的波动结合在一起,更有利于诱导在"被保护的企业"之间进行并购。实际上,这些并购有时也受产业政策制定者的欢迎,因为这些并购有利于创造"欧洲"的冠军企业,而不是国家的冠军企业。

6.9　模型的扩展

每个经济模型,建模者都会对其应用范围做出假设性的限制,而且目前这种情况也没有例外。然而,因为这是一个很简单的模型,对它进行扩展也是简单的事情。根据分析的复杂程度,在成本很低的情况下就能得到更为复杂的内容。

例如,扩大策略的集合并不困难。一种值得考虑的可能性就是企业可能"独自单干",而且试图自己复制合作伙伴的专业知识。另一个可能则是企业把自己的技术授权给他人,而不是从竞争对手手中取得技术的授权。然而,此时范围经济和技术能力的不确定性却带来了很多复杂的问题,假设除了在 IJV 企业中合并的技术之外,两个企业还拥有其他技术,如果企业 2 的其他技术对企业 1 提供的技术的互补性(或者是"集成性"),大于企业 1 的其他技术对企业 2 提供技术的互补性,则最适合的方法就是企业 1 把技术授权给企业 2,而不是正好相反。这确保了在企业投资组合中不同技术互补性的使用能达到最好的效果。

然而,只有确信这种技术能很好地匹配自己的技术能力时,企业 2 才愿意接受授权的技术。如果企业 2 比企业 1 对自己的技术能力更加不确定,那么企业 2 就不愿意接受这种授权,而是会把技术授权出去来克服这种困难。只有企业 2 对自己的技术能力有很强的自信时,它才会在自己拥有的技术和企业 1 提供的技术之间选择互补性最强的一种方式作为行动的基础。

至此,又进一步提出企业 2 是否属于被动角色的问题。企业 2 接受企业 1 技术授权的可能性,说明了企业 2 发挥了更积极的作用,特别是它也说明了企业 2 可以和企业 1 就合资收益的分配问题进行讨价还价。因此,不可能再存在合资的所有收益都应计给企业 1 的情况。如果两个企业对不同策略所生产的总收益能获得相似的信息,那么它们就能很好地进行谈判,并立即对能使自己的总收益最大化的策略达成一致;然后,它们会以一种公平的方式来分配这种收益,例如 1∶1 的分配比例。

如果收益总是按照某种固定的比例进行分配,此时只有当其中一个企业发挥主动作用时,策略的选择才会保持相同。这是因为,当所有策略的利润都按照这种固定比例进行分配时,在任何给定情况下起积极作用的企业所选择的策略顺序都是不会改变的。然而,不幸的是,这种条件在实践中通常都是不能满足的。

还有一种可能性就是增加外生变量,主要有两种方法:一是提出一些全新的问题,如税收激励的影响;二是对已有问题的处理方法进行改进,例如研究技术变化速度对转换成本的影响。当现有企业很擅长"干中学"时(Nelson and Winter,1982),未来技术进步显然要归功于现有的合作伙伴企业;如果现有的合作伙伴企业不擅长"干中学"时,未来技术的进步最有可能起源于本产业中的新进入者。反过来,当技术变化是增量变化时,在现有范式中既有企业维持领导地位的能力可能是比较强的,而不是新范式的企业有更强的领导能力。这说明不仅要把技术变化的整体速度纳入这个模型,而且也要对技术变化的增量速度和技术变化的基本速度进行区别;同时,也要对它们的影响进行分别评价。快速的增量变化可能与并购策略完全匹配,因为其他企业技术能力的持续价值必须要得到合理的保护;但是技术变化基本速度的增加,则可能推翻并购策略,反而有利于选择 IJV 方式或许可证方式。

6.10 结果的普遍化

这个模型的应用主要集中在由创新驱动和合理配置驱动所导致的 IJV 方式增长上,这种方式在高科技产业中占支配地位。这种 IJV 的出现与许多大型跨国公司规模的精简和扁平化(去层级化)有关。作为跨国联盟网络中的一部分,这些跨国公司用更加具有企业家精神和弹性的方式进行自我重构。然而,与此同时,那些与市场准入有关的传统 IJV 企业依旧持续繁荣,这种方式的 IJV 受日本企业的推崇,用以巩固它们在欧洲市场上的份额。上述归纳的结果在多大程度上能应用在类型 2 和类型 3 的 IJV 以及其他类型的 IJV 中呢?

简单的回答就是许多结果依然不变,但有些则会发生变化。专利权的缺失、政府对外资收购的限制和文化距离等因素,则依然会用以前的方式影响 IJV 的决策,这体现在内部化理论推导出来的一般原则之中。利率和市场规模是基本的经济变量,它们仍然很重要。其他因素对 IJV 类型 5 是更加具体的因素。

关于其他类型的 IJV,专业技术知识和市场销售专业知识的相互作用略有不同。例如,关于市场准入,学习速度比技术变化速度更重要;高科技企业对市场导向型企业的当地专业知识收购的速度越快,就越有利于 IJV 作为进入高科技产业市场的过渡形式,对当地市场销售专业知识质量的不确定性就变得越重要。

6.11 结 论

经济模型的发展通常是受某种欲望的激励,这种欲望就是对某种"典型事实"的解释。在目前的情况下,这种"典型事实"就是全球高科技产业中 IJV 方式已经蔚然成风。经济模型对这一事实提供了一种简单却不严格的解释,而其他一些学科有时却能提供更为复杂和更具启发性的解释。如果经济模型所做的不能超越人们对所知内容的合理化配置,那它的价值就极其有限。幸运的是,经济模型构建的方式说明它不仅能解释那些用来设计解释的事实,而且也能提供新的预测。正是模型的这些功能让人们将注意力集中到那些以前没有注意到的现象上,同时,把对这些现象的解释和已知现象的解释结合在一起,这就是模型成功的真正标准。

本章提出的模型根据 9 种独特且相关的因素解释了 IJV 的形成,这些因素列在表 6.4 的左边,它们一方面制约了 IJV 和许可证方式之间的策略互动边界,另一方面也制约了 IJV 和并购之间的策略互动边界。每种因素对每种策略的影响可以用表中的条目来表示。

表 6.4 关键解释因素对策略选择的影响

解释因素	标记	许可证	IJV	并购
市场规模	x	−	X	+
技术变化的速度	f	+	X	−
利率	r	+	X	−
文化距离	d	+	?	?
独立性的保护	n	+	+	−
专利权的缺失	p	−	+	+
范围经济	s	+	−	−
技术的不确定性	t	−	+	+
规模经济	z	−	?	+

注:X 表示在值很小时是正的,在值很大时是负的。

这个模型说明在分析的过程中只有控制了所有其他因素,任意给定因素的影响才能得到很好的理解;同时,也有必要控制一些因素的水平,特别是市场规模、创新速度、逆向利率以及它们增长水平的影响。

这些结果的要点可以总结为:IJV 代表了一种适度的策略。正如股权参与 IJV 介于参与许可证方式和参与完全并购之间,IJV 也是一个中间策略。这可能有利于解释为什么 IJV 的经验事实,很难由把 IJV 活动与一些特定要素的极端值(如研发的沉没成本)结合在一起的模型来解释。

这些结果的总结如表 6.4 所示,它详细地说明了 IJV 的形成是如何根据行业内、行业间、跨国、跨时等条件而变化的。一些因素,如对技术的不确定性,是企业特有的因素,因此,它们能够解释为什么相同行业中的不同企业会采取不同的策略;而技术变化速度这种因素是产业特有的因素,它能解释为什么不同产业遇到 IJV 的频率有差异。文化距离对每个合作对象国而言是特定的因素,它能解释同一产业中 IJV 在国际分配上的差异;随着全球一体化资本市场的形成,不同产业和不同国家间的利率可能趋向一致,因此,利率主要是一个时间因素。

上述的一些其他因素也可能随着时间的推移而不断变化,尽管一些因素(例如技术创新的速度)的变化差异比另外一些因素(例如文化距离)的变化差异更大。虽然利润最大化的假设条件具有明显的限制性特征,但它仍然可以运用到一对有代表性的企业中,因而可以得到许多不同的相关结果。

参考文献

Beamish, P.W. and J.C. Banks (1987) 'Equity joint ventures and the theory of the multinational enterprise', *Journal of International Business Studies*, **19**(2), 1–16

Buckley, P.J. (1988) 'The limits of explanation: testing the internalisation theory of the multinational enterprise', *Journal of International Business Studies*, **19**, 181–193

Buckley, P.J. and M.C. Casson (1976) *The Future of the Multinational Enterprise*, London: Macmillan

Buckley, P.J. and M.C. Casson (1981) 'The optimal timing of a foreign direct investment', *Economic Journal*, **91**, 75–87

Buckley, P.J. and M.C. Casson (1988) 'A theory of cooperation in international business', in F.J. Contractor and P. Lorange (eds), *Cooperative Strategies in International Business*, Lexington, MA: Lexington Books, 31–53

Casson, M.C. (1991) *The Economics of Business Culture: Game Theory, Transaction Costs and Economic Performance*, Oxford: Clarendon Press

Casson, M.C. (1995) *The Organisation of International Business*, Aldershot: Edward Elgar

Casson, M.C. (1997) *Information and Organisation: A New Perspective on the Theory of the Firm*, Oxford: Clarendon Press

Dunning, J.H. (1993) *Multinational Enterprises and the Global Economy*, Wokingham, Berks: Addison-Wesley

Geringer, J.M. and L. Hebert (1989) 'Control and performance of international joint ventures', *Journal of International Business Studies*, **20**(2), 235–254

Harrigan, K. (1988) 'Strategic alliances and partner asymmetries', in F.J. Contractor and P. Lorange (eds), *Cooperative Strategies in International Business*, Lexington, MA: Lexington Books, 205–226

Nelson, R.R. and S.G. Winter (1982) *An Evolutionary Theory of Economic Change*, Cambridge, MA: Belknap Press of Harvard University Press

Polanyi, M. (1966) *The Tacit Dimension*, New York: Anchor Day

Ring, P. Smith and A.H. Van der Ven (1994) 'Developmental processes of cooperative interorganisational relationships', *Academy of Management Review*, **19**, 90–118

Tallman, S.B. (1992) 'A strategic management perspective on host country structure of multinational enterprise', *Journal of Management*, **18**, 455–471

Veugelers, R. and K. Kesteloot (1994) 'On the design of stable joint ventures', *European Economic Review*, **38**, 1799–1815

第七章 国际商务中的实物期权

马克·卡森 穆罕默德·阿瑞姆·库拉姆哈森

7.1 引　言

实物期权的研究是一个相对较新的领域(Campa,1994;Dixit and Pindyck, 1994),在商业行为分析中它有很多重要的应用,它能解释实物世界中许多直至最近还被人们认为是无法分析的决策的特征;它还能解释在投资中"等等看"的方法,这种方法通常说明投资中的迟延和犹豫不定。实际上,"等等看"可能是一种完全理性的风险管理策略。同样的,可以观察到,很多管理者在项目开始之前仅象征性地投入一些资源,随后对项目的投资持续地"跨栏跳",进而扩张到最大规模。显然,这种过于谨慎的"官僚"方法,可以理解成一种理性的风险管理策略。

然而,并不是所有能被实物期权解释的行为看起来都是理性的。实物期权可以解释行为的许多复杂方面(Schmitzler,1991),也可以运用实物期权来分析现代国际商业策略中对弹性的追求,正如第一章所述(Kogut and Zander, 1993)。

由于实物期权研究是一个很新的领域,一些重要的概念问题必须搞清楚。不同的作者使用"实物期权"这个术语的方法是不同的,因此,在介绍这个主题之前,必须把一些潜在的混淆厘清。

实物期权并不是微不足道的,它们的逻辑十分复杂。它们的典型情况会跨越几个时期,而且与决策相关的信息在每个时期只能释放出一种。实物期权涉及决策的许多复杂方面,这些方面不能仅仅通过"框架"、"范例"或者是"启发法"来分析(见第十章),用一种完全清晰的方法提出分析的假设条件是非常关键的,建立正式的模型也是不可缺少的,它是商务策略的一个领域,在这个领域经济学分析的标准技术能发挥自己的作用。

期权是普遍存在的,但实物期权理论却提供了一种直接、现实、可行的方法,这种方法能把现有的静态理论"动态化"。每个静态现象都分别对应了一些期权。实物期权理论可以应用到国际商务领域,或者整个经济学领域,但在很多情况下期权的价值很小。因此,为了找到实物期权价值比较大的情况,就需要对不同的情况进行调查。

7.2 实物期权理论的基本原理

期权理论有四个主要的方面,它们是:
1. 跨时优化性;
2. 不确定性;
3. 迟延的信息;
4. 不可逆转性。

依次对每个方面进行研究是非常有用的。

期权理论是资源配置跨时优化的一个特例。理性的跨时决策原理已经被经济学家应用到很多不同的环境,如家庭储蓄行为、公共项目的成本—收益分析,而净现值法却用于私人投资评价(Hirshleifer and Riley, 1992; Marschak and Radner, 1972)。跨时优化常用来模拟企业跨时的投资支出,主要是通过假设股东财富的最大化服从于生产函数的约束、给定的产品组合以及要素价格(Jorgenson, 1963, 1967)。

这些跨时优化模型最简单的版本都假设存在完全的确定性,然而,不确定性却是期权理论的关键。对商务管理者的访谈均说明,不确定性是投资决策中至关重要的问题(经典的研究见 Shackle, 1970)。还有一些观点认为,模型永远无法正确地模仿不确定性的效应,因为不确定性首先能影响问题的阐述方法。尽管如此,理论的主体还是形成了,它用规范的方法对不确定性进行建模。这个理论对严格地阐述期权理论具有重要的价值。用经济学标准的方法对不确定性进行建模,就是识别各种互斥和共存状态的组合;同时,还规定决策者能对每种组合附加一个主观概率。这种方法的一个共同缺陷就是所有可能状态的组合是无穷的,至少是很大,以至于不能在实践中执行。然而,还有另外一种看待这个问题的方法,它假设决策者能对世界上的所有可能状态进行组合,而且可以用不同的分类方法把这些状态分成不同的子集。最简单的一种方法就是把世界分成两种状态:关于投资,一种是"好"的,另一种是"坏"的。对这种分法进行改进就是要把影响需求的状态与影响供给的状态区分开来;同时,区分需求和供给的"好"与"坏"这两种状态。这种方法并不要求决策者对每种可感觉到的状态进行区分,但要求用一种现实可行的方法对不能描述的状态的分类做出判断。如果所选择的分类在某种程度上存在于现实中,那么这种模型就会有很强的预测能力。这种处理不确定性的方法,即根据内心的"接收箱"把情况分成简单的几类的方法,在实践上被广泛地应用。这种方法不受对上述建模方法的一些批评的影响,下面论述的实物期权模型正是使用了这种方法。

在建立一个正式的不确定性条件下的决策模型之前,过去曾普遍认为把不确定性纳入经济模型会从根本上改变已预测的行为模型。现在这被证明是错误的。例如,即使在不确定性的条件下,理性行为者也可持续地替换成本更高的投入要素,同时有利于价格相对增长的产品。当决策者认为"当前的不确定性在未来可以得到解决",并据此行动时,不确定性的最大效应才会出现。某些在未来能知道的事情现在却不知道,这就给予推迟决策某种优势,因为这样可以更好地了解未来决策,同时犯错的风险也会降低。对这种性质最好的表达方法就是决策者具有时间依赖性。随着时间的推移,信息集合因为新信息的增加而变得更丰富。如果记忆能力很差,虽然信息集的某些部分可能会丢失,但丢失的旧有信息相比增加的新信息与未来的相关性可能越来越小(当然,并非总是如此)。

当推迟一个投资决策时,这项投资就被有效地推迟。当然,这也会产生成本和收益。尽管后来采取的决策在后来给定的环境中会引起较少的失误,但在开始的时候就推迟投入资源,这可能已经犯了一个错误。例如,厂房和设备这类投入成本会同时上涨,或者竞争对手已经抢占了市场先机。总之,要在推迟投资以获得额外信息和立即投入资源以防他人抢占先机之间做出权衡。实物期权理论的关键优势就是它正面地强调了这种权衡,关于投资的时机它提出了许多假设。正如开始所述,确定性条件下的投资理论,在解释经验事实方面具有相对的弱势,然而一般的不确定性理论基本不能提高解释水平;实物期权理论则为解释水平的显著提高带来了希望,但如果说所有的潜能都会实现还为时过早。

上述观点认为,推迟投资决策就等于推迟投资。实际上,问题并非如此简单。如果每项投资都能够无成本地逆转,则今天做出的投资承诺,就不会损害对明天计划投资决策的分析;如果后天的决策认为今天的决策是错误的,即后见之明,就可以把之前的决策简单地逆转过来。实际上,开始对资源投入的"承诺"可能已经是一个幻觉,从某种意义上讲,通过在后来的时间内把决策逆转过来,则所有投入的资源都可以简单地收回来。事实上,今天的决策为什么与明天的决策连接在一起,其原因就在于投资不能逆转这一事实。

期权理论中的不可逆转性,是一种经济现象,而不是一个技术问题,强调这一点非常重要。不可逆转性的这两个方面很容易混淆,例如,实物资产的投资具有不可逆转性,但购买的金融资产却可以逆转。这在技术角度往往是正确的,但经济角度并非如此。从技术的角度上看,这可能是真实的,但从经济学的角度看,这不是真实的。专业地讲,尽管通过再次出售购买的金融资产,就可以逆转金融资产的购买行为,但是这些金融资产并不一定是以当初购买时的相同价格来出售。从经济学的角度来看,这些交易不是充分逆转的,除非这些资产以当初购买时的相同价格出售,例如通过退款保证。

相反,如果投资的实物具有很强的通用性,则在技术上不可逆转的实物投资就不会承担资本损失的风险。尽管这种资产的区位可能是固定的,并且没有回收的价值,但是有大量的替代方法可以使用它。尽管不能卖掉,资产所有者也不太可能希望把它卖掉,因为如果一种用途被证明是不好的,则其他用途可能也是一样。因此,资产的所有者可能感觉到很安全,因为他们可以通过多种方法把钱拿回来;实际上,他们比金融资产所有者更有安全感,因为金融资产的价格波动更大。

不可逆转性的概念可以用沉没成本来表述,一旦做出投资,这些投资的成本就不可能再收回。因此,如果资产的购买价格是 p_1,但只能以旧货价格 $p_2 < p_1$ 出售,则资产购买的沉没成本为 $p_1 - p_2$。以上这种做法同样适用于沉没成本,需要记住的是,沉没成本是决策者所处环境的一种经济学性质,而不是资产的物理属性。沉没成本的测量与这种资产的远期最优用途相关,因此,只有最终将资产出售是保持其原有用途的最优方法时,上述沉没成本的测量才是有效的。

由于用替代用途来界定沉没成本,这种概念比通常的假设更具有主观性,这种主观性不是沉没成本所独有的,它适用于所有作为机会成本的成本(Wiseman,1989)的测量。实物期权理论把沉没成本看成是一种主观描述,当这种资产在远期有多种替代用途时,就会造成混淆。

7.3 实物期权与金融期权的关系

几乎每个人都听说过金融期权,尤其是基于证券市场的"看跌期权"和"看涨期权"(理论的评论见 Dempster and Pliska,1997)。这两种期权都涉及双方之间的合同,合同创造了一种在未来时间以预先给定的价格出售或购买一种资产的权利——预先给定的价格可以是固定价格,也可以是根据某种约定规则确定的价格;这种权利是可以交易的:它可以出售和购买,就如同合同的相关标的资产一样。期权理论的主要目的,如发展中的金融期权,就是对这种期权进行正确的定价。

在实物期权与金融期权之间的关系上存在着大量的混淆,在目前流行的文献中可以找到两种截然对立的观点,而且这两种观点都是错误的。第一种观点认为,实物期权与金融期权基本上是相同的,即实物期权涉及实物资产,金融期权涉及金融资产,但是基本原理是相同的。第二种观点认为,实物期权和金融期权根本上是不同的,实物期权涉及不可逆转的投资决策时机,而金融期权涉及对"衍生"合同工具的估价。持第二种观点的人认为第一种观点是被运用相同的"期权"这个术语来描述两种不同的现象给误导了。事实上,第一种观点比第二种观点接近事实,因为从某种意义上讲,金融期权只不过是实物期权的一个简单的特例,而且二者应用的原理是相同的,如第 7.2 节中的描述。第一种观点的错误在于它认为实物期权和金融期权的差异取决于标的是实物资产还是货币资产。资产的性质固然重要,但关键在于这种资产是否可以进行交易,而不在于是以实物的形式还是以货币的形式存在。在实践中,几乎所有的货币资产都是可以交易的,但反之并不成立,不是所有的实物资产都是不可交易的,因为有些实物资产也是可以交易的。因此,交易性的问题不同于这种资产是实物资产还是货币资产的问题。

期权的性质也很重要,有些期权是合约期权,而另一些期权则反映了资产的实物性质。例如,有些期权可以通过购买和出售某种资产来行权,而另一些期权的行权是通过保留资产的所有权或者把它重新配置到一种替代用途上。合约期权与非合约期权的一个重要区别体现在上述的第二种观点上。这种观点的错误在于它假设用不同的原则来评价合约期权与非合约期权。实际上,它们并没有不同,这些原则都是相同的。这是非常幸运的,因为它实际上意味着实物期权理论只有一个主体,而不是两个主体。金融期权理论只是一般期权理论的一个特例,它是以第 7.2 节提出的原则为基础的;实物期权理论就是把一般规则应用到非交易资产的非合约期权中的一种理论主体,而且忽略了在金融期权中的应用。以下给出的实物期权理论的应用清楚地说明,归属于实物期权理论的共同规则,同样也能适用于金融期权。

这些评论详细地列在表 7.1 中,表 7.1 从两种角度把期权分成不同的类别。第一个角度,如表中各列所示,确定了这种资产是否可以进行交易,可交易的资产就是总能购买和出售的资产,当没有交易成本或者其他"市场不完全"时,可交易资产的购买价格应该等于出售的价格,这是金融理论中标准期权定价模型的根本属性。列中还给出了二级分类,即对实物资产与货币资产的区分,但如上所述这种区分没有实际意义,因为资产的经济价值才与期权理论有关系,而资产所采取的物理形态却没有任何影响,除非它还会影响到与这个问题相关的其他内容。

表 7.1　根据期权和资产类别对期权的分类及示例

期权类型	资产类型		
	可交易的		不可交易的
	货币	实物	实物
合约式			
正式	债券和货币期权	商品期权 股票期权	购买土地和建筑的期权 收购非上市企业的期权
非正式			收购小股东企业的优先购买期权
非合约式	持有货币作为流动性的来源		扩大企业规模、缩小企业规模或工厂区位重置的期权,见表 7.2

第二个角度如表中各行所示,它确定了期权是否采取合约形式。这种区分对期权模型的数学结构没有意义,但对于理解期权模型如何应用却很重要。这种分类说明期权理论可以用来评估由合约安排和资产实物属性所带来的弹性。同时,还对期权合约安排做了更小的分类,将其分成正式和非正式的合约安排,尽管正式的合约安排较为显著,但是非正式合约安排的影响可能更大,它与企业的长期策略有关。例如,非正式期权适用于合作伙伴收购或在合资经营企业中撤资。

与国际商务理论最相关的期权出现在表 7.1 的右下角,它们是真正的实物期权,而不是金融期权。一旦一个项目的初始投资阶段完成了,这些实物期权包括改变投资项目的规模、区位、投资时机和利用的期权。这些都是非合约期权,它们与国际商务中的区位问题高度相关。上述讨论的另一类重要期权就是收购由其他企业完全所有或部分所有的资产或者从中撤资的合约期权,这些合约期权与国际商务中的所有权问题高度相关。在这两类期权之间,所有权和区位这两个问题在现代国际商务经济理论中占据支配地位;从而也可以得出,实物期权在创建国际商务理论的动态化进程中发挥着关键作用。

7.4　技术分析

现代期权定价理论是金融理论中一个技术性极强的分支,它以很多具体的假设为基础,为了应用这些技术而提出这些具体的假设是必要的。例如,著名的布莱克-斯克尔斯定价模型假设基本金融资产的价格运动是布朗运动,而且"风险中性"的假设——这又是期权理论中一个误导性的术语——暗示了套期保值过程中的一个重要特征。这些高度具体的假设条件实际上隐藏了一些更具有通用性和说服力的观点。相反,如果考虑实物期权的价值,特别是非合约实物期权的价值,这些更具有通用性和说服力的观点就会出现。

当代金融期权理论中许多技术困难都来源于如何建立连续时间模型。连续时间是对股票市场和货币市场现实的一种合理近似,在这些市场中各种交易都是瞬时发生的,但是,在与实物资产配置相关的非合约决策的情形下,连续时间就不能很好地代表现实。而离散时间模型可能更接近于现实,离散时间模型把时间分成无限多个时期。由于离散时间模型比连续时间模型更容易求解,因此,开始就根据离散时间来研究期权可能更有好处,本章就使用了这种方法。

本章运用的离散时间模型涉及不确定性条件下的理性跨时决策,所有模型都可以用直观的分析方法来求解,尽管对某些类型的模型来说,求近似可能也是很有用的方法。一般的求解方法就是递归,这种方法首先求出最后一个时期的理性选择,它是用以前各期所做的选择作为条件的,然后运用这些结果来决定上一期的最优选择。重复使用这种方法直到首期。根据这些决策,同时假设首期以后各期的决策都是最优的,以此为基础就能优化首期的决策。这决定了一个涵盖各期的综合随机行动计划。

大部分模型都采取了算数形式,而不是代数形式,这是解释模型最方便的方法,例如现在的模型,它涉及离散时期内离散策略的选择。用代数的方法重构这种模型也很简单,有兴趣的读者自己可以做一下。唯一的困难就是解的推导相当烦琐;同时,表示最优策略的代数不等式写起来也很麻烦(例子详见第二章)。由于本章主要是探索性分析,因此,算数范例可能更合适,因为它更易于演示,而且更容易理解。

为了阐述这种离散时间的方法,使用下述数字范例,它把一个标准的金融期权问题置于离散时间的框架之中。由于这个例子涉及可交易的金融资产,因此,它拥有购买价格始终等于出售价格的特殊属性。决策者必须决定是否要购买合约期权,即如果他愿意的话,这种期权可以让他在远期以预先约定的价格购买这种资产。

例如,有一种不可分割的资产,它的未来价值可能是 20 或者是 10,主要取决于其所处的条件是好($s=1$)还是坏($s=0$),条件好可以用概率 p 表示。今天($t=0$)这种资产可以购买 15 个单位,或者,如果知道明天的价格,这种购买可能推迟到明天($t=1$)。今天购买了 2 个单位的看涨期权,即看涨期权持有者有权在明天购买 15 个单位的这种资产,也就是说它与今天的价格相同。风险中性的决策者的目标,就是使预期利润 v 最大化。由于今天和明天之间的时间间隔很短,贴现可以忽略不计。

今天的购买行为具有不可逆转的属性,因为买方不能保证明天能以和今天相同的购买价格把这种资产卖出去。通过单独购买一种"看跌期权",才能获得这种担保,这种看跌期权让决策者以预先约定的价格,例如当初他们购买的价格,出售这种资产。为了使模型更加简化,这种看跌期权可以忽略。

可以用图7.1中的决策树来演示这种问题,从这个图的顶部开始,决策者有三种初始的选择:

1. 立即购买这种资产;
2. 购买看涨期权;
3. 推迟购买决策。

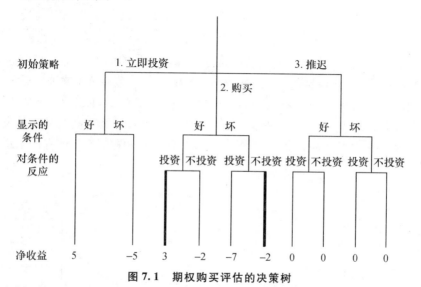

图7.1 期权购买评估的决策树

一旦这些条件被显示出来,决策者就要进一步做出决策。如果他已经购买了期权,则他必须决定是否要行使这种期权。从上述给定数据推导出来的净收益,用图下方的数字来表示。如果条件是好,则执行这种期权;相反,如果条件是坏,则不执行这种期权。图中最佳选择用粗分支线表示;如果决策者推迟了决策,则他要决定是否要在第二天购买资产。然而,这个问题的假设说明这种决策是没有意义的。由于购买价格始终等于资产价值,无论什么条件占支配地位,决策者对购买都不关心。为了简化,假设在这种条件下决策者不做出购买的决策。

紧接着这种讨论的是对这三种策略进行赋值,如下所示,用 v_i 表示第 i 种策略的期望值,则可得到:

$$v_1 = (20p + 10(1-p)) - 15 = -5 + 10P \quad (7.1.1)$$

$$v_2 = ((20-15)p + 0(1-p)) - 2 = -2 + 5p \quad (7.1.2)$$
$$v_3 = 0 \quad (7.1.3)$$

等式(7.1.1)的第一项是初始投资在下一期出售时所获得的预期收益,而第二项则是今天的购买价格;等式(7.1.2)的第一项是执行期权时所获得的期权价值,把条件好的概率作为权重,第二项是当条件为坏时所获得的期权值(0),第三项则是购买价格。

对于任何给定的 p 值,选择最大的 v 值就能得到解:

$$i = \begin{cases} 1, & \text{如果 } p \geqslant 0.6 \\ 2, & \text{如果 } 0.4 \leqslant p < 0.6 \\ 3, & \text{如果 } p < 0.4 \end{cases} \quad (7.2)$$

由于条件好的概率从 0 增加到 1,决策者从不购买期权转为立即购买期权,这说明了决策者对好条件不断增长的信心。而这些具体的不等式则假设,当两种策略的值相等时,决策者通常会选择数字小的策略。本章都使用这种方法。

图 7.2 是这种解的图示说明,纵轴表示预期利润,横轴表示条件好时的概率。进度直线 V_1V_1' 表示初始购买策略的期望值,相对较低的截距和比较陡峭的斜率说明这是一个风险最大的策略。条件一旦变坏,投资者就会有严重的资金

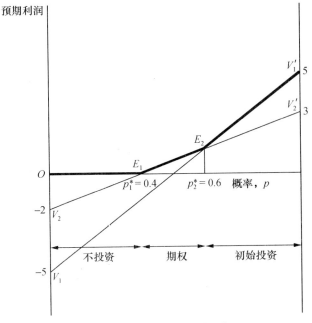

图 7.2 金融期权问题的图解

损失的风险。进度直线 V_2V_2' 则表示期权策略的值,持有一个期权消除了资金损失的风险,同时通过保持以等于初始价格的预定价格购买这种资产的权利,从而获得了资本收益的机会。横轴表示取值为零的第三种策略。

为了使预期利润最大化,分析三条进度直线上的包络曲线是非常有必要的。这条包络线就是进度线 $OE_1E_2V_1'$,它有两个节点 E_1 和 E_2,但每个节点上的每对策略的值却是相同的。对于任意给定的概率 p 值,最优的策略就是沿着横轴对应节点所形成的包络曲线部分。节点 E_1 和 E_2 所对应的概率临界值分别是 $p_1^* = 0.4$ 和 $p_2^* = 0.6$,在每个节点,策略会发生转变。在第一个转换点,不购买策略与期权购买策略的值相等;而在第二个转换点,期权策略和立即购买策略的值相等。

用相同的图解技术来测量期权的值,假设决策者并不知道可以购买 2 个单位的期权,决策的规则就是决定在什么时间去购买这种期权。用 a 代表未知期权的值,等式(7.1.2)就变为:

$$v_2 = -a + 5p \quad (7.3)$$

同时,决策规则是如果满足以下条件就购买:

$$v_2 > \max[v_1, v_3]$$

也就是如果满足:

$$a < \max[-5 + 10p, 0] + 5p \quad (7.4)$$

当 $p = 0.5$ 时,期权价值的决定因素如图 7.3 所示,主要涉及一个两阶段的程序。在第一阶段,从两个替代策略中可获得的最大预期值决定于包络线 OE_3V_1',它是由较高的 V_1V_1'(代表策略 1)和横轴(代表策略 3)构成的;在第二阶段,直线 OV_1' 连接着包络线的两个端点 O 和 V_1',用 OV_1' 与 OE_3V_1' 之间的垂直距离来测量期权的价值。过 E_3 点画 OV_1' 的平行线 WW',通过比较左侧纵轴上的截距 O 与截距 W,就能测定图上的距离,即期权价值为 2.5。由于购买价格为 2,当 $p = 0.5$ 时,就应该购买这种期权,这与图 7.2 的结果是一致的。图 7.2 表示了当 p 的取值范围介于 0.4 和 0.6 之间时,就应该购买这种期权。

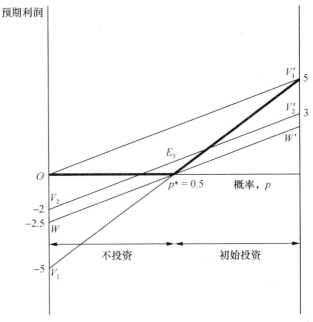

图 7.3 金融期权估值

7.5 实物投资的时机：国际商务中合约期权的简单规则

例如，一个企业想进入海外市场，这个企业已经认识到存在一个可以利用的投资机会。投资机会的开发始于第二个时期，但投资支出可能发生在第一个时期或第二个时期，问题就是决定哪个时期最优。假设从明天开始的第二个时期的时间比第一个时期要长；因于这个时期较长，忽略与贴现相关的问题是很难得到正确结论的。然而，为了简化模型，比较容易的方法就是采取固定贴现率，并根据这个贴现值来说明整个问题。在第7.10节和第7.11节中将详细地说明引入贴现的问题。

投资机会创造了收入的流动，假设收入的现值为20个单位。为了获得这个收入流，企业就需要获得建立工厂的地点。然而，当地工业地产市场的条件却是不确定的（正如在许多转型国家中一样）。此时，假设工厂地点的价格为15个单位，但第二个时期类似的工厂地点的价格可能变成10个或20个单位，这取决于地产市场条件的好坏。条件好时（价格是10个单位）的概率为 p。

一旦购买了工厂地点，就必须立即建立工厂；同时，一旦建立工厂，这个地点就没有其他用途，因此，就没有重售价值。如果已经支付了2个单位的不可退还定金,地点的所有者就愿意把明天的销售价格固定为 17 个单位。如果愿意,明天对地点的预订也可取消。如果条件为好,则取消预订使得这个企业现场购买的价格变为 10 个单位。

用这个范例可以说明第 7.3 节中所描述的实物期权与金融期权之间的密切联系,这种情况与以上分析的金融期权问题非常相似,主要的变化是企业投资的资产是不可交易的。这种资产的未来价值不是取决于出售的价格,而是仅仅取决于它的用途。这种购买在技术上是不可逆转的,但没有经济上的风险,因为所有者一开始就确信它能值 20 个单位,唯一的风险就是所有者为这种资产所付出的代价要大于实际的需要。

由于这种资产是不可交易的,这个企业就可以在资产的购买价格与资产的价值之间打入一个楔子,这反映了一个事实,即无论资产的购买价格是 10、15 还是 20 个单位,它对这个企业来说都值 20 个单位。与之相反,第 7.4 节中资产的价值始终等于它的购买价格。

主要有三个重要策略,每种策略分别对应着示例 1 中的一个策略:
1. 开始时的投资;
2. 交纳定金(看涨期权),如果现价很高,就执行这种期权;如果现价很低,则取消订单和现场交易;
3. 推迟决策,仅当价格很低时才投资。

这三种策略产生的预期利润为:

$$v_1 = 20 - 15 = 5 \tag{7.5.1}$$

$$v_2 = 20 - 2 - 10p - 15(1-p) = 3 + 5p \tag{7.5.2}$$

$$v_3 = (20 - 10)p = 10p \tag{7.5.3}$$

第一个等式说明初始购买没有风险,因为资产的价值(20)与购买价格(15)在开始时都是已知的。第二个等式说明如果条件为好,就不执行期权,此时概率为 p,产生的成本为 10;如果条件为坏,就执行期权,此时概率为 $1-p$,产生的成本为 15。第三个等式说明当条件最终为好时,推迟决策所获得的利润。

通过以下设定就能使预期利润达到最大化:

$$i = \begin{matrix} 1, & \text{如果 } p \leq 0.4 \\ 2, & \text{如果 } 0.4 < p \leq 0.6 \\ 3, & \text{如果 } p > 0.6 \end{matrix} \tag{7.6}$$

可以用图 7.4 来说明这个解,它所用的方法与图 7.1 相同。这三种策略的预期值分别由进度线 V_1V_1'、V_2V_2' 和 OV_3' 来表示,从给定概率值 p 所获得的利润最大值可以用包络线 $V_1E_1E_2V_3'$ 的高度来表示。如图 7.4 所示,如果这个资产的远期购买价格预期很高(即 p 值很低),在开始时就会投资(选择策略 1);如果这个资产的远期购买价格预期很低(即 p 值很高),就会推迟投资(选择策略 3);如果企业认为概率 p 的取值介于 0.4 与 0.6 之间,这种资产的远期购买价格可能很高或者很低(选择策略 2)。实际上,运用上一节描述的方法,很容易得出当不确定性最大,即 $p=0.5$ 时,就会选择期权。

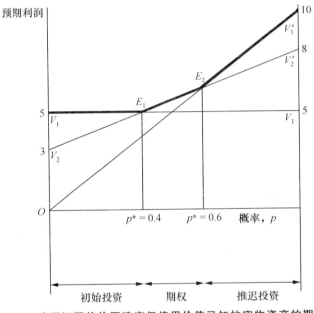

图 7.4 购买远期价格不确定但使用价值已知的实物资产的期权

本例与上例的相似之处在于它们都有相同的概率临界值 $p_1^* = 0.4$ 和 $p_2^* = 0.6$,实际上,比较图 7.4 和图 7.2 就会发现,除了所有的进度线都向上移动了 5 个单位之外,两个图在其他方面几乎都是相同的;唯一的重大不同在于上例中策略 1 的作用现在被策略 3 所取代。与此同时,策略 2 的作用,即期权策略的作用,仍然保持不变。策略 1 和策略 3 之间的相互作用可以用这种事实解释:通过不购买资产的策略可以消除上例中的风险,而在本例中可以在开始时就购买这种资产来消除风险。尽管新模型与实物资产而不是金融资产有关,但它仍然受到与前面相同的投机力量的驱动。

7.6 不确定性需求的条件

上一节讨论了合约期权制约了实物资产的购买,这只是与实物资产相关的几种期权中的一种,它当然不是国际商务中最重要的一种期权。当第一章引入了实物期权之后,期权处理对资产服务需求的不确定性的作用就成为研究的重点,特别是海外对这种产品需求的不确定性,导致对这些服务需求的不确定性。相反,上一个示例重点分析了资产供给的不确定性。

需求和供给都是不确定性的潜在来源,它们之间的相互关系如表 7.2 所示,表的列项给出了三种不确定性的来源:供给、需求和两者的组合。表的行项给出了两种期权:合约式期权和非合约式期权。最重要的一种合约式期权就是国际合资经营,它对处理供给和需求的不确定性很有用;而非合约式期权涉及投资的规模、时机、区位和多样性(通用性)。合约式期权和非合约式期权都可以采取不同的形式。实际上,它们的形式很多,以至于不可能用单独的一章囊括全部。

表 7.2 根据不确定性来源及资产类型对非交易实物期权的分类及示例

期权类型	不确定性来源		
	供给成本	需求密度	供给和/或需求
合约式期权	购买土地或建筑的期权		国际合资经营
非合约式期权	在投入的供给来源中建立弹性	在能满足需求的选择范围中建立弹性	在扩大或缩小工厂规模或工厂区位重配方面建立弹性

本章余下各节将重点分析几种重要的情况。首先分析的是与非合约式期权相关的而且能减少需求不确定性风险的几种简单情况,再把分析的重点从供给不确定性转移到需求不确定性,就可以得到几个关于实物期权的经典示例。

需求的不确定性是海外市场进入决策的重要影响因素。即使立即进入海外市场是有利可图的,进入决策通常也都会推迟,因为等到最后可能会获得更多的利润。巴克利和卡森(Buckley and Casson,1981)研究过推迟进入海外市场的策略,但这种策略是在确定性的条件下。在这些条件下,推迟进入的主要动机就是等待市场进一步增长。一旦引入不确定性,就引入了等待的另一个动机,即分散不确定性,不管市场是否增长,都会推迟进入,直到获得关于市场规模前景的一些基本信息。下面就是这个示例的要点。

例如,在海外市场进行初始投资,可能是在市场销售和分配设施上的投资,也可能是在生产设施上的投资。与前面相同,假设投资分为两个时期,而且第二个时期较长。今天的投资可产生 2 个单位的收益,如果条件为好,则明天投资的收益为 20 个单位;如果条件为坏,则明天投资的收益为 10 个单位。需求条件为好的概率为 p,如果到了明天还没有购买资产,则只能获得明天的收益,在这两个时期内这个资产的购买价格为 15 个单位。在明天购买的优势就是能在知道了需求状况之后再做出购买的决策。今天购买的资产无法在明天出售,整个购买价格就是沉没成本。

推迟市场进入决策,企业就能保证不会造成损失。如果决策推迟,当且仅当需求条件为好时,进入是最优策略,获得的预期利润为 5p。因此,它说明了有条件的推迟进入策略要优于完全不投资的策略。

因此,只需要区别两种策略:
1. 开始就投资;
2. 推迟投资决策,仅当明天需求条件为好时,才在明天投资。

这些策略的预期利润分别是:

$$v_1 = 10(1-p) + 20p + 2 - 15 = -3 + 10p \quad (7.7.1)$$

$$v_2 = (20 - 15)p = 5p \quad (7.7.2)$$

等式(7.7.1)的前两项是第二期所获得的预期收益:当条件为坏时,其预期收益 10;当条件为好时,预期收益为 20。第三项表示在第一个时期所产生的收益。最后一项是投资成本。等式(7.7.2)的推导已经解释过,当需求条件为坏时,没有收入流也没有成本;同时第一期也不产生收益,因为直到第二个时期才发生投资。

通过设立以下条件就能使预期利润达到最大化:

$$i = \begin{matrix} 1, & \text{如果 } p \geqslant 0.6 \\ 2, & \text{如果 } p < 0.6 \end{matrix} \quad (7.8)$$

解如图 7.5 所示,立即投资获得的预期利润可用进度线 $V_1 V_1'$ 的高度表示,而推迟投资获得的预期利润可以用进度线 OV_2' 的高度表示,可获得的最大预期利润可以用包络线 OEV_1' 表示,包络线的节点为 E 点。节点 E 对应的概率临界值是 $p^* = 0.6$,此时企业从推迟投资转换到立即投资。因此,p 值越低,企业对需求条件越悲观,并会推迟投资;p 值越高,企业对需求条件为好越有信心,就会立即进入投资。

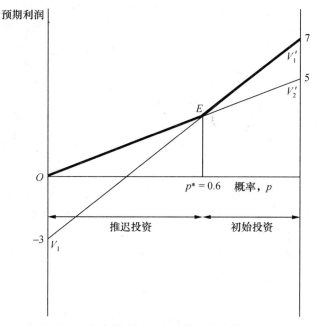

图 7.5　未来需求不确定时推迟投资的决策

7.7　投资的规模和撤销

在前面的示例中,唯一可对期权赋值的策略就是延期。但是在实践中,通常选择一种可替代且富有弹性的投资形式,来对实物期权赋值。本节分析这种策略的变形,它特别与海外市场进入相关(一个类似的应用是分析企业增长,详细的例子见 Kulatilaka and Perotti,1998)。

假设上节所述的不可撤销的投资有一种替代的方法,即采取更小的、可部分撤销的方式,如果需要,这个小规模投资在下一个时期可更新到全量程投资。假设初始成本为 10 个单位,如果在下一个时期放弃这项投资,初始成本中有 7 个单位可以恢复。更新的成本假设是 6 个单位。小规模投资获得的收益与初始阶段大规模投资获得的收益相同,均为 2 个单位。这是因为市场在初始阶段很小,小规模投资和大规模投资都能为市场提供充足的服务。然而,小规模投资在第二个时期的有效性就大为降低。由于其规模较小,无论市场规模如何,小规模投资只能产生 5 个单位的收益。

显然,有效利用小规模投资的方式就是把它当做初始进入策略,如果后续需求很强,就扩大投资规模;如果后续需求疲软,就进行投资清算。扩大投资规模的替代方法就是在第二个时期清算投资,同时,继续前行的方法就是收购更大的资产。但是,由于其成本是15-7=8个单位,而升级成本只是6个单位,因此,这是一种不经济的方法。对清算投资的替代方法就是继续保持资产的使用,但是由于继续使用的收益只有5个单位,而进入清算的收益是7个单位,这种做法也是不经济的。

因此,除了上述已经分析的策略外,只有一种策略值得进一步分析,即:

开始时进行小规模投资,如果后续市场需求上涨就扩大投资;如果后续市场需求疲软就清算投资。

这种新策略的期望利润为:

$$v_3 = -10 + 2 + (20-6)p + 7(1-p) = -1 + 7p \tag{7.9}$$

等式(7.9)中的第一项是初始成本,第二项是第一个时期获得的收益,第三项是需求条件为好时更新投资所获得的预期利润,最后一项是需求条件为坏时进行投资清算所获得的预期利润。

这个新策略的解为:

$$i = \begin{matrix} 1, & 如果 p \geq 0.67 \\ 2, & 如果 p \leq 0.5 \\ 3, & 如果 0.5 < p < 0.67 \end{matrix} \tag{7.10}$$

这个解如图7.6所示,新策略3的值可以用进度线 $V_3 V_3'$ 的高度来表示,它

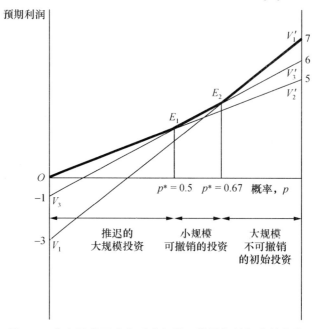

图7.6 未来需求不确定时小规模可撤销初始投资的优势

与直线 OV_2' 在 E_1 点相交,与直线 V_1V_1' 在 E_2 点相交,它们决定了概率的临界值 $p_1^* = 0.5$ 和 $p_2^* = 0.67$,在这两个临界值之间就是受欢迎的小规模投资。这是一个很好的示例,它说明了当未来需求前景有很大的不确定性时,这种小规模且富有弹性的投资是比较好的选择。

7.8 作为实物期权的对信息搜集的投资

尽管前面的示例清晰地说明了小规模可撤销投资的优势,但所获得的期权价值还没有大到使这种策略占据支配地位。仅当存在很大的不确定性时,这种策略才是有效的。如果这种投资方式在现实的市场进入方式中很流行,说明这个模型可能省略了某些重要的东西。

最明显的一个省略要素就是本书前面几章广泛讨论的对信息搜集进行的投资。到目前为止,仍然假设需求状况的相关信息在第二个时期能自动显示出来,无论这个企业在第一个时期是否进行了投资。在这些条件下,当市场前景黯淡时,推迟投资就具有吸引力,因为开始时的投资并没有信息优势。另一方面,如果一开始就做出一个不可撤销的投资,就会产生一个问题,即一旦获得了这些信息,就不能利用这些信息做任何有用的事情,因为此时为时已晚。

现在假设如果在第一个时期进行了投资,那么有关需求条件的信息就只能在第二个时期获得。尽管开始时进入策略的值保持不变,但推迟进入策略的值却急剧下降。因为它现在没有信息优势,推迟投资策略的值就下降到:

$$v_2 = 10(1 - p) + 20p - 15 = -5 + 10p \tag{7.11}$$

现在它完全由初始时的全量程投资策略所支配,因为它们之间的唯一差别是在第一个时期产生了 2 个单位的利润,而推迟投资则不会产生。

推迟投资的策略以前在每个时期都占优于没有投资的零策略,但是由于现在的推迟投资策略没有利润,这种情况就不存在了。因此,非常有必要把零策略纳入策略组合之中。把它作为推迟投资策略的替代来介绍是很方便的,因此,需要重新评价的策略是:

1. 一开始就大规模投资;
2. 完全不投资;
3. 一开始小规模投资,如果需求上涨,就扩大投资规模;如果需求疲软,就清算投资。

新解如下:

$$i = \begin{matrix} 1, & \text{如果 } p \geqslant 0.67 \\ 2, & \text{如果 } p \leqslant 0.14 \\ 3, & \text{如果 } 0.14 < p < 0.67 \end{matrix} \qquad (7.12)$$

修正的解如图 7.7 所示,进度线 V_1V_1' 和 V_3V_3' 保持在原先的位置不变(见图 7.6)。策略 2 的值,即现在的零策略,用横轴表示,V_3V_3' 与横轴相交于 E_1 点,它对应的概率临界值 $p_1 = 0.14$;V_3V_3' 与 V_1V_1' 相交于同一点 E_2,它对应的概率临界值 $p_2 = 0.67$。因此,小规模可撤销投资的概率取值范围比前一种情况大三倍。

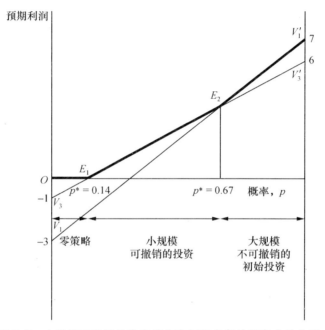

图 7.7 小规模可撤销投资在搜集市场需求条件信息中的作用

修正后的实例清楚地说明了为什么小规模可撤销投资通常作为初始进入策略,它扮演着"情报站"的作用,有利于投资者搜集当地市场未来需求前景的信息;运用另一种比喻,可以把它描述成"试水":它是在搜集重要的信息,这些信息在必要的情况下有助于快速做出撤资的选择。随着对海外市场的投入越来越多,这种比喻与对外直接投资的图景也是一致的,正如斯堪的纳维亚学派对企业国际化模型的描述(Johanson and Vahlne,1977)。

7.9 作为实物期权的国际合资经营

国际合资经营主要是合约式实物期权,尽管国际合资经营的实物资产可能体现了某种程度的弹性,但从实物期权的角度看,国际合资经营的一个重要特征就是运用共同所有权安排提供弹性。有许多不同类型的国际合资经营,如第六章所述,本节提供了一个实例,用最简单的方式从期权的角度来说明国际合资经营。

一个基本的思想就是:在国际合资经营中的合作伙伴既拥有买断对方合作伙伴的"看涨期权",也拥有出售给合作伙伴的"看跌期权",主要取决于国际合资经营在未来如何运营(Kogut and Zander,1993;Chi and McGuire,1996)。但是,可能出现的问题是:为什么其他合作伙伴愿意以特别优惠的条件进行交易? 一个原因就是合作伙伴之间的交易成本比普通企业之间的交易成本低,因为伙伴之间必须互相认识而且互相信任,按相互优惠的条件进行资产交易,它们能共享从相互信任中获得的收益。这意味着合作伙伴拥有的交易期权是以这些条件为基础,而不是以之前它们没有联系时流行的条件为基础。

另一种解释就是其中一个合作伙伴比其他企业更具有知情权。具有知情权的声望使它在股权收购的谈判中占有优势。随着国际合资经营的发展,经验丰富的合作伙伴向没有经验的合作伙伴提出后者愿意接受的报价。用这种方法把信息租金带给合作伙伴,合作伙伴就能更好地评价合资经营,也能更好地预测国际合资经营的未来利润流。然而,这种占用信息租金的机制,只有在合作对方没有接受第三方竞争性报价时才能生效。为什么合作对方不接受这种第三方报价,一个原因就是其他企业对合资经营的前景并不知情,因为其他企业缺乏"内部信息",而这种"内部信息"只能与合作伙伴共享。因此,其他企业缺乏自信,不能提出有竞争性的报价。合作对方也可能并不拥有足够确凿的事实支持它走出去征求有经验的企业的报价并进行检验。这就是信息不对称的情况,也是下一个示例的基础。

例如,有两个企业,它们按1:1的比例共享股本的所有权,从而建立合作伙伴关系。一个企业提供金融资本;另一个企业提供人力资本,例如好的构想。可以从金融投资者的立场来分析这个问题,它可能是一个经验更丰富的企业。现在假设这个投资者发现了一家小型的高科技创业企业,它需要资本投入来继续支持研发,因此,这个创业企业的所有者就会出售50%的股权以换取5个单位的资本,或者全部售出以换取10个单位的资本。在研发结果出来之前,这些出售行为在开始时(第一个时期)就会受到影响。

在未来时期(第二个时期),研发结果显示给企业的所有者。金融投资者知道如果研发成功,这个项目就值20个单位;相反,如果研发不成功,这个项目就一文不值。然而,合作方不擅长评估项目的价值,认为如果研发结果成功这个项目只能值12个单位;而如果研发不成功,仍然值7个单位。这些想法都反映在两个企业之间的谈判中,有经验的企业则会从没有经验的企业中抽取最大的租金。如果结果为好,则经验不足的合作伙伴会出售50%的股权去换取12-5=7个单位;如果结果为坏,则会收购金融投资者的股权,即7-5=2个单位。这些结果并不会变成公共信息,因此,这些报价不会受到竞争性投标的影响。合作伙伴在建立国际合资经营时,会以非正式的方式理解这些条款。由于双方之间的信任,在随后的各期内双方都会遵守这些条款,尽管在第二个时期开始时它们在初始阶段的投资已经"沉没"了。

金融投资者主要有三种方法:
1. 立即收购这家企业;
2. 立即进入合资经营,同时在随后的一期对所处的环境进行评价;
3. 完全放弃该项目。

如果投资者参与国际合资经营,而且结果为好时,它总是执行看涨期权。因为没有经验的伙伴低估了这个项目的价值,它赚了20个单位的50%,即10个单位;投资者为了获得另外的10个单位,还必须付出7个单位,这样它自己才能获得全部的20个单位。与此类似,在结果为坏时,它总是执行看跌期权,这是因为没有经验的伙伴会高估项目的价值,愿意支付2个单位去收购这个实际上一文不值的项目的更多份额。因此,有经验的合作方不会以最初的形式继续这个国际合资经营,但它可能愿意接管这个项目,或者是从中撤出自己的份额,这主要取决于研发的结果。

假设有经验的投资者在开始阶段就意识到成功结果的概率为 p,这三种策略的预期利润为:

$$v_1 = -10 + 20p \qquad (7.13.1)$$

$$v_2 = -5 + (20-7)p + 2(1-p) = -3 + 11p \qquad (7.13.2)$$

$$v_3 = 0 \qquad (7.13.3)$$

等式(7.13.1)的第一项是完全收购的购买价格,第二项是结果为好时整个项目的利润。等式(7.13.2)中的第一项是收购国际合资经营股份的成本,第二项是执行看涨期权所获得的预期利润,第三项是执行看跌期权所获得的预期利润。

其解如下:

$$i = \begin{cases} 1, & \text{如果 } p \geq 0.78 \\ 2, & \text{如果 } 0.27 \leq p < 0.78 \\ 3, & \text{如果 } p < 0.27 \end{cases} \quad (7.14)$$

解如图 7.8 所示,与前面的相同,第 i 个策略($i=1,2$)的预期利润可以用进度线 V_1V_1' 的高度表示,横轴表示零策略的预期利润(策略 3);包络线 $OE_1E_2V_1'$ 表示可以获得的最大利润。在概率临界值 $p_1^* = 0.27$ 和 $p_2^* = 0.78$ 之间时,国际合资经营是受欢迎的策略,其中两个概率临界值分别对应的转换点是 E_1 和 E_2。这个图把国际合资经营作为经典的期权策略,即当投资者认为一个项目的结果具有很强的不确定性时,国际合资经营就是受推崇的策略。

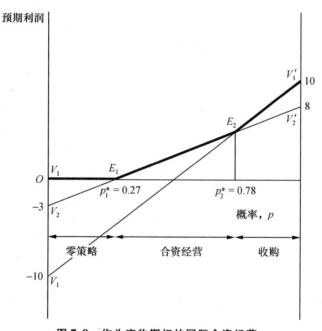

图 7.8 作为实物期权的国际合资经营

7.10 在国际枢纽中心的投资

前述所有的示例分析都是在两阶段框架下的期权策略。为保持模型的简洁,把随时间的贴现包括在固定利率之中,而且在不同的条件下评估资产时,用这种利率来对收入流进行贴现。然而,并不是所有的实物期权都能够用这种方法进行分析。本节提出了一个更为复杂的问题,即执行期权是一个重复的过程。它说明在一定条件下,这个问题的解还可以简化成用两个时间阶段来定义的等效问题的解。本节所讨论的示例是十分简单的,下一节将讨论一个更为复杂的问题。

这个示例分析了国际生产和分配枢纽中心的实物期权的可能性。例如,一个企业面对的全球需求水平是固定的,即 $z>0$。需求从第二个阶段开始,然后就持续永久地保持在相同的水平上。然而,这种需求的地理区位分布却是不确定的,假设可能存在两个地理区位,需求以这两个区位为基础。在任何给定时期,需求要么全部位于一个地理区位,要么全部位于另一个地理区位;需求的分布是随机的:在每个时期需求集中在一个特定地理区位的概率是 0.5,它与上一个时期需求所在的地理区位没有关系;一个地理区位的消费者需求一种特定类型的产品。因此,被一个地理区位接受的产品类型在另一个地理区位就不能被接受。两种类型的产品出售价格均为一个单位价格。

企业只能选择两种设备用于产品的生产和资产的分配:一种是刚性(单功能)设备,它只能生产一种类型的产品;另一种是通用设备,它可以从生产一种类型的产品转换到生产另一种类型的产品(详见 van Mieghem,1998)。刚性设备只能在一个地理区位上服务于需求,而通用设备可以服务于任何地理区位上的需求。同时假设两种设备都不会磨损,专业化设备的成本为 $x>0$ 单位,而通用设备的成本为 y 单位。通用设备比专用设备的价格更高,但低于专用设备价格的 2 倍,即 $x<y<2x$。设备投资通过借款来融资,利率 $r>0$。通用设备可重新配置以生产不同类型的产品,每单位产出的调整成本为 $a>0$。

设备可以放置在三个位置中的一个位置:两个市场的地理区位或者一个中介枢纽中心,每个地理区位设备的场地费是相同的。如果产品从一个市场出口到另一个市场,则必须通过这个枢纽中心,即它必须在这个枢纽中心转运,每个市场与这个枢纽中心之间的单位运输成本是 $t>0$,在这个枢纽中心转运的单位成本是 $s>0$。假设总成本非常低,以至于没有生产的零策略在任何地理区位都能被其他策略占优。

问题涉及同时对两个内部相互关联的要素进行选择:设备的类型和它的地理区位。然而,地理区位与设备类型的某种组合通常受其他组合的影响,不可用通用设备来供应一个单一的市场,因为资本成本太高;不可能把专用设备设置在枢纽中心,因为在当地供应相关市场会更便宜;也不可能把一种产品从一个市场出口到另一个市场,因为对于任何给定类型的设备,从这个枢纽中心出口到两个市场都是更便宜的。

接下来,无论何时使用某种专业设备,都需要购买两种类型的设备,而且每个市场必须有一种设备。设备平均只能使用一半的时间,因为另一半的时间全球的需求集中在另一个市场。如果购买的是通用设备,则只需购买一台,同时把它安装在枢纽中心,这个设备就能连续使用。

接下来要分析两种主要的策略:

1. 把每个刚性设备设置在每个地理区位,同时使用每台设备只供应国内的市场;

2. 在枢纽中心投资于通用设备,同时把产品出口到两个地理区位。

在枢纽中心使用通用设备时,任何时期内生产转换需要的概率都是0.5,因为在任何两个连续的时期内,需求位于同一个地理区位的概率都是0.5,而且位于不同地理区位的概率也是0.5。假设在第二个时期还不知道需求的地理区位,但此时设备已经在第一个时期内设立了,那么,只要生产在第二个时期内开始,肯定会产生调整成本。

这两种策略的预期利润分别为:

$$v_1 = -2x + (z/r) \qquad (7.15.1)$$

$$v_2 = -y - (a/2r) - (t/r) + (z/r) \qquad (7.15.2)$$

等式(7.15.1)的第一项是购买两台刚性设备的成本,第二项是按不变的单位价格售出z单位产品所获得的收入现值。等式(7.15.2)的第一项是购买一台通用设备的成本;第二项是在转换概率为0.5的情况下把通用设备从生产一个类型的产品转换到生产另一个类型的产品时所发生的转换成本的现值;第三项是每个时期把产品从枢纽中心出口到每个相关市场时所产生的运输成本,无论这个出口面向哪个市场;最后一项是出口销售的现值。

作为未来的参考,值得注意的是预期利润也可以用流量的方法来表达。策略1在每个时期的净利润等于销售值z减去专用设备的利息$2xr$;类似的,策略2的净利润等于销售值z减去预期的调整成本$a/2$、运输成本t和通用设备的利息yr。因此,作为一种收入流量,利润等于把等式(7.15)乘以r。

$$v_1' = v_1 r = -2xr + z \qquad (7.16.1)$$

$$v_2' = v_2 r = -yr - (a/2) - t + z \qquad (7.16.2)$$

等式(7.16.2)减去(7.16.1)则可说明,策略2(枢纽中心)如果满足下列条件,就是首选策略:

$$(a/2 + t) < (2x - y)r \qquad (7.17)$$

这个条件可以确保预期调整成本和运输成本的总和一定小于只购买一台通用设备所节约的资本成本。

也可以用图7.9来说明条件(7.17),选择枢纽中心策略的参数值如图中阴影部分所示,如果调整成本和运输成本都很低,通用设备的价格升水也很低,同时利率很高时,枢纽中心策略可能是最受欢迎的策略。

这个模型说明当弹性的两个方面能相互加强时,枢纽中心策略就能更好地发挥作用。弹性的第一个方面是设备的多功能性,即很容易从生产一种类型的产品转换为生产另一种类型的产品;弹性的第二个方面是在同一个地理区位能进入不同的出口市场。

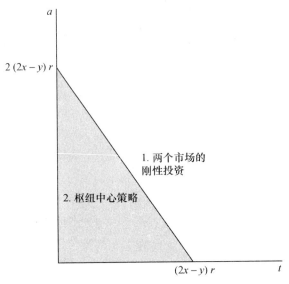

图7.9 作为实物期权的枢纽中心策略

7.11 跨国公司内部的生产弹性

前面的模型已经说明:实物期权可以为传统国际商务问题,如海外市场的进入,增加一些新的分析层面;同时,它也带来了一些新问题,例如通过跨国合资经营和生产枢纽中心来获得弹性。然而,有一个特殊的研究领域目前还没有讨论,它认为跨国公司本身可以提供一个内在的弹性来源(详例参见 DeMeza and Van der Ploeg,1982;Capel,1992;Kogut and Kulatilaka,1994;Mello,Parsons and Triantis,1995;Rangan,1997)。这种弹性归因于跨国公司的组织结构:众所周知,跨国公司比非跨国公司更有效率地运用内部市场把生产在不同的地理区位上进行转换。

这种研究提出了一个有趣的问题,即没有任何事实说明假设是完美的,结论是正确的。尽管跨国公司有条件把生产在已经运营的地理区位之间进行转换,但却不能很好地把生产转换到从来没有经营过的地理区位上。在当今的全球经济中,许多企业通过国际生产分包协议安排而不是通过对外直接投资来寻求弹性,因为生产分包协议安排有利于把生产区位重新配置到以前从未到此经营过的新兴工业化国家和转型经济体。

然而,跨国弹性模型对于这个问题来说是很有趣的,同时,研究者也对模型的某些方面提出了一个自然的扩展。因此,用这种模型对本章介绍的模型的顺序进行总结是非常有用的。这里提出的模型只是以上述这种模型为基础,因为上述模型没有采用离散时间—离散决策的方法,而这种方法正是下文要使用的方法。

跨国弹性模型的实质就是在地理区位之间存在生产转换的成本,而且当跨国公司进行这种生产转换时,成本是比较低的。然而,这种转换的性质与前几节论述的并不相同。当一个给定的需求由不同的供给来源来满足时,就会产生调整成本。这与前面的模型相反,在前面的模型中需求分布是不确定的,而现在的模型中供给来源的相对成本是不确定的。模型预测的结果认为,不同地理区位相对生产成本的波动有利于生产的跨国组织。

这个模型比前面的模型更复杂,此处将进行详细说明。与前面几节的方法相似,可以推导出代数解。假设一个企业可从两个地理区位中选择一个作为给定市场,这个市场既可以是全球性市场,也可以是地区性市场。但为了说明观点,把它作为一个全球性市场。在规模报酬不变的条件下组织生产,每个地理区位中的成本条件各不相同。如果当地条件为好,则每个地理区位的单位成本是 b_1;如果当地条件为坏,则每个地理区位的单位成本是 b_2,且 $b_2 > b_1$。为简化,假设每个地理区位上的成本包括在分配成本(即把产品运输到市场的成本)之中。

假设每期开始时每个地理区位的条件都能显示出来,为了对这种成本差异做出反应,必须立即对这些生产的区位进行调整。成本条件的波动用转移的概率 p 来表示,即如果今天条件为好,那么明天的条件就为坏的概率。转移是对称的,因此,p 也是如果今天的条件为坏,那么明天的条件就为好的概率。

把产品分配给消费者是由企业控制的,同时,是否把后向联系整合到生产之中,这是企业的选择。在每个地理区位,企业要么拥有生产设施,要么把生产外包给独立的企业。一体化整合减少了两个地理区位之间的转换成本。如果企业在两个地理区位拥有生产设施,则它可以把两个工厂之间的转换进行内部化。在内部化中转换决策是集中做出的,并由总部的管理层来协调(尽管内部市场并不会用这种特定的方法运作)。否则,企业必须依靠外部市场的协调。关于外部市场,成本条件是由分包商的报价来显示的,同时,生产的转换是通过重新在生产商之间订立分包合同来实现的。

转换成本是一种特殊类型的调整成本。为了简化,假设调整,如生产调整,都是在规模报酬不变的条件下进行的。通过内部化的方式,把生产从一个地理区位转换到另一个地理区位的成本是 a_1;通过外部化的方式,把生产从一个地理区位转换到另一个地理区位的成本是 a_2,而且 $a_2 > a_1$。成本的差异反映了谈判中的欺骗问题,以及执行的法律成本。外部化策略会用到这种执行的法律成本(参见第二章)。

然而,内部化并不一定是最优的选择,因为也存在着成本。内部化市场要求建立一个组织,这个组织可以通过兼并独立的生产商来建立,通过兼并产生的建立成本是 $m > 0$,这个成本是在第一个时期发生的,因为此时做出了兼并的决策;而生产是在第二个时期开始的。兼并成本是通过以固定利率 r 获得的长期借款来融资的,这个组织的建立成本是这个模型中唯一出现的建立成本。为了尽可能地简化这个模型,假设生产过程本身不需要资本投入。

企业服务的市场规模 z 是固定的,而且价格也是固定的,为单位 1;价格很高,但成本很低,以至于在每一个地理区位都能获得利润。

企业必须做出两个基本的决策:随着条件的变化,要么在两个地理区位间转换生产,要么把生产内部化。不可能既不进行内部化也不进行生产转换,因为在假定的条件下,内部化所获得的唯一利润就是减少调整成本。因此,可能有四种排列方法,其中三个策略占优:

1. 通过兼并内部化,同时,当环境需要时就转换生产;
2. 把生产外部化,同时,当环境需要时就转换生产区位;
3. 把生产外部化,但不转换生产区位。

由于生产和调整的单位成本是不变的,生产总能完全地从一个地理区位转换到另一个地理区位:如果转移一个单位需要支付成本,则转移所有单位也同样需要支付成本。同理可得:当成本差异可以利用的时候,如果一次转换需要支付成本,则每次转换都需要支付成本。相反,如果一次转换不需要支付成本,则所有的转换都不需要支付成本。

在做出一项跨国策略的决定时,假设企业并不知道任何一个时期流行的成本条件。企业所知道的就是任何给定地理区位上的成本条件都是相同的,要么是好,要么是坏;而且每个地理区位在开始时条件好的概率是 0.5。这种观点与上述转移过程的稳定状态是一致的。假设转移是对称的,在任何一个选定的随机时间内,每个地理区位都可能有相同的经历,要么是好条件,要么是坏条件。

既然生产总是有利可图的,价格与成本无关,而且市场规模是固定的,那么,企业的收入与成本无关,收入是一个总和。因此,最大化的预期利润与最小化的预期成本是相等的,预期成本的最小化在一个无限的投资期内发生,但在这个投资期内,从第二个时期之后的每个时期都是相同的。因此,一个代表性时期内的成本最小化就能把这个无限投资期的成本最小化。而且,由于市场规模是固定的,总成本的最小化就等同于单位成本的最小化。因此,把一个代表性时期的预期单位成本最小化就足够了。

在随机抽取的一个代表性时期内,每个地理区位的生产条件都可能是好或者是坏。运用转换策略,就可以保证生产的成本最低。如果每个地理区位上成本条件是彼此独立的,b_1 单位成本概率是 0.75,仅当两个地理区位上条件都为坏时才能获得 b_2 的单位成本,它发生的概率为 0.25。然而,如果没有转换策略,b_1 单位成本发生的概率降低到 0.5,相反 b_2 单位成本发生的概率则增加到 0.5。因此,一个代表性时期内实施转换策略所节约的总预期单位成本是 $0.25(b_2 - b_1)$。

现在有必要计算实施转换策略所需的概率 q,这个概率与前面介绍的波动要素 p 是不同的,尽管前者取决于后者。当实施转换决策时,如果现有地理区位的成本很高,而替代地理区位的成本很低,就必须对生产的地理区位进行重新配置,而在其他所有的情况下,现有的地理区位提供的成本是最低的。此外,在转换策略下,现有的地理区位在前一个时期提供的成本也必须是最低的。

1. 如果两个地理区位以前的成本都较低,只有当现有地理区位的条件发生改变(用概率 p 表示),另一个地理区位的条件不发生改变(用概率 $1-p$ 表示)时,才需要实施转换策略。因此,如果两个地理区位的成本很低,则需要实施转换策略的概率是 $p(1-p)$。

2. 如果两个地理区位的成本都很高,只有当另一个地理区位的条件发生改变,现有地理区位的条件不发生改变时,才会要求实施转换策略。由于两个地理区位面临相同的波动,则需要实施转换策略的概率也是 $p(1-p)$。

3. 如果初始地理区位的成本较低,而另一个地理区位的成本较高,只有当它们的角色发生对调之后才会实施转换策略。这就要求有两个变化,而且这种联合事件的概率是 p^2。

现在只需要研究三种可能,因为第四种可能与转换策略的追求不一致。每种可能性都是相同的,均发生在一个随机的给定时间内,因此,每种可能性均用概率的 1/3 来加权。把上述推导出来的加权概率加总起来,就能计算出一个转换策略发生的概率:

$$q = (2p(1-p) + p^2)/3 = p(2-p)/3 \qquad (7.18)$$

因此,q 的最大值是 1/3,它所对应的环境就是每个给定地理区位在每个时期内条件发生改变的概率,即 $p=1$。

唯一的限定发生在初始时期。假设初始时期的成本条件,是在做出策略之后且在生产区位配置之前才能知道,因此,在初始时期内并不需要调整。企业在开始时能选择一个合适地理区位,因此,调整成本流开始的时间比生产成本流晚一个时期,所以要通过贴现来使之成为可能。

三个占优策略的预期单位成本分别为:

$$c_1 = ((3b_1 + b_2)/4) + (a_1 q/(1 + r)) + (mr/z) \qquad (7.19.1)$$

$$c_2 = ((3b_1 + b_2)/4) + (a_2 q/(1 + r)) \qquad (7.19.2)$$

$$c_3 = (b_1 + b_2)/2 \qquad (7.19.3)$$

每个表达式右边的第一项是相关的预期单位生产成本,第二项(如果有)是预期单位调整成本,等式(7.19.1)的第三项是金融并购的单位成本。它的解如下:

$$i = \begin{cases} 1, & \text{如果} (a_1 q/(1+r)) + mr/z < a_2 q/(1+r); \\ & (a_1 q/(1+r)) + mr/z < (b_2 - b_1)/4; \\ 2, & \text{如果} (a_1 q/(1+r)) + mr/z > a_2 q/(1+r); \\ & (b_2 - b_1)/4 > a_2 q/(1+r); \\ 3, & \text{如果} (b_2 - b_1)/4 < (a_1 q/(1+r)) + mr/z; \\ & (b_2 - b_1)/4 < a_2 q/(1+r) \end{cases} \qquad (7.20)$$

这个典型的解如图7.10图所示。这个图主要是用来解释所有可能的策略。纵轴表示预期单位成本,横轴表示转换频率。第i种策略的成本用进度线$C_i C_i'$的高度来表示。由于转换的频率很低,外部化转换策略(策略2)总是最优的。内部化转换策略(策略1)的必要条件也是它的充分条件,即并购的融资单位成本小于受转换策略影响的单位生产成本的预期节约额,$mr/z < (b_2 - b_1)/4$。与a_2相比,如果a_1足够小,则内部化转换策略在转换频率的一定范围内是有效的,可用图中临界值q_1^*右边的区间表示。随着转换频率的增加,内部化转换策略的成本就变得更加昂贵;同时,除非内部化转换成本很低,只有在停止转换的地方才能获得临界值q_2^*,相关频率的范围位于图中q_2^*右边的区间。

综上所述,当内部化转换成本很低,并购成本也很低,市场规模很大,同时,利率很低时,就最有可能选择基于内部化转换的"跨国解决方案"。然而,最重要的结果是:适度的转换频率有利于跨国策略——只有转换频率足够高时才能鼓励内部化,但也不能让执行一个转换策略的成本高到禁止性成本的地步。利用等式(7.18),并把p和q的关系逆转过来,显示了适度的转换频率与成本环境的适度波动水平是对应的。

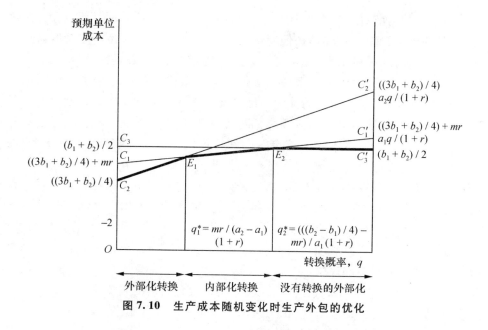

图 7.10 生产成本随机变化时生产外包的优化

7.12 广泛的应用：波动、信息搜集和弹性之间的关系

上述模型中只有一个例外，其余都假设在某个时间点之前不能获得关键信息。在第 7.5—7.7 节讨论的投资决策情况中，对资产服务需求的基本信息或未来供给条件，只有在第二个时期才能获得，这是推迟决策或者是进行小规模投资而不是大规模投资的基本原理。在第 7.10 和 7.11 节讨论的生产转换情况中，未来需求分布的信息，或者未来相对成本的方式，也只有在做出生产转换决策的当天之后才能获得。

这些假设都忽略了决策者能够预测相关事件的可能性。未来事件在当前有许多征兆，可以用征兆来推测它是否会发生，或者采取什么形式发生。这些征兆是可以观察的，但要支付一定的成本。这就提出了一个问题，即搜集这些信息的支出是否值得（参见第四章）。搜集信息的成本类似于期权，它不是通过推迟决策来降低风险，而是通过提高做出正确决策的概率来降低风险，这正是第 7.8 节的模型研究的主题。

事实上，可能有一系列类似于信息搜集的期权。根据这些征兆做出的预测不可能完全精确，预测的精度取决于提前多长时间来做预测。有两种方法可以用来提高预测精度：一是把预测推迟至接近预测事件发生的日期；二是在预测之前搜集更多的当前数据。在事件发生之前,这种权衡在每个时期都会存在。因此,最优的风险管理策略就是在任何给定的日期对信息成本和预测精度做出权衡;关于什么时间可做出预测,是在这一天还是另一天,也必须进行权衡。

在事件发生之前,获得与事件相关的信息是有成本的。这种事实说明信息在某种程度上具有特定时间的性质。过早搜集信息的成本在空间维度上有一对应物,即在离事件发生地有一定距离的地方搜集信息的成本。这反映了信息具有特定区位的性质。信息这种特定时间和特定区位的性质,解释了为什么"在正确时间和正确地点"对投资做出评估是如此的重要。

这个问题还可以进一步扩展。应该把某种主题的信息带给在特定领域工作的专家,一个原因就是信息通常作为执行投资项目的一种副产品而产生。一个项目的执行可能会产生一些信息,这些信息与后续相同类型项目的评估相关。这意味着实际上一个投资项目可能对后续项目具有期权价值,因为它可以减少决策者在评估中犯错的风险。

然而,从作为副产品的信息中受益的,不仅仅是后续的投资项目。如果一个企业有一个正在进行的项目投资组合,从一个项目搜集的信息,就可以同时用于提高另一个运行中的项目决策的正确性。同时,信息外部化有利于各项目的同步运行,也有利于各项目的有序运行。

然而,如果对获取信息的反应没有弹性,就不可能有效地利用作为副产品的信息。为了充分利用从正在运行的项目所获取的信息,第二个项目必须有弹性。必须要记住的是要用实物期权来对它进行设计。潜在信息的外部性越大,初始阶段就把实物期权设计在项目之中的优势就越大。这不仅与类似于国际合资经营的合约式期权有关,而且与类似于由弹性设备带来的那些非合约式期权有关。因此,作为副产品获得的信息成本越低,越有利于获得系统弹性。反之也成立:如果一项活动具有潜在的弹性,则对开展一些互补活动非常有用,这些互补活动产生的信息,有利于用最有效率的方式来利用这种潜能。

这些双向连接表明:信息搜集之间的连接和投资弹性,不仅是一个与单一投资项目相关的问题,而且是一个可以应用到投资者相关活动的整个组合中的问题。一个精明的投资者会优化信息搜集与项目弹性之间的联系,这种优化必须考虑与投资组合中的项目相关的所有信息的外部性。

信息搜集和项目弹性之间的联系,对正在进行全球化的企业有重要影响(对已经完成全球化的企业也有影响)。在不同市场所实施的进入策略之间都是有相互联系的。推行全球化最成功的企业,都是那些使用在每个市场搜集的信息去发掘其他市场中的机会的企业,它们以此作为对机会的弹性反应。

7.13 结　　论

本章分析了一些建模技术，这些技术可以用来完成本书提出的研究议程。实物期权只是整个议程的一个方面，然而，它却是一个非常重要的因素。它提出一种把商业行为的很多至今仍无法分析的实用方面进行合理化配置的方法：推迟在新的海外市场中投入资源表面上的非理性，以及对投资增量方法的谨慎，尽管一旦进入市场，增加投资是通常被追求的一种目标。

实物期权与金融期权之间的混淆，不利于把实物期权应用到国际商务之中。本章试图澄清这些混淆，主要用四个关键原则的一个组合，着重说明了期权理论的两个分支，这两个分支理论的主要区别在于这一事实：一个涉及一种可交易的资产，而另一个涉及一种不可交易的资产。

期权是通过增加对新出现信息的反应弹性来降低风险，成功利用实物期权的关键，取决于能预见可能出现的信息，同时能在早期阶段就设计好利用这种信息的期权。弹性可以采取多种形式：国际合资经营由合约式期权来提供弹性，而对通用资产进行的小规模、多样性的投资，则由非合约式期权来提供弹性。这些弹性形式可以结合起来，例如，持有国际合资经营的投资组合，每个投资组合运行通用资产，利用从其他国际合资经营中获得的作为副产品的信息，并把自己的信息提供给它们。

本章介绍并综合了各种思想，而不是提交了一篇对这个主题做详尽分析的论文。对前面分析的数字模型的代数形式，以及对代数模型进行模拟从而决定不同期权对制约它们的参数的敏感度，仍然需要做大量的工作。本章重点是实物期权在生产制造中的应用，而实物期权还可以应用到市场营销和研发活动中（详尽的例子参见 Huchzermeier and Loch, 1997）。修改上述模型的假定条件，可以得到新模型，比本文所述的模型更具现实性，例如引入寡头垄断竞争（Lambrecht and Perraudin, 1996），但模型可能会变得更复杂。

可以利用从这些模型得到的启示，来构建现有静态理论的"动态"形式。可以把实物期权的方法应用到标准的国际商务理论之中，包括经典理论，如产品周期模型及其变形（Vernon, 1966, 1974, 1979）。实物期权的方法对国际化进程中的超前与滞后提出一种正式的分析方法，这正是对这一主题的许多正统解释所缺失的。

参考文献

Buckley, P.J. and M.C. Casson (1981) 'Optimal timing of a foreign direct investment', *Economic Journal*, **91**, 75–87

Campa, J.M. (1994) 'Multinational investment under uncertainty in the chemical processing industries', *Journal of International Business Studies*, **25**(3), 557–578

Capel, J. (1992) 'How to service a foreign market under uncertainty: a real option approach', *European Journal of Political Economy*, **8**, 455–475

Chi, T. and D.J. McGuire (1996) 'Collaborative ventures and value of learning: integrating the transaction cost and strategic option perspectives on the choice of market entry modes', *Journal of International Business Studies*, **27**(2), 285–307

DeMeza, D. and F. van der Ploeg (1987) 'Production flexibility as a motive for multinationality', *Journal of Industrial Economics*, **35**(3), 343–351

Dempster, M.A.H. and S.R. Pliska (eds) (1997) *Mathematics of Derivative Securities*, Cambridge: Cambridge University Press

Dixit, A. and R.S. Pindyck (1994) *Investments under Uncertainty*, Princeton, NJ: Princeton University Press

Hirshleifer, J. and J.G. Riley (1992) *The Analytics of Uncertainty and Information*, Cambridge: Cambridge University Press

Huchzermeier, A. and C.H. Loch (1997) 'Evaluating R&D projects as real options: why more variability is not always better', Fontainebleau: INSEAD Working Paper 97/105/TM

Johanson, J. and J.-E. Vahlne (1977) 'The internationalization process of the firm – a model of knowledge development and increasing foreign market commitments', *Journal of International Business Studies*, **8**(1), 23–32

Jorgenson, D.W. (1963) 'Capital theory and investment behaviour', *American Economic Review*, **53**, 247–259

Jorgenson, D.W. (1967) 'Investment behaviour and the production function', *Bell Journal of Economics and Management Science*, **3**, 220–251

Kogut, B. and N. Kulatilaka (1994) 'Operating flexibility, global manufacturing and the option value of a multinational network', *Management Science*, **40**(1), 123–139

Kogut, B. and U. Zander (1993) 'Knowledge of the firm and the evolutionary theory of the multinational corporation', *Journal of International Business Studies*, **24**(4), 625–645

Kulatilaka, N. and E.C. Perotti (1998) 'Strategic growth options', *Management Science*, **44**(8), 1021–1031

Lambrecht, B. and W. Perraudin (1996) 'Real options and preemption', Discussion Paper, Department of Economics, Birkbeck College, University of London

Marschak, J. and R. Radner (1972) *Economic Theory of Teams*, New Haven, CN: Yale University Press

Mello, A.S., J.E. Parsons and A.J. Triantis (1995) 'An integrated model of multinational flexibility and hedging policies', *Journal of International Economics*, **39**, 27–51

Rangan, S. (1997) 'Do multinationals shift production in response to exchange rate changes? Do their responses vary by nationality? Evidence from 1977–1993', Fontainebleau: INSEAD Working Paper 97/84/SM

Rivoli, P. and E. Salorio (1996) 'Foreign direct investment under uncertainty', *Journal of International Business Studies*, **27**(2), 335–354

Schmitzler, A. (1991) *Flexibility and Adjustment to Information in Sequential Deci-*

sion Problems: A Systematic Approach, Berlin: Springer-Verlag, Lecture Notes in Economics and Mathematical Systems 371

Shackle, G.L.S. (1970) *Expectation, Enterprise and Profit*, Cambridge: Cambridge University Press

van Mieghem (1998) 'Investment strategies for flexible resources', *Management Science*, **44**(8), 1071–1077

Vernon, R. (1966) 'International investment and international trade in the product cycle', *Quarterly Journal of Economics*, **80**, 190–207

Vernon, R. (1974) 'The location of economic activity', in J.H. Dunning (ed.), *Economic Analysis and the Multinational Enterprise*, London: Allen & Unwin, 89–114

Vernon, R. (1979) 'The product cycle hypothesis in a new international environment', *Oxford Bulletin of Economics and Statistics*, **41**, 255–267

Wiseman, J. (1989) *Cost, Choice and Political Economy*, Aldershot: Edward Elgar

第八章 企业家精神与国际商务体系
——熊彼特和奥地利学派的发展前景

8.1 引　　言

1998年国际商务学术年会在维也纳召开,这次大会为分析起源于维也纳的两个重要经济学思想学派——熊彼特主义和奥地利学派对国际商务研究的贡献,提供了一个有用的机会。作为奥地利的首都,也是东—西欧的外交和贸易中心,世纪之交的维也纳成为一个重要的文化中心,吸引了很多天才的知识分子(包括最近被释放的许多犹太人)。因此,维也纳孕育了两个重要的经济学思想学派,这一点也不奇怪。

尽管在19世纪末就已形成,但是这些学派在21世纪初仍保持着巨大的思想活力。今天,这些学派被视为"非正统"的学派,因为它们摒弃了正统的新古典经济学方法的一些限制性较强的假设。然而,正如第四章和第五章所强调的,新古典经济学方法中的一些限制性较强的假设是完全没有必要的;实际上,在分析制度问题时,它们也没有什么帮助。放宽一些不重要而且限制性又强的新古典主义的假设之后,一些类似于熊彼特主义和奥地利学派提出的观点,就开始与新古典主义的方法融合。这说明实际上熊彼特主义和奥地利学派的一些方法比其表面看到的更正统。

它们之间的相似性比表现出来的更大。支持非正统观点的人总是强调它们之间的差异性:不仅包括他们自己的观点与正统观点之间的差异,而且包括他们自己的观点与其他非正统观点之间的差异。奥地利学派支持市场化政策的立场,通常被称为"右翼",而熊彼特主义主张政府干涉,被称为"左翼"。但是,这两种方法在一个重要的方面是相似的,即它们都强调企业家精神在市场进程中的作用。实际上,这一点也不奇怪,因为这两个学派有许多共同的要素,它们的思想都起源于维也纳,而且,熊彼特自己也曾在奥地利学派早期领导者的指导下做过研究。

本章分成三个主要的部分。第8.2—8.5节总结了两个学派提出的主要观点,重点分析那些对国际商务有最大作用的观点,并对这两种方法的优点和缺点进行评析,这两种方法的比较结果说明它们的优点和缺点基本相同,主要的优点在于它们都强调企业家精神的作用,但不同于现在的一些企业家精神文献把重点放在单个小企业的创业上,熊彼特主义和奥地利学派把企业家精神嵌入到经济内在的系统之中。然而,与大多数新古典主义研究者相同,熊彼特主义和奥地利学派经济学家并不认为经济体系的结构是固定和一成不变的。在企业家的促进下,经济系统的结构会随着时间的发展而不断演进。因此,这两个思想学派为经济"弹性系统"的观点提供了基础,而这种弹性则起源于企业家。这两个理论的主要缺点在于它们对个人心理学的一些特立独行的观点,正是这些观点阻碍了而不是帮助了对企业家创新的分析。实际上,归因于独特心理活动的企业家创新行为的许多方面,很容易解释成在信息成本约束条件下追求非金钱动机的理性行为的结果,正如本书前面几章的解释。这些理论的另一个重要局限在于它们只把弹性系统的方法应用到国家经济,然而,从分析条件来看,这只是把弹性系统方法从国家经济扩展到全球经济中的一步。这种扩展为用有弹性的全球系统的方法分析经济奠定了基础,这种有弹性的全球系统的方法对国际商务的分析非常有用。

第8.6—8.8节说明了有弹性的全球系统的方法可以用来分析国际经济中的国际商务运营的演化过程。可以对前几章使用的图解方法进行扩展,用来分析国际贸易、对外投资和国际技术转让方式的长期变化。对长期变化动态过程的强调,反映了熊彼特对资本主义兴起的历史的兴趣。一个基本思想就是:企业家创新活动导致了国际劳动分工的持续演进,这种劳动分工的演进不断对国际经济进行重构。由于贸易、投资和技术流动的加强,小区域整合成大区域,大区域整合于国家经济,国家经济又融合于全球经济。在整个过程中,国际贸易流动、投资流动和知识流动交织而成的网络就变得更为复杂。从这一点来说,现代全球商务系统可以看成是企业家的创新活动在过去一千年中的结果。

第8.9节和第8.10节总结了这种分析方法扩展的可能性,并讨论了有弹性的全球系统的方法在未来国际商务研究中的应用。

8.2 从国家视角到全球视角

到目前为止,奥地利学派和熊彼特主义都没有关注国际商务问题,它们把分析的对象牢牢固定在国家层面,自门格尔(Menger,1871)和庞巴维克(Bohm-Bawerk,1884)以来,奥地利学派的研究者就采用了国家视角的方法,因为他们最关心的是对民族国家影响的限制,这种立场是对马克思主义研究议程的一种回应,马克思主义研究议程支持用剥夺的方法对工业实行社会化。马克思主义的思想影响在19世纪与20世纪之交达到顶峰,同时,这也刺激了奥地利学派的经济学家通过揭露它的谬误来反驳其经济观点;此外,在奥匈帝国的末期,有影响的学者,如奥地利学派的一些成员,进入政府和公共管理部门工作是司空见惯的事,这使他们进一步加强了对国家问题而不是全球问题的关注。

奥地利学派的经济学家认为,马克思主义的政体是无法运行的;他们坚持认为,只有自由的市场体系,才能有效地支持经济协调,因为如果选择必须用有效的方法做出,只有自由的市场才能提供符合所需商品品质的价格信息。在奥地利学派的理论中,企业家作为市场进程的人格化身,在意识形态中的作用很重要。国家的专属作用仅仅局限于它提供了一种法律框架,对私有财产进行保护。如果人们打算仔细计算他们的最大利益在哪里,私有财产则能提供一种人们需要的安全感。个人持有私有财产不断增加的前景,同样也能提供一种激励,这种激励正是促进企业家创新活动所需要的。国家并不能直接地干预资源分配,因为它会扭曲这种激励,只有市场才有能力用一种智慧的方法来分配资源的所有权。

熊彼特主义者忽视国际商务问题,是基于另一种特殊的原因,即他们被另一些问题转移了视线。这些问题中的其中之一就是:科技和社会组织的未来发展是否要求从资本主义转向社会主义,是否要把经济权力集中起来(Schumpeter,1942),显然,这与奥地利学派有关国家有限作用以及马克思主义议程的问题有关。熊彼特主义者倾向于站在政策对立的一边,即支持政府干预来促进工业化;而奥地利学派则站在政策对立的另一边,即不支持政府干预。熊彼特主义者主张有选择性的R&D补贴、指导性计划和政府资助的战略性投资;而现代奥地利学派学者则主张保持"正确"的激励(即对产权的适当界定),把剩余的都留给市场。

熊彼特主义的另一个重要问题是工业资本主义的周期不稳定。以俄罗斯经济学家康德拉季耶夫的统计工作为基础,熊彼特认为周期介于50—60年之间的"长波"可以在主要工业化国家中观察到,康德拉季耶夫提出的事实主要是指价格,但是熊彼特则认为长波也可能发生在一些数量指标上,如就业和产出。他用大量的历史事实来支持自己的观点,这些事实都收录在他1939年出版的《商业周期》一书中,这本书采用了一种国际比较的观点,用图表描述了18世纪和19世纪以来西方科技领导地位从英国到法国、德国,再到美国的转变(也可参考 Landes,1969)。然而,熊彼特并没有把国际比较的方法发展成为一个全面的周期传递理论,来解释在一体化的全球经济中,周期从一个国家传递到另一个国家的现象。

根据熊彼特理论,长波发生是因为科技创新在时间上的集聚(也可参考 Mensch, 1979; van Duijn,1983),熊彼特的当代追随者对科技创新在空间上的集聚进行了研究。显然,科技创新在空间上的集聚与国际商务问题相关,创新集聚出现新的地理区位,可能也是解释科技领导地位从一个国家转移到另一个国家的关键因素。奥德斯克(Audretsch,1995)已经分析了地区水平上的集聚,帕维特(Pavitt,1989)分析了不同国家的集聚;同时,克鲁格曼(Krugman,1991)研究了集聚对国际贸易的影响。

与熊彼特主义者不同,研究国际商务的学者则把研究重点放在创新的扩散上,并把创新的地理区位看成是给定的(Vernon,1966)。同时认为,技术在企业内部扩散的优势,在于它可以解释跨国公司为什么会在创新产业中如此流行(Buckley and Casson,1976),在企业内部,交流创新的社会成本可能是比较低的(Teece,1977)。

显然,把国际商务与熊彼特主义的方法整合在一起是可取的,综合后的观点认为可以把创新的当地化与后续通过对外直接投资在国际上的传播联系在一起;同时,根据创新过程中国家的特定比较优势,可以解释对外直接投资在母国和东道国之间的流动方式。坎特维尔(Cantwell,1989,1995)、科格特和山德尔(Kogut and Zander,1993)近年来分析了创新和创新在国际商务中的扩散间的内在联系。显然,对于这一主题还需要做更多的研究。

8.3 熊彼特主义和奥地利学派的观点

尽管前面提出的两个学派分析重点有很大的差异,但是熊彼特主义和奥地利学派还有许多共同的概念和思想,其中一个最重要的共享概念就是具有良好解释力的有关经济的"系统观点"。在经济思想史上有许多明显的"悖论",其中之一就是熊彼特对瓦尔拉斯一般均衡理论的大力推崇(Schumpeter,1953),这个理论对经济体系的结构给出了一个特殊的数学表达式,瓦尔拉斯理论常被视为新古典理论的范例,因为它强调的是理性行为和一般均衡;而熊彼特对瓦尔拉斯的崇拜,则是对现代熊彼特主义的担心,因为现代熊彼特主义只强调熊彼特主义理论的非正统性。对这个"悖论"的部分解释可能在于熊彼特的精英主义,他敬佩瓦尔拉斯的才华,尤其是后者在数学方面的能力。然而,最可能的一种解释在于熊彼特敬佩这种精致的方法,瓦尔拉斯模型用这种方法正式地概括出在经济中发现的相互依存关系(Heertje,1981)。类似的,对相互依存关系的强调,能在马克思的著作中找到,这也是熊彼特所尊敬的,但是还有一些相互依存关系却来源于社会阶层之间的相互作用。然而,在瓦尔拉斯发现协调均衡的地方,马克思却发现了阶级斗争的冲突。熊彼特在他的有关企业家精神的经典著作的第一章,就运用了瓦尔拉斯经济系统相互依存关系的模型(Schumpeter,1934);同时,他还在那本书的其余部分运用了经济系统的观点。

尽管奥地利学派同样欣赏瓦尔拉斯系统的协调性和相互依存性,但他们反对用瓦尔拉斯式的拍卖人来替换真实世界中的企业家这种抽象概念的方法,他们甚至还抱怨说,瓦尔拉斯模型中市场的数量是固定的,不是由不同商品的数量外生决定的,而是由无数企业家的创新活动内生决定的。因此,这个系统不是静态和刚性的,与瓦尔拉斯的系统相比,具有更强的动态性和弹性。

熊彼特主义和奥地利学派都同意资本积累的重要性(这是马克思主义的另一个主题),奥地利学派认为资本是由中间产品构成的,资本的生产力源于更多地使用"迂回"的生产方法,这个分析包含了固定资本和流动资本,固定资本代表资源从消费品的生产向耐用资本品的转变,如建筑物和机械设备,保证这种转换的基础就是资本提高了劳动的生产率,因此,在资产的生命周期之内,给定劳动力生产的消费品总数量将比以前更大。流动资本的出现则是因为生产需要时间的事实,把一个单一完整的过程分解成一系列更小的过程,就取得了专业分工的经济,但是完成任何一种类型产品的生产所需要的总时间最终却增加了。尽管每个工人都完全地发挥了他的专长,但是进行中的工作循环可能因为存储的原材料从一个生产阶段传递到另一个生产阶段而被推迟。因此,劳动分工会增加生产的资本密集度,不仅是因为它提高了生产最简单阶段的机械化,而且也因为它增加了进行中的工作量。

8.4 熊彼特主义和奥地利学派观点的局限性

熊彼特主义和奥地利学派之间的另一个联系,就是这两种方法都充满了独特的心理学假设,它们与"理性经济人"这个新古典概念的原意解释是不相同的。如果说这种对正统概念的共同背离是由于"维也纳文化的连接"——例如弗洛伊德和荣格的影响,那也将会是一件令人高兴的事;但是并没有直接的证据支持这一点。然而,这种心理学上的连接意味着两种思想学派都变成了"门外汉",这正是现代正统经济学所关注的地方。

熊彼特认为企业家都有一种独特的心理,他们受以下事实的激励:

> 梦想和愿望能建造一个私人王国,……通过工业或商业成功可能获得的,依然可能是从中世纪贵族走向现代人的最近的方法,……然后,就有了征服的决心,就有了奋斗的动力,证明自己比他人优秀的动力,为了成功本身而不是为了成功的结果而争取成功的动力,……最后,就有了创造的快乐,有了完成事情的快乐,或者仅仅是锻炼一个人的能力和才华而获得的快乐。……我们就是要找出困难,为改变而改变,在冒险中寻找快乐。这组动机就是最独特的三个反对享乐主义的理由。(Schumpeter,1934,pp.93—94)

这段引文说明了思想的独特的社会学含义,为了公正地研究创新的历史,熊彼特把它引入了自己的经济理论之中。

现代奥地利学派的经济学家对人类的动机采取了更加悲观的看法。哈耶克因为看到了人性的本质而在他后期的著作中摒弃了效用理论(Hayek,1994),贪婪和嫉妒是生物本能,它已渗入人类的习惯和日常生活之中。科斯纳认为通过套利获取利润的机会,对人类具有磁石般的吸引力(Kirzner,1997),他认为,市场都是有效的,因为令人注目的资本收益前景把人们吸引过去,这些资本收益的前景也支配了对在什么地方最有可能找到利润的任何理性的计算。

没必要用这样的"心理主义"来装饰上面提到的经济系统的观点。由于心理学能够有效地洞察到人类的动机,这种洞察力既可以归纳为个人效用函数形式上的一个约束条件,也可看成是人们面临的信息成本水平的一种描述(Buckley and Casson,1993)。熊彼特认为最重要的是人们对地位和金钱的看法,而科斯纳认为通过使用个人信息而获得的金钱比通过努力工作而获得的金钱价值更高;熊彼特认为一些人(企业家)的信息成本比一般人的信息成本低;哈耶克后来认为信息成本通常很高,以至于没有人能完全意识到任何真正的选择。

8.5 观点之间的互补性

一旦拒绝心理主义,就能更清晰地察觉这些理论与国际商务的相关性。熊彼特主义和奥地利学派的方法能很好地互补。熊彼特提出了经济系统演进的模型,这个模型是由重大创新导致的投资间歇性波动所驱动。熊彼特提出了五种主要创新:过程创新、生产创新、发现新的出口市场、发现新的原材料来源、创造一种新的制度(如他已经认可的卡特尔和托拉斯),他着重强调的是前两个,即重大技术推动的创新,如铁路、发电和化学制造,这些已经成为他的追随者所强调的重点内容。然而,在解释历史记录时,熊彼特同时也认识到创新在贸易中的作用(即第三种和第四种创新),这就建立了与奥地利学派的联系,实际上,奥地利学派比熊彼特更关注创新在市场营销中的作用。熊彼特主义强调技术,而奥地利学派强调市场营销,把两者合起来就能提出一个关于国际经济增长源泉的均衡的观点。

关于企业的规模,这两种方法也是互补的。熊彼特把企业家视为一个个人英雄,他能创造一个重要的商业组织,用系统的方法利用创新;相反,奥地利学派强调很多小企业的集中作用,这些小企业通过当地化投机和套利活动,在市场体系中能提供日常弹性。已经广为人知的是,大企业和小企业之间存在着共生的关系。大企业服务于大市场,并对中间投入产品产生需求,而这些中间投入品正好是小企业能够提供的;即使在大企业和小企业相互竞争的地方,通常它们也不会直接竞争,因为大企业通常供应标准化的产品,并以非个人的方式交付这些产品;而小企业通常提供定制的产品,并以更加个人的方式交付这些产品。

8.6 国际商务体系的演进

本章剩余部分将研究前面提到的有弹性的全球经济这个主题,根据熊彼特理论,运用长期历史的视角,研究经济演进的过程;同时,还根据熊彼特主义和奥地利学派的观点,把经济演进想象成由企业家富于想象力的创新所驱动的过程。企业家把全球经济的不同部分连接起来,可以识别新的机会,由于较高的运输成本和交流成本产生的障碍,这些不同的部分至今还是彼此隔离的。由于运输成本和交流成本的下降,同时又由于产生了新的连接,就出现了专业化的新机会。专业化水平的提高必然扩大了全球规模的劳动分工。

运用系统的观点对国际商务演进进行最好的解释,就是运用序列图。这些图要尽可能地保持简单,并不需要对历史记录做太多的改动。为了这个目的,设置这些图表时,最好采用传统的方法。第一个就是用盒子表示经济活动,盒子的数量表示某种程度的劳动分工。由于全球经济的演进是由劳动分工的提高而推动的,随着经济的发展,盒子的数量必然会增加。

劳动分工具有功能和空间上的特征。功能特征用盒子中的标记表示,不同的字母对应着不同的功能;空间特征用一个简单的两国经济来表示,这两个国家代表全球经济;假设这两个国家处在不同的发展阶段,国家 1 代表发达经济体,国家 2 代表欠发达国家,同时处在追赶国家 1 的进程中。如果两个国家都处在同一发展阶段,图形就会采取不同的形式;特别是两个国家会处在对称的关系上,而不是下面描述的不对称关系。

选择不对称关系,就是用它反映发达经济体中的创新当地化。新功能的创新用黑色盒子表示。在大多数(尽管不是全部)发展阶段都会出现新功能创新,每个新功能首先出现在发达国家(国家1),这个功能随后有可能传递到国家2,也有可能不传递。

随着新功能的出现,需要把它与已有活动的网络连接起来,涉及产品原材料流动的连接在图中用粗线表示,这些粗线的箭头表示原材料的流动方向;涉及科技和专业知识流动的连接在图中用细线表示,这些线通常起源于研究活动,这些研究活动是很重要的,通常用三角形而不是正方形来表示。

不仅可以创新功能,也可以创新连接。新功能必然会产生新连接,但是新连接也可能出现在已有功能之中,复杂的劳动分工不仅涉及专业化功能的大量收集,而且涉及联系这些功能与另外一些功能的连接的密集组合;新连接用黑线表示,而已有连接用灰线表示。这样,在每一幅图中,黑色代表创新:黑盒子表示新功能或已有功能的新区位;黑线表示它们之间的新连接。

总共有八个图,每一个图用来描述经济史中的一个特定时期,当然,时期的划分是任意行为,但是在许多情况下,特定的创新被分配到特定的时期,主要是为了便于解释。每个国家的经济史都是不同的,因此,图中研究的是一个特定的发达国家,如英国(严格地说是英格兰)。这是有保证的,因为它的历史记录完整,特别是有很多方便的二手资料;同时,在重要时期,如工业革命时期,英国是世界上最发达的国家。在分析英国的案例时,用已经完成工业化的殖民地表示其他国家。

英国的历史时期包括的范围很长,超过了一千年。这对阐述原因是很有用的,因为它强调了国际商务活动中重要的历史连续性;同时,考虑到主要创新纪元之间很长的时滞是非常必要的,这种很长的时滞也可以用来概括创新传播的特征。把现代国际经济的起源追溯到第二个千年的开端,这同样也是有历史精确度的。根据现存可靠的传记,英国国际商务的第一代创业家之一是芬查尔(在达勒姆附近)的圣·哥德里基,他是一个小贩、船主、商人和十字军战士(1085—1105)(Farmer,1987)。(顺便说一下,他是唯一变成圣徒的人,因为他从国际商务中退出而去为他的罪恶所得赎罪。)到了13世纪,大量的伦敦商人从事国际贸易(Thrupp,1948),此后不久,为了支持羊毛织品的出口贸易,英格兰和苏格兰就开始在海外港口进行对外直接投资(Davidson and Gray,1909)。

8.7 图解分析

最基本的经济是以生存为基础。初级产品的生产 P，直接用于消费 C，如图 8.1(a) 所示。每一个家庭用它持有的土地生产食物来满足自己的需求，用动物副产品来制作衣物，用木材或泥土来建造房屋。

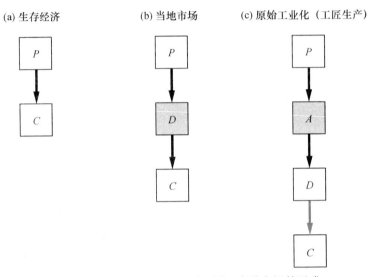

图 8.1 经济体系演进的早期阶段：当地市场的形成

经济发展的第一步是形成当地市场，这些市场通常都在战略位置，如河流渡口附近的有防御性的山丘城堡，这些位置可能是刚刚形成的宗教和行政管理中心。农民在定期市场上交换彼此的家庭剩余品，那些不易腐烂的产品还可以储存到下一个市场交易日。最后，这个核心结算交割地的增长，有利于店主出现（如屠夫和面包师傅），这些店主整周都会交易。这个结算地就变成了一个专门化的分销中心 D，如图 8.1(b) 所示。

对动物副产品精细加工程度的增加，导致了纺织、陶瓷和珠宝行业工匠生产的出现。工匠们 A 聚集在结算地，直接从他们的工场出售产品，他们中的一些人也满意于政府和宗教权威人士的光顾。这样，这个村庄就把 A 和 D 的功能结合起来，如图 8.1(c) 所示。

当村庄扩展成为乡镇和城市时，城市对食物需求的增加促进了与乡村的大规模交易，这又促进了对自然资源的更好利用。人们更加精心地耕作土地，边沿地区的土地被改造后投入生产，渔业扩张，不同的地区开始专业化从事不同的农业生产:耕地、乳牛家畜饲养、牧羊等,剩余的农产品在不同的分配中心进行交换。交易网络不断发展,作为节点,这些关键地理区位的中心开始形成,如河流的交汇处、港湾以及和牲畜贩子道路交叉口等(Britnell,1993;Britnell and Campbell,1994)。乡镇的层级结构开始形成,顶层是交易的轴心,它是为军队、教堂和民众服务的专业化中间人和供应承包商的基础。工匠生产也聚集在这些中心,因为商业财富创造了对奢侈品的需求。图8.2描述了一种典型的连接,它把左边一个主要的交易中心与右边一个处于下层的小城镇联系起来,城市内部交易组织用 T 表示,它以城市为基础。城市向乡镇出口价值高的专业化加工产品,同时,进口更多同质的剩余农产品,城市商人在乡镇市场上大批量购买食品原料,导致了乡镇消费者对这种"盛景"收费,因为他们看到必需品的价格被抬高。在一些情况下,商人也许会绕过市场,直接走到大农场的"农场大门",从而先发扼制当地消费者的需求。

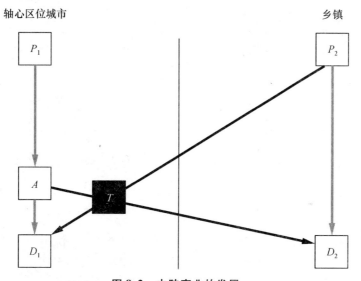

图 8.2　内陆商业的发展

当内陆交易的范围跨越国家边界时,就产生了国际贸易。在内陆贸易中河流的广泛使用是非常明显的,由于水路运输相对于陆路运输的自然优势,最便宜的国际贸易运输方式就是海运。然而,海运对新技术提出了挑战,划桨能手在暴风和急流面前不再胜任,而是需要使用更多的航海技术,为此,需要专业化的装备。当河岸和海岸陆标不可见时,就需要更好的导航技术。海盗的威胁要求必须拥有军队,长途旅行要求船的设施更为完善,以满足船员及供给的需要。对速度、规模和安全的权衡,就需要更多的船舶,这又进一步增加对造船技术的需求。

因此,为了发展国际商务的需要,第一件高科技资本设备开始大规模生产的时候,适合海洋航行的船舶就开始出现。如图 8.3 所示,国际贸易 T 要求投入大量的资本品 K,K 采取船舶的形式;这些船舶对原材料 P 产生了巨大的需求,如木材;实际上已经发现,木材的可获得性是大型海军和商业强国发展的重要因素,如 17 世纪的英格兰。很多重要的海上强权,如 15 世纪的威尼斯,都是以其船舶设计和建造技术而闻名于世(Lane,1973);同时,它们还以精通设计导航技术设备所需要的几何原理而出名。"军旗插到哪里,贸易就做到哪里。"因此,海洋技术的重要性,不仅在于它提供了贸易机会,还在于它能把军旗率先插到海外。这种海洋专有技术在图中用三角形 R 表示。

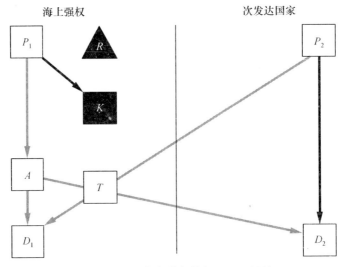

图 8.3　长距离海洋贸易(1100—1350)

当然,使用木质结构的资本品还是有很严重的缺陷。使用石头建造的建筑物更加经久耐用,用金属建造的机械设备更加牢固。但是,石头的可获得性取决于挖掘技术,而金属的可获得性取决于矿业的发展和冶炼技术。为了建造有名望的建筑,如大寺院和教堂,很早就用石头取代了木头。然而,直到 19 世纪初才开始使用金属来建造机械设备。不过,为了实现这个目标而迈出的重要一步发生在 16—17 世纪。金属对于武器制造具有特殊的战略意义,冶金术是德国的专长,它被移民者带入英国;在西欧扩张时期,采矿术和冶金术为实施殖民的国家,如英国,提供了强大的军事力量,它们用其抵御被殖民者的反抗,同时打开了跨洋的补给线(Nef,1932,1950)。

图 8.4 描述了早期的军事和工业之间的关系。现在把技术 R 投入初级产业

部门 P 和船舶制造部门 K,这提高了金属业的生产率。把资本品,如金属用具,提供给矿业,矿业又向资本品产业提供金属,用来生产重型枪支之类的产品,这种复杂的产业得益于 17 世纪和 18 世纪英格兰的强大需求,因为英格兰成功地组织了掠夺和建立海外殖民地(Parker,1988)。根据联合股份原则组建的特许专营的贸易公司开始流行起来,它们向消费者提供具有异域风情和流行的进口商品,如烟草、茶叶和山狸帽(Carlos and Nicholas,1988);同时,也向特许其成立贸易公司的君主提供税收和软贷款。

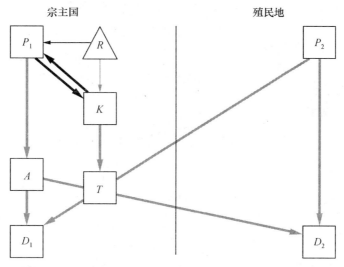

图 8.4　矿业革命(1560—1640)与海洋革命(1660—1760)

从 20 世纪末开始,在英格兰分别用风车和水车开发风能和水能来碾磨谷物,但是生产所需要的大部分能源还是人力和畜力。煤矿的开采出现了突破,从 17 世纪初开始煤就成为一个重要的能量来源,煤可以产生蒸汽,而蒸汽作为一种理想而又稳定的能源,常用于开矿和为工厂发电。尽管兰开夏郡纺织业的工厂体系早在蒸汽能源产生之前就存在,但正是蒸汽这种能源的可靠性和自我调节性,才使规模经济和连续生产量经济在这个工厂体系中彻底而又充分地实现。工厂这种生产原理慢慢地从纺织业扩散到陶瓷业,然后又扩散到工程产业。长期生产运营的经济,鼓励一些企业专业化于特定的生产线;而规模经济又促使一些企业利用出口市场来实现最大生产规模,现代制造部门由此诞生了。

这种情形可用图 8.5 描述。制造业部门利用资本品在设计上的先进功能,这些资本品在运行的过程中能高速循环利用;制造业部门对来自于初级产业部门的煤和其他原材料的需求不断增加;由于使用高速车床等机械工具,产品精密度也能够达到一个新水平。因此,制造业部门对自己的资本设备生产做出了贡献,并产生一个良性的循环。在这个循环中,更好的制造方法产生了更好的设备,更好的设备又提高了生产标准,这可以用图中 M 和 K 的连线来表示。

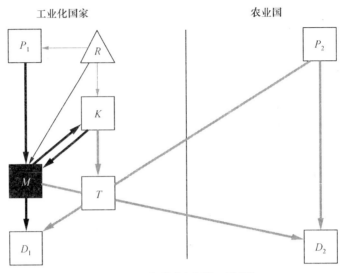

图 8.5 工业革命(1780—1850)

制造业对矿物需求的增加,使当地供给逐渐衰竭(或者是提炼成本增加,从经济学观点来看,两者结果是一样的)。为了维持工业增长,需要进口原材料。因此,需要把矿物提炼技术出口到海外,在矿井作业的资本品也要出口。在 1870—1914 年间的"帝国主义繁盛时期",英国派遣了许多国内矿业工程师出国,到非洲和南美洲开辟新的业务(Ginord and Hopkins,1933),通过所谓的"独立公司"把技术转移到国外(Wilkins,1988)。这些企业促进了资本设备的出口,同时,也促进了发展中国家的矿物出口。结果,中间产品的贸易得到了巨大的发展,英国出口资本品换取原材料的供应。蒸汽船的出现,以及后来在巴拿马和苏伊士开辟了新的跨洋运河,都促进了这种贸易的发展(Davies,1973)。新的交流方式的发展,如电报和电话,同样在这个时期末发挥了重要作用。

这些发展可用图 8.6 来表示。采矿技术从 R 传播到 P_2,同时,它受到从 K 出口的资本品的支持。由于资本品流动和矿物质从 P_2 到 M 的回流,贸易显著扩大了。

随着帝国主义时期的到来,英国经济在促进工业化和贸易发展中的作用达到了顶峰,到 19 世纪和 20 世纪之交,美国已经超过了英国;同时,德国也紧随其后,欧洲强国如法国和瑞典也正在追赶。它们使用新的电力技术,这种技术可以

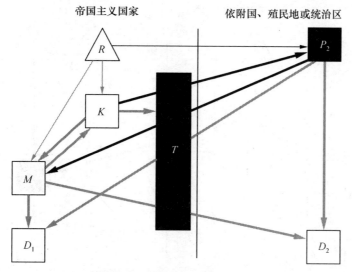

图 8.6　帝国主义（1870—1914）

使它们利用丰富的水能来克服在用煤生产蒸汽方面的比较劣势；同时，英国在技术上仍依赖其不断减少的煤储量。

20 世纪上半叶是大规模生产和大规模营销的时代，正如钱德勒（Chandler,1977）著名的论断所述。专门化企业研究实验室的出现（以德国为先锋），致使发明进程成为日常事务，产品创新和生产过程创新紧密相连；广告在说服消费者接受高度标准化的产品上发挥了关键作用，通过包装和颜色的运用来增加产品表面的差异程度，成为越来越普遍的策略。如图 8.7 所示，在大规模生产体系中，可把工业生产 M 和产品分配 D 紧密连接起来。它们最终都取决于源于实验室 R 的产品创新和生产过程创新的集成。

美国相对于欧洲在技术和经济上的优势在战后的 1945—1960 年间达到了顶峰，对美国产品的巨大需求导致的"美元短缺"推动了美国实际工资的上涨，直至涨到能把简单的生产过程（如耐用消费品的最终组装）出口到"劳动力廉价"的欧洲的水平，技术转移就会取代贸易（Dunning,1958；Wilkins,1974）。

先进的技术已经成为主要的财产，这在世界历史上还是第一次。19 世纪后期，专利体系的法典是促进企业实验室里具有企业家创新精神的 R&D 增长的一个重要因素；而且，当新技术的所有者把这些技术转移到海外的时候，他们也希望保护他们的无形资产。然而，许可证合约的问题还没有完全解决。因此，技术所有者就会选择对外直接投资的方式。美国的高科技企业直接在欧洲投资，投资企业在欧洲的运营基本上是对美国企业的复制，只有一个重要的例外，如图

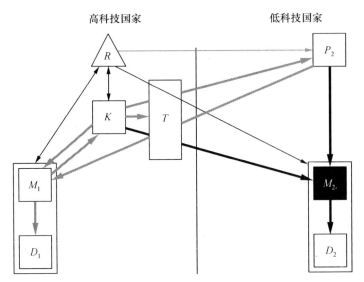

图 8.7 大规模生产与生产技术转让（美国：1918—1973；英国：1945—1973）

8.7所示，即加工技术所需要的资本品仍然在美国继续生产（一些复杂零配件的生产也是一样）。

当西欧和日本缩小了与美国生产率的差距时，美国再一次成为一个经济基地，从这个基地出口普通工业制成品。在联合国贸易发展委员会的倡导下，贸易自由化降低了关税；同时，作为多式联运的一个工具，集装箱的广泛使用，不仅影响了相同产业的生产国际专业化，而且影响了不同产业的生产国际专业化。不同的国家根据自己的自然资源禀赋、在国际运输航线中的地理位置、劳动力的结构以及管理技能，开始在不同的生产阶段进行专业化。图8.8说明了一个给定产业的生产顺序是如何分布在不同的地理区位，它描述了两个相对"自由的"生产业务 M_1 和 M_2，每个生产业务安置在不同的国家，它们是一个组装线中的两个互补的部分。每个国家都有自己的装配业务，组装之后把它转移到国内销售渠道。这些组装业务 S_1 和 S_2 把相同的零配件集中在一起，为了使自己的最终产品能满足各个不同国家当地消费者的偏好，再把这些零配件组装成不同结构的产品。

20世纪下半叶的另一特征，就是个人交通和远程交流的巨大创新，如用于商业旅行的喷气式飞机和用于商业交流的计算机网络。由于减少了信息流动的时滞，这些创新使企业不仅能从母国境内学习实际操作经验，而且还能从海外学习实际操作经验。这些可以用图8.8中的双箭头来表示，这些双箭头附属于所有的信息流动。在图8.7中，双箭头只用于母国经济中的内部信息流动，海外仍

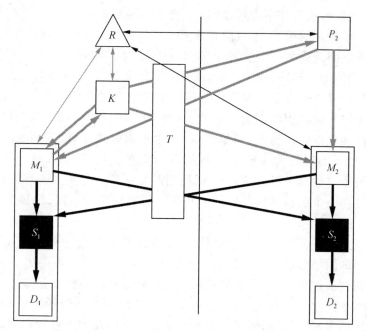

图 8.8　全球学习条件下的全球理性生产

是专有技术的被动接受者(尽管有一些国家例外,如日本,由于它对技术吸收很快,这种假设显然是错误的)。这些双箭头强调了现代跨国公司从它们遍布全球的实际操作中学习的重要性。

8.8　一些"历史的教训"

用图解对全球经济演进进行分析的方法,优势在于可以说明许多主题是如何重复出现的,尽管这些主题在不同的时代可以用不同的外观来呈现,这与国际商务的传统历史形成了鲜明的对比,国际商务历史仅仅关注最近一百年左右的历史。

可以根据"管理革命"来简单地叙述国际商务的历史,"管理革命"开始于19世纪90年代美国的信托运动,这种运动在美国国内一直持续到1945年,此后再流传至国际。这个过程强调了通过企业R&D以及外商直接投资导致管理革命在国际上的扩散,使大规模生产技术得以发展;这是一个关于公司的过程,而不是一个关于能做出关键决策的单个企业家的过程;这也是一个关于许多具有战略思想的高级主管的过程,他们受到被动股东的支持(缺席的企业出资人)。如果这些管理者成功了,这是因为他们经过专业培训——他们去过很好的商学院,换句话说,他们的成功并不表示他们是天然的企业家。

这是一个特定的情况,不可能在任何时候都能成为一个范例。实际上,它也不可能跨越空间而成为一个范例,因为正如钱德勒(Chandler,1990)提出的一个论题:美国的经历与英国、法国、德国或日本是完全不同的,这也可能是一个令人产生误解的故事——对于美国现代公司的出现做出充满了必胜信念的描述,本身可能极大地造成管理者的自满心理,这在1973年西方增长"黄金时期"即将结束的美国表现得非常明显(见第一章)。由于用管理这只"看得见的手"代替了市场这只"看不见的手",站在20世纪70年代的立场上,现代跨国公司的发展看起来也许像是达到了经济发展的顶峰;但是站在又一个新千年的立场上,它看起来像是任何一个短暂的历史瞬间。在这个短暂成功的瞬间,也种下了衰落的种子。

系统观点这种分析方法的一个优势,就在于它把过去一百年的发展放在了过去一千年的国际劳动分工发展的总体论述之中,把历史追溯到更早的纪元,就能剥掉公司合法的外衣,因为这种外衣会隐藏公司真正的决策者;同时把注意力直接集中到企业家。只有这样,才有可能更清楚地认识到创新的根本来源。按照上面提出的图解,传统的情况主要是关于研发活动 R 和工业制造活动 M 的变化,很少涉及其他功能的改变,如初级产品生产 P,资本品生产 K,或贸易 T;其实,分销活动 D 也会出现在这个过程中。但是直到目前,D 与 P 才被整合在一起。只有采取长期分析的视角,才有可能认识到包括在这个系统视野之内的所有功能的重要创新。

1. 技术 R 对贸易量 T 有直接的影响,因为它影响运输成本。国际贸易的早期发展,很大一部分都归因于天文学的进步提高了导航技术;金属冶炼技术提高了海军枪支的功能,并控制了海盗行为;蒸汽技术的发展使得固定班轮运输的服务得以实现,现在喷气式飞机又方便了单位价值高(高价值/重量)的精密产品的国际即时生产,如个人计算机。

2. 在解释经济演进的过程中,对存量和流量的区分是很重要的,存量用资本表示,用存量支持流量是必需的,因为流量循环中的滞后,意味着除非存量在同一时期内增加了,否则流量就不能增加;如果存量没有显著的增加,要实现流量的增加,就必须提高存量的生产率。如果长期经济增长的融资成本在一个可以接受的范围之内,那么提高资本存量 K 的生产率这种方法是关键的。这就是为什么很多技术最先进的国家,都是能用最有效率的方法来使用资本的国家。纺织设备的早期发展使得机器能高速运转,在资本设备数量给定的条件下增加了总产量,同时对工业革命产生了很大的推动作用。有时固定资本技术的发展也能增加经济中的流动资本,因此,船舶和蒸汽机车技术的提高,加速了货物运输,减少了为支持长距离贸易所需的存货和半成品的数量。最近,计算机设计的进步,使得运用给定数量的计算机硬件,也能交换更多的信息容量,因为硬件可以用更高的速度运转。

3. 长期看来,初级生产技术 P 对提高全球生产率的作用和制造技术是同样重要的。在20世纪,采矿业通常被看成是一个成熟的产业,即使有一些联合活动,如石油开采,很明显也是高科技的产业,而且对能源密集型制造业的成本效益是很重要的。很明显,采矿技术的提高,煤供给的增加,为工业革命奠定了基础。英国的煤成本很低,这毫无疑问对英国采用蒸汽动力是一个重要的刺激因素;而且,这也加强了工厂体系沿着上述路线采用大规模生产的趋势。根据克利(Corley,1983)和亨那特(Hennart,1983)的观点,为了均衡地分析国际商务的历史,应该把更多的精力放在初级产业部门。

4. 分销部门 D 的出现,同样也是很重要的。如果只有一个企业家的形象,并与这一千年来的所有重要纪元都相配,他应该是这样一个商人:识别市场机会,为了利用这种市场机会而向生产商下订单(Casson,1977)。生产厂商正是依靠商人提供的一些信息,来决定合适的生产组合。但是,商人的这种角色在20世纪被隐藏了。在大规模生产的时代,当分销与制造进行了垂直一体化,商人的角色由管理者来扮演——通常是营销经理。管理者拿到一份固定工资的事实,不应该掩饰另一个事实,即由于他的决策具有高度主观判断的性质,他将面临着很大的风险。一个重大的风险就关系到他在这个产业中的声誉,如果他由于投机失败而被解雇,他将很难再获得一个类似的工作。接下来一个最新的趋势就是公司的"去一体化",再一次看到了内部企业家的作用。如第一章所述,"去一体化"、"缩小规模"和"扁平化"提高了企业的灵活性,同时,也为内部企业家展示创新提供了更大的范围;如第五章所述,新的信息技术使得企业家更容易进入企业的知识库。一个企业的营销部门通过电话销售把产品直接卖给消费者;同时,通过竞争性分包或者通过对已有商品进行简单的"贴牌"来采购产品。很显然,市场营销管理者的"商人"能力,是企业成功的关键。从短期角度看,在现代弹性企业内企业家的出现,可以看成是商业策略理论的新发展,但就历史记录而言,这是商业成功中的一个持久主题。创业管理的现代方式代表了向几个世纪之前第一次出现在西方商业中的管理方式的回归。

8.9 未来的研究

还有两点值得进一步研究,尽管它不是系统观点的直接产物。

第一点值得注意的是,"产品周期"现象不仅可以适用于生产制造技术的国际传播,而且可适用于一般意义上的创新的传播;特别的,还可以适用于制度种类的创新,如农业市场的出现,对矿产的大规模投机性融资开发等。在英国的例子中,这些思想在输出到其他国家之前,已经在国内使用。最主要的是当伦敦商人把农村地区的农业供给资源开发殆尽,同时,伦敦的资本家在康沃尔郡和其他地方将煤矿开发殆尽之后,他们才开始把注意力转向海外类似的发展。在帝国主义繁盛时期,对许多殖民地的开发,实际上是对在国内被证明是成功之道的商务经营的国际翻版。甚至在今天,一个"后殖民"的世界中,一般制度的创新,如私有化和撤销管制,显然也是遵循着传统的产品周期的传播路径,从发达国家向发展中国家传播。尽管由于全球生产制造业的竞争已经变得很激烈,生产制造业中的产品周期可能已经加快了速度,但是这种产品周期在其他领域,还是和以前一样稳定而又不可抗拒地运行着。

第二点是知识通过许可证方式和对外直接投资方式的传播,这是一种相当新的现象,即技术通过颁发许可证和对外直接投资两种方式进行扩散。尽管历史的观点总是削弱这种思想:最新的发展都是新奇的和史无前例的,但是偶尔它也认同那种真正新奇的发展。从这个角度看,把知识产权扩展到无形资产,例如19世纪的知识,这就是一个关键的发展。直至现在,专利的授权仍只是建立在一个相对特别的基础上,还没有一个正式的系统的机制,让普通民众通过它获得一项保护利用新知识的专利。君主偶尔颁发特许状和专利权给一些权贵,但这通常都与税收的征缴和煤矿的运作有关,而与创新的利用无关。甚至在一个国家对科技颁发的专利,在另一个国家通常却不被承认。直至19世纪后,专利权才得到国际上的认可;而且,也正是此时,把国际技术许可证作为海外转移技术的一种方式才变得可行。

在国际许可证发展之前,移民是实用科技专业知识在两国间传播的一种主要机制。熟练技术劳动力的移民受市场力量的强烈驱动,技术工人通过保密来保护他们的科技专有知识,他们自己保守自己的秘密,只把"手艺诀窍"传给自己的学徒;或者,只在行业(如行业公会或手工艺协会)的成员间分享这种"秘密"。工业革命见证了这次重大的劳动力移动,因为大量的技工在英国四处迁移,把他们的技艺从一个地方传播到另一个地方(Pollard,1981);后来,这些技工又漂泊到了国外,他们去那里通常是作为安装机械设备的承包商,同时,留下来建立自己的工厂,或者为移居国外的企业家工作(Henderson,1954)。实际上,工业革命以前,在几个欧洲国家的"重商主义"政策中,一个重要成分就是防止移民把自己的商业秘密带到国外。尽管这种政策通常没有效果,因为它很难付诸实施。但是,事实上,英国由于它相对稳定而又自由的政治体制,成为18世纪欧洲大陆"人才流失"的主要受益国;同样的,自1945年以来美国也从英国的"人才流失"中受益。尽管有其现实意义,但是劳动力移民仍然是国际商务理论所忽略的内容;尽管经常在国际人力资源管理的背景下探讨移民问题,但其重点仅局限于对企业内部员工区位重置的统筹安排,很少有人尝试把这个问题的讨论与国际商务中更广泛的领域联系起来。然而,反思一下,由于很多科技知识都具有"隐含性"的特征,技术转让和技术劳动力移民紧密联系在一起,这是显而易见的。

8.10 结 论

详细地把系统的观点应用到国际商务的演进之中,还能获得许多其他的启示。上述推导的结果的例子应该能说明未来进一步研究的需要,这里提出的系统的观点是一个典型的维也纳式描述,它强调了国际商务体系的弹性,以及企业家在提供这种弹性中的重要性。

与现代许多学者相比,熊彼特主义和奥地利学派研究的范围更广,展现出来的智慧更神奇,特别是熊彼特,实际上,自19世纪可流通信用工具出现以来,他就没有被掌握许多不同国家在很长一段时间内的资本主义历史的前景所吓倒。具有讽刺意味的是,尽管"全球化"和"演进"这种现代化的辞藻很流行,但是现代国际商务的学者在很多方面比一百多年以前维也纳的知识巨人的眼光还要狭隘,今天的国际商务学者,如果重新阅读著名作家的著作,如熊彼特、门格尔和庞巴维克,可能会获得更多的知识激励。希望这一章可以鼓励他们为了自己而与这些作家交流。

参考文献

Audretsch, D.B. (1995) *Innovation and Industrial Evolution*, Cambridge: Cambridge University Press

Bohm-Bawerk, E. von (1884) *Capital and Interest*, authorized trans., London: Macmillan 1890

Britnell, R.H. (1993) *The Commercialisation of English Society, 1000–1500*, Cambridge: Cambridge University Press

Britnell, R.H. and B.M.S. Campbell (eds) (1994) *A Commercialising Economy: England 1086 to c.1300*, Manchester: Manchester University Press

Buckley, P.J. and M.C. Casson (1976) *The Future of the Multinational Enterprise*, London: Macmillan

Buckley, P.J. and M.C. Casson (1993) 'Economics as an imperialist social science', *Human Relations*, **46**(9), 1035–1052

Cain, P.J. and A.G. Hopkins (1993) *British Imperialism: Innovation and Expansion 1688–1914*, London: Longman

Cantwell, J.A. (1989) *Technological Innovation and Multinational Corporations*, Oxford: Blackwell

Cantwell, J.A. (1995) 'The globalisation of technology: what remains of the product cycle?', *Cambridge Journal of Economics*, **19**(1), 155–174

Carlos, A. and S.J. Nicholas (1988) 'Giants of an earlier capitalism: the chartered trading companies as modern multinationals', *Business History Review*, **62**, 399–419

Casson, M.C. (1997) 'Entrepreneurial networks in international business', *Business and Economic History*, **26**(2), 811–823

Chandler, A.D., Jr (1977) *The Visible Hand: The Managerial Revolution in American Business*, Cambridge, MA: Belknap Press of Harvard University Press

Chandler, A.D., Jr (1990) *Scale and Scope*, Cambridge, MA: Belknap Press of Harvard University Press

Corley, T.A.B. (1983) *A History of the Burmah Oil Company, 1886–1924*, London: Heinemann

Davidson, J. and A. Gray (1909) *The Scottish Staple at Veere*, London: Longmans Green

Davies, P.N. (1973) *The Trade Makers: Elder Dempster in West Africa*, London: Allen & Unwin

Dunning, J.H. (1958) *American Investment in British Manufacturing Industry*, London: Allen & Unwin

Farmer, D.H. (1987) *Oxford Dictionary of Saints*, 2nd edn, Oxford: Oxford University Press

Hayek, F.A. von (1994) *Hayek on Hayek* (eds S. Kresge and L. Wenar), London: Routledge

Heertje, A. (1981) *Schumpeter's Vision*, New York: Praeger

Henderson, W.O. (1954) *Britain and Industrial Europe, 1750–1870*, Liverpool: Liverpool University Press

Hennart, J.-F. (1983) 'The tin industry', in M.C. Casson *et al.*, *Multinationals and World Trade*, London: Allen & Unwin, 225–273

Kirzner, I.M. (1997) 'Rationality, entrepreneurship and economic "imperialism"', in S.C. Dow and P.E. Earl (eds), *Conference to Celebrate Brian Loasby's Work at Stirling University, 1967–1997*, 1–21

Kogut, B. and U. Zander (1993) 'Knowledge of the firm and the evolutionary theory of the multinational corporation', *Journal of International Business Studies*, **24**(4), 625-645

Krugman, P.R. (1991) *Geography and Trade*, Cambridge, MA: MIT Press

Landes, D.S. (1969) *The Unbound Prometheus: Technological Change and Industrial Development in Western Europe from 1750 to the Present*, Cambridge: Cambridge University Press

Lane, F.C. (1973) *Venice: A Maritime Republic*, Baltimore: Johns Hopkins University Press

Menger, K. ([1871] 1971) *Principles of Economics* (eds J. Dingwall and B.F. Hoselitz), New York: New York University Press

Mensch, G. (1979) *Stalemate in Technology*, New York: Ballinger

Nef, J.U. (1932) *The Rise of the British Coal Industry*, London: Routledge

Nef, J.U. (1950) *War and Human Progress: An Essay on the Rise of Industrial Civilisation*, London: Routledge

Parker, G. (1988) *The Military Revolution: Military Innovation and the Rise of the West*, Cambridge: Cambridge University Press

Pavitt, K. (1989) 'International patterns of technological accumulation', in N. Hood and J.-E. Vahlne (eds), *Strategies in Global Competition*, London: Routledge

Pollard, S.J. (1981) *Peaceful Conquest: The Industrialization of Europe 1760–1970*, Oxford: Oxford University Press

Rosenberg, N. (1982) *Inside the Black Box: Technology and Economics*, Cambridge: Cambridge University Press

Schumpeter, J.A. (1934) *The Theory of Economic Development* (trans. R. Opie), Cambridge, MA: Harvard University Press

Schumpeter, J.A. (1939) *Business Cycles: A Theoretical, Historical and Statistical Analysis of the Capitalist Process*, New York: McGraw-Hill

Schumpeter, J.A. (1942) *Capitalism, Socialism and Democracy*, New York: Harper & Brothers

Schumpeter, J.A. (1953) *History of Economic Thought* (ed. Elizabeth Boody Schumpeter), London: Allen & Unwin

Teece, D.J. (1977) 'Technology transfer by multinational firms: the resource costs of transfering technological know-how', *Economic Journal*, **87**, 242–261

Thrupp, S.L. (1948) *The Merchant Class of Medieval London: 1300–1500*, Ann Arbor: University of Michigan Press

Van Duijn, J.J. (1983) *The Long Wave in Economic Life*, London: Allen & Unwin

Vernon, R. (1966) 'International trade and investment in the product cycle', *Quarterly Journal of Economics*, **80**, 190–207

Wilkins, M. (1974) *The Maturing of the Multinational Enterprise: American Business Abroad from 1914 to 1970*, Cambridge, MA: Harvard University Press

Wilkins, M. (1988) 'The free-standing company, 1870–1914: an important type of British foreign direct investment', *Economic History Review*, 2nd series, **41**, 259–282

第九章 国际商务中的网络

9.1 引　　言

企业家精神被广泛地认为是经济增长的关键因素(Leibenstein,1968)。商业化和工业化的历史研究表明,当与企业家的活动联系在一起时,"经济起飞"的速度是很高的(Grassby,1995)。总的来说,企业家可以看成是一个合作的网络,而不是具有竞争性个体的集合。遗憾的是,试图发展"企业家网络"的想法却遇到了困难,即"企业家"和"网络"这两个概念都有点模糊不清。但是,运用经济学理论,用更加严格的方法可以对它们进行界定。本章解释了企业家网络的概念,区分了企业家网络的不同层次;同时,说明这些不同层次的企业家网络在历史上是如何相互作用从而促进国际经济增长的。

本章有三个主要部分,第一部分分析了网络的概念,第二部分探讨了企业家精神,第三部分分析了企业家网络的不同种类,同时分析了影响企业家网络结构和地理区位的因素。

9.2　网络的经济学方法

直到最近,经济学家都还认为竞争性的市场能以无成本的方式来处理信息,却没有认识到,不管在什么类型的制度下,信息处理都会产生大量的成本;而且,为了解释人们为什么乐于竞争,经济学家都想当然地认为,对物质的贪婪是人类的基本动机。近些年的研究已经试图去修补这些缺陷(Casson,1995),例如,运用团队理论,把信息成本纳入了决策理论(Carter,1995);运用利他主义理论(Collard,1978)和"自我控制"理论(Tharler and Shefrin,1981),对贪婪提出了道德约束。为了迎合这些趋势,这一章研究信息成本,同时分析人类行为的社会属性和道德属性。

在新的理论框架中,很自然地把网络作为协调机制。当然,企业和市场也会影响协调。把网络作为企业和市场的替代,是因为它们的决策是更加民主的,所达成的结果也是更加公平的。网络比市场更受欢迎,是因它们涉及更多的社会接触,鼓励信息共享。网络比市场具有更多的合作性和更少的竞争性;同时,网络也能加强相互的责任感,这也是社会所依赖的(Best,1990)。新的理论方法证明网络通常也是更有效率的。在网络里的交流比在企业或市场内的交流更丰富,而且更可靠。问题不在于网络是否需要协调,而在于什么样的条件下网络工作最有效率。

企业、市场和网络之间的选择可用以下原则来进行分析,即最有效的安排会生存,效率较低的安排被淘汰。网络中的个体成员面临着两种选择:是在市场上进行不受个人情感影响的交易,还是成为企业的一名普通员工。如果他们加入这个网络所得的收益,小于从上述两个选择中获得的预期收益,则他们会退出这个网络。如果每一个人都采取相同的行为,这个网络就会解体。相反,如果人们认为他们在网络中的境况比在企业或市场中的境况更好,则他们会离开市场或企业而加入网络。从个人的角度看,在任何给定环境中,长期安排最终都会趋向于成为有效率的安排。

然而,在一个产业或一个地理区位上是有效的安排,在另一个产业或地理区位上可能是无效的。因此,不同的制度安排可能会在经济的不同部分中共存。网络理论的作用,就是识别在什么环境中由什么样的因素决定这种制度安排。随着环境的改变,优势的均衡也会随时发生变化。因此,如果技术的转移或需求结构的改变所引发的新问题很容易被企业或市场解决,那么,这个成功网络的作用就开始下降。

假设网络被广泛地使用,如果它们都采用相同的形式,这可能是令人惊奇的。历史事实清楚地表明了它们的多样性。例如,意大利北部纺织区的网络(Bull,Pittt and Szarka,1993)与伦敦这个大都会的商人社区网络(Brenner,1993)是不一样的。它们在功能上(生产制造,银行业务,科学研究)、产业上(例如在采矿业和金属品制造业之间)、空间上和时间上都是不同的。因此,在网络的一般概念中,需要区分网络的不同种类。到目前为止,不能提出完整的网络分类是这个领域进一步发展的主要障碍。如果没有完整的网络分类,就不可能合理地解释具体的协调问题需要采取何种网络形式。

区分网络不同种类的重要性可以用不同种类网络成员重叠的方法来凸显。一些人只属于当地网络,这个当地网络基于很小的地区,如工业区,或农村"行政区",这些人包括自雇的工匠、大农场主、当地商人等。然而,在每一个地区还有一些人是属于国家网络,这些中间层的企业家包括当地的批发商和当地其他主要雇主。在国家网络中还有一些人属于国际网络,这些高层的企业家包括主要的出口商、进口商、大工业公司的经理和银行家等。

企业家网络的一个特征,就是高层网络中的成员对属于一些低层网络的情况是非常专业的。因此,国际网络的成员会有意识地与几个国家网络保持联系,而国家网络的成员会有意识地与几个地方网络保持联系。高层的企业家参与到低层网络,能促进不同层次网络里的人们之间的贸易和投资。在每个层次上,他们用自己的网络可以分享超过他们自己需要的信息,作为回报,他们同时又接收类似的信息。每一个成员可能知道一些当地网络的信息,虽然他们自己无法进一步利用这些信息,但是这些信息可能对其他人有用。因此,每一个成员都可以利用别人不能使用的信息。通过网络,他们集中在一起,提高自由贸易、廉价运输和财产安全上的共同利益。

9.3 基本概念和定义

网络的恰当定义必须要有足够的通用性,能包括上面提到的多样性,但又不能太具体,以至于不能形成分析的基础。鉴于本章的目的,把网络定义为:"一组高度信任的关系,它能直接或间接地把一个社会团体中的每个人连接在一起。"连接是根据两人之间的信息流来界定的,是双向流动,在一个连接中每个人都发送信息,同时又接收信息。个人连接是一个基本元素,网络就是根据这些连接建立起来的;不同连接的配置产生了不同种类的网络。在一个密集的网络中,几乎每个人都能直接和其他任何一个人交流,而在一个稀疏的网络中,人们经常不得不通过其他人来间接交流。连接的几何形状属性是网络类型学的基础。

网络在信息合成中发挥重要作用。许多经济决策,特别是投资决策,通常都很复杂,只利用单一来源的信息不能做出决策,把不同来源的信息综合在一起是很有必要的。因此,想扩大生产的雇主就需要知道产品价格、原材料价格、机械设备成本及其附带的最新技术等方面的信息。尽管他可以自己研究这些问题,但从其他人那里获得信息和建议通常都是很便宜的。"你所认识的人"往往比"你知道的"更重要,因为"你所认识的人"通常能填补"你知道的"空白。当然,这还取决于要认识"正确的"人,有时,"正确的"人都是知道很多事实的人,但是更多的时候,他们经常是认识那些知道有用事实的人的一些人。这些人能扮演经纪人,把需要信息来做出决策的决策者和最终知道事实真相的人连接起来。

需要用网络协调的资源流动也可能构造一个网络,尽管它不是上述那种网络,明确这一点是很重要的。从某种意义上讲,它们形成的网络,主要是通过中间产品流动,把一个工业区内的不同工厂相互连接起来。例如,把皮革鞋底和皮革鞋帮传递到一个装配线上,用这个装配线把它们缝制起来做成鞋。产品也可能通过网络进行运输,因此,设计的用于出口的产品可能通过铁路网络进行运输,在它们通往港口的过程中,要经过不同的铁路连接点。在港口它们可能被装载到班轮,这样就能通过水运航线的网络到达世界上的不同地方。这些网络与上面定义的网络之间的差异是:上面定义的网络是与信息流动连接在一起的,而不是与物质产品本身的流动连接在一起。物质产品流动是协调的目标,而信息流动则是物质流动协调的工具。本章的主题是信息流动,但是为了理解为什么要在不同的环境中使用不同的信息流动结构,同时理解产品流动的结构显然是非常必要的。本章结尾对国际贸易流动建立的模型能说明这一点。

9.4　信息的质量

信息作为一种商品,就面临着严重的质量控制问题。信息可能是虚假的,同时,按照虚假信息行动的实际代价可能是很大的。信息可能是不正确的,因为提供信息的人的不当行为,例如,他的观察是不正确的。交流的失败——语言困难或者文化障碍都可能导致信息理解的错误。最后,错误可能是由于欺诈造成的。信息来源人可能不对其正确性进行检查,因为他知道其他人会从中受损;更为严重的是,他可能为了个人的利益故意扭曲信息去影响信息接收者的行为。网络通过传播规范可以提高信息的质量,采用的形式有:建立良好的操作技术,推行标准的语言和文化来降低交流成本,在成员之间鼓励诚信行为(Casson,1997)。

对合同包含的信息进行欺诈是一个特殊的问题,提供合同可能仅仅是为了把人们引诱到能欺骗的环境之中。可以用不同的方法来控制欺诈。未来交易前景如果存在,受自我利益启发提出的潜在欺骗可能会推迟至未来交易发生之后。如果未来交易前景总是存在,以至于没有人确信最后的交易在什么时候发生,则诚信可能无限期地维持下去。把一次性巨额交易分解成重复性小额交易,可以鼓励重复,还可以减少库存成本,但最终必然会增加运输成本。然而,这在很多情况下都不适用,例如,不可分割耐用商品和基础设施的供给。

另一种方法就是对声誉机制的投资。尽管人们不一定总是与同一个人反复交易,但是他们可能期望与他们熟知的人交易。如果他们欺骗了一个人,这种消息可能会传到其他人那里,那么未来交易最终会破灭。声誉机制可以在一开始扼制欺骗。由于网络有利于这种信息流动,它们在加强声誉机制上发挥了重要作用。

虽然如此,这种观点的逻辑也有缺陷。根据自利逻辑的启示,做出欺骗的决策代表了对当时主导环境的精确调整反应。一个人欺骗一个交易伙伴的事实,并不必然意味着他会欺骗另一个交易伙伴,因为在两种情况下的物质激励是不同的。为了能用类似的方法把一种遭遇的经验传递给另一种遭遇,声誉机制必须把正在发生欺骗的环境的大量信息传递出去。

声誉机制更重要的一个缺陷就是它只有在欺骗被撞破时才会起作用。尽管声誉机制不利于人们行骗,但是它可能鼓励一些人投入更多的精力去设计更精细的欺骗形式。最后,声誉只有辅助价值的假设有许多反事实的应用。例如,商人在计划退休之前,就会立即开始欺骗他们的消费者,同时,为了使欺骗收益最大化,他们会把最后一次交易的价值最大化。因为根据假设他们不会再关心自己的声誉。

网络关系高度信任的性质是非常重要的。在高度信任的关系中,双方都能相互信任,即使他们每个人都面临着欺骗的物质动机。因为根据定义网络是高度信任的关系,他们在网络内交易时被欺骗的机会比在网络外交易时低。

高度信任网络的背后有一个基本理念就是:人们同时面临着情感和物质的激励;同时,某种适当种类的情感激励会超过物质激励,否则,这种物质激励就会引诱人们去欺骗。如果每个人都知道其他人面临着这种情感激励,则每个人都相信其他人不会欺骗。这种信念是可靠的,因为这个命题是正确的。没有人欺骗,预期就能实现;同时,高度信任的均衡也能维持。

9.5 操作网络关系的情感机制

这里都涉及了什么类型的情感激励呢?有一种思想我们将不展开讨论,就是一些生物学驱动的情感,例如,报仇的欲望,就能创造一种令人害怕的氛围,从而阻止欺骗。据说受害者会毫不留情地追捕骗子,即使付出很大的物质代价,只是为了获得"扯平"的快感。潜在的骗子知道这一点,即使他们在开始时没有意识到。当他们看到受害者的愤怒被激起时,可能会快速地做出补偿。据说这种激励是特别强烈的,因为愤怒是很难伪装的(Frank,1988)。

网络研究需要完全不同的方法。本章的重点是社会和道德因素,而不是生物学因素。人与动物的区别以及文明社会与不文明社会的区别,就在于人类文明的、自然的、生物的情感是可以控制的。在劳动精细分工的复杂社会中,复仇机制并不能很好地起作用,因为复仇几乎会毫无例外地给无辜者造成负的外部性,同时也会损害整个系统。对复仇的崇拜说明了自控能力的缺乏,文明社会对具有自控能力的人给予情感回报,奖励那些给其他人造成正外部性的行为,惩罚那些给其他人造成负外部性的行为。

尊重是情感回报的一种重要来源,内疚和羞耻是对情感的惩罚。功勋卓著的公共服务可能会被授予正式的荣誉,较小的行为可能只得到语言的赞扬。尊重不仅可以是别人给予的,也可以是自己给予自己的。当然,自尊是一个相反的概念,它是通过认识自己的成功而获取的。

来自于自尊的情感回报通常产生于反思期间,而反思却需要放松,因为只有每天的决策被暂时终止时,思想的注意力才会转而集中到过去的表现。人们放松的能力是不同的。对于发现处理每天的决策都很困难的人来说,放松是一种奢侈品,为了获得放松的机会,他们觉得"逃跑"是非常有必要的,同时,在逃跑的过程中他们避免了反思;相反,对于发现处理每天的决策都很容易的人来说,他们有很多的时间来放松,而且并不太排斥对过去的错误和疏忽进行反思,因为过去的错误和疏忽很少。因此,可得以下结论:有能力的人(与他们完成的日常任务有关)从自尊中获得了最大的情感回报,因为他们将时间节约下来用于反思,同时,激励是把时间用在反思上,而不是在逃跑上。

提供时间用于放松是操纵网络关系的一个重要方面。通过减缓每天决策的压力,使人们从自尊中获得回报成为可能;这进一步促使了人们用负责任的方法来行动。同时,放松也会用其他方法来巩固网络关系。当人们在放松的时候,欺骗对他们来说是很困难的。欺骗通常会导致紧张,因为说谎者不得不全神贯注地掩盖事实真相,这是很多人凭直觉感觉到的。社会活动总能提供恰当的环境用来进行重要的商务谈判,因为放松的环境更有可能让所有当事人说出真相。

社会活动很重要,不仅为人们提供了放松的氛围,而且提供了面对面接触的机会。假设欺骗会导致紧张,面对面讨论时,就容易看见欺骗的症状:身体姿势会受到影响,一个没有经验的说谎者甚至可能会脸红。欺骗的症状在信中也可能较为明显,如书写的笔迹受到影响;或者是在电话交流中,如声音和语调不能很好地控制。尽管如此,只有面对面的交流才能看到最多的欺骗症状,也能看到暴露信息最多的症状。这就是面对面交流因为有多种功能而持续受欢迎的一个原因,即使远程交流通常更便宜。

与谈话相结合的相互放松对产生情感是很重要的。它激励人们分享自信,人们认识到其他人和自己一样感到脆弱。脆弱性的相互认识激发了同情和利他主义,最终导致的情感体验也是情感回报的另一种来源,这就是"这种情感是相互的"观点。当对尊重的渴望激励着人们通过有责任感的行为获得情感回报时,对保持情感的渴望为忠诚提供了重要的激励。因此,提供培养情感的机会是加强网络连接关系的另一项重要策略。

经验的共享对建立忠诚感也是很重要的。危险可以激发强烈的情感,同时,面对共同的危险来源,也能创造情感上的联结。危险越大,在面对危险时的相互支持越多,此后人们能相互感觉到的忠诚就越强烈。这种情感的联络方式在军国主义的社会中尤为重要。注意到很多成功的商人都有军事背景,这归因于军事服务的策略、组织和风险评估的重要性;但是,面对共同危险时社会联络的重要性也不应该被忽略。军事比喻经常运用到动机和团队建设的活动中,尽管运用的人没有直接的军事经验。面对共同风险时的合作也是很重要的,因为通过竞争性的团队运动可以有意识地再生这种情感联络机制。在一些情况下,一个团队的领导可能故意夸大他们面临的危险,以此来加强团队内部的忠诚,通过加强对团队外部风险的攻击性来压制内部因素。

紧张的经历可以深埋在记忆之中,而且在以后的生活中能很容易回想起来。童年的经历比以后的经历更趋于紧张,部分原因在于那时候的脆弱性比现在更强。人们年龄越大,对所面对的环境就越熟悉,在处理环境问题的过程中,他们的经历就越多。保护小孩的需求解释了父母情感纽带的重要性。更一般的,童年经历的共享对建立以后生活所依赖的信任关系是重要的。这适用于兄弟姐妹之间,也适用于童年的朋友之间。童年时期建立情感联络时并没有想到任何物质利益,当一起长大的人们涉及商业交易时,对童年情感联络的投资在很多年之后就能得到回报。尽管他们已经离开了成长时所处的环境,当环境需要时,他们仍然有能力重新恢复这种情感联络。实际上,他们在地理位置上分离得越远,就越有利于运用他们之间的信任来建立国际商务交易。

因此,不只是家庭要培养信任,中小学、大学、当地教堂和当地运动队在培养信任上也能发挥作用。能维持以贸易为基础的国外散居的民族之间的联系,不仅仅取决于家庭(当然,种族也是如此),而且也取决于宗教和教育,甚至是共享的热情。

更为一般的,这些分析说明:培育新成员,同时给予他们必需的训练,对加强他们与组织的情感联系是非常重要的。从长期看,能扶持新成员的网络比不扶持新成员的网络更可能获得成功。当现有在位的老成员退休时,正是这些新成员接替了领导地位。这些新成员获得的支持越多,他们胜任的能力就越强,就会对这个团体的传统奉献出更多的忠诚。

9.6　功能有益的道德价值观

如果每个人都渴望受到尊重,则他们的行为就会反映出尊重赖以存在的基础。如果尊重仅仅是与生俱来的,那么人们就没有动力通过良好的行为来获得尊重。正是因为尊重是通过良好的行为获得的,人们才希望用体面的方法来行动。而什么是好的行为则决定于道德价值的体系。当然,并不是任何一套道德价值体系都能做得到。支持信任的价值观是一些传统的价值观,例如诚实、忠诚和努力工作。正是这些价值观能给这个团队中的每个成员一种保证,即其他成员都会尊重他们的利益。

不仅大多数团队成员要接受这些价值观,而是这个团队中的每个成员都要接受这些价值观,这是非常重要的。如果少数重要成员提出的价值观与这些价值观矛盾,那么这种保证就会受到损害,人们与团队内其他成员的互动就会迟疑,团队活动就会停止。因此,一个成功的团队,就会对功能有益的传统价值观进行标准化,同时,也能保护这些价值观以避免受到来自于团队内部和外部的批评。

对诚实、忠诚和努力工作的责任应用有多广泛?仅仅把它们应用到相互信任的亲密朋友之间?还是把它们应用到共同面临风险的人群之中?如果是这样,那么信任的网络将十分当地化,以至于任何重要的经济活动都不会得到支持。仅仅把它们应用到那些把自己作为同一个团队的成员并与其他任何团队没有联系的人群之中吗?如果是这样,那么经济体就会被分割成独立的部分,其中一个部分与另一个部分之间就没有贸易或投资的联系。从经济角度来看,最有效的一套责任应该是有包容性的一套责任,因为只有这样才能把整个经济融入单一的网络之中。

然而,要使一套通用的价值观得到坚持,就需要对这些价值观生产情感,这就是一个问题。单纯地为了某种理智的原因而让一个人对另一个他从没有见过的人承担情感上的责任,这是很困难的。因此,一个希望扩大成员关系并扩展地理区位范围的团队,必须要投资于一些特殊的机制来加强成员间的情感生活。有组织的宗教团体就是这种经典的例子,他们的道德价值观是由一个大家都顺从的超自然的权威亲自背书认可的,对服从的回报可能是不朽的名声,这是一个强大的激励,它可以让这种回报在很长一段时间内得以享受。由于心中充满了宗教信仰,在他们与母团体分开以后的很长一段时间内,单个成员仍能根据这种价值观继续生活。因此,宗教信仰在边远地区的殖民化中是很重要的。在那里,先驱者已经成功地移植了他们的道德信仰,并拒绝向与他们的道德信仰相冲突的当地习俗妥协。

当然,那些基于来世的惩罚,对急切想获得回报的人来说是没有影响的。然而,只要对来世的预期本身就是一种回报,有些回报就可以立即享用。而且,在死亡率很高的社会中,任何情况下的来世都来得很快。对中世纪在海外经营贸易的商人来说,死亡在任何时候都可能发生,这一点非常可信。此外,"来世"的概念说明网络关系本身可能会持续下去,网络可能变成一个家庭王朝,使不同的世代连接起来,包括在世的人和已故的人。

在世俗社会中,个人权威必须交给一个领导者。领导者的愿望变成了道德权威的源泉。如果这个领导者不是一个宗教信徒,同时,他不承认任何权威比自己还要高的人,这就是一种潜在的危险。

另一种解决方法,就是在一个正式的框架之下,如国家政府的框架之下,反复地向人们灌输对法律的尊重。为了控制权力的滥用,必须在立法机关和司法部门之间分割权力,在平民和军队之间分割权力。法律最大的好处在于它是无情的,因此,法律效率随着规模扩大而下降的速度,并不像以人际关系为基础的情感机制的效率下降得那么快。实际上,采取公正形式的个人无私和对异议的容忍,被认为是民主法制体系的两种美德。然而,法律的优点也正是它最大的弱点,只要保持在法律的限制之内,人们可能很乐意对其他人做一些相当坏的事情。因此,这个体系关键取决于要把法律体系的处罚细节完全订立清楚。但是,随着劳动分工和协调变得更加复杂,这项工作就变得更加困难了。法律变得越来越官僚主义了,使用的成本极其昂贵,混乱开始盛行。

在历史上,不同的团队使用了不同的机制来建立自己的商务网络。贵格会可能是最鲜明的一个团队的例子,他们利用情感机制来维持功能有益的价值观,并因此创造了成员的繁荣。有趣的是,在这种背景下贵格会的商业集团取得了国家水平上的主导地位,而当时其他商业团体还仅仅停留在地区水平上。宗教信念通过旅行传教士传播,通过每年年会制定规则得到支持,在皈依者之间维持高度的信仰,即使这种热情在后续的世俗追随者中有所下降。

另一种极端是帝国主义鼎盛时期以伦敦为基础的商人团体的繁荣,主要归功于对英国法律体系公正性的尊重。这激励了很多欧洲大陆的人通过伦敦输送他们的投机性资金。匿名的缺席所有者为世界范围内的殖民地区中大量身份不明的工人提供了资本。与面对面的社会不同,这里的协调受到少数商业银行家的影响,他们通常冠以贵族或其他中间人的头衔,价值观仅仅局限在为私人投资者提供担保。管理、保密和对已有制度的尊重支配着对个人财富的关心。

9.7 重叠和相互锁定的团体

解决规模问题的另一种办法就是放弃一个单一的大团体,同时建立一个由小团体组成的集团,在某些地方小团体的成员关系是重叠的。每个团体的规模都很小,这样才能是个性化的团体;但是为了限制对他们的敌意,每个小团体还要能有效地与其他团体交流。小团体不需要具有个人魅力的领导,也不需要昂贵的正式的法律机构。然而,它确实需要一套道德规范,不仅能促进集团内部的协调,而且会产生对团体之外的人的尊重。

某些人可能决定对几个集团的成员关系进行专业化,管理团体之间的关系就变成了他们的责任。这些人在经济体系协调中发挥关键作用,基于网络规则的成功的经济协调通常是由上述地区团体和产业团体的重叠构成的,这些团体如果只能在封闭条件下发挥功能,它们的价值就是有限的。但是,在另一方面,如果把它们整合到国际和地区间的贸易体系中,它们就能很好地发挥功能。这种整合受到高级企业家团体的影响,这些企业家属于一些地区团体或者产业团体。

为了管理国际贸易,这个高级团体是相当分散的。但是,因为它是一个团体,它的成员有共同的情感信仰和道德规范。有这样几个团体,有时与特定的国家联系,或者与特定的城市联系。尽管成员由于他们工作的性质要四处漂泊,但是,这些地方也是他们的家庭成员所在的地方,同时,他们运用的这些制度也是交易赖以存在的基础。

这些高级团体为争夺国际贸易和国际投资的主导权而相互竞争。团体内部也存在着竞争;但是,团体内部的竞争是由相互的责任来管理的,这一点与团体之间的竞争不同。每个团体的成员相互分享信息,搜集和使用对其他人是多余的信息。团体内流通信息的总量是其集体专业知识的反映,这种专业知识随着团体成员挖掘出新信息来源或者已有信息来源干涸而波动。外部环境也会变化,有时候,某个特殊团体所知道的信息可能会过时。能提高对高质量典型信息来源的获得性的团体,会提高它们的竞争地位;同时,也会把繁荣带给它们所在的国家和城市。相反的,对相关信息来源失去控制的团体,就不能保持与事件的同步,它们的竞争地位就受到损害;而且,它们所在的国家和城市也会走向衰退。

9.8 企业家精神:波动环境中的决策判断

对企业家精神理解的关键是认识到决策是在波动的环境中做出的,它反映了经济处于经常波动状态的事实。如果没有波动,经济将会在一个永久均衡的状态下稳定下来。大多数经济学家都认为企业家的基本功能是组织生产,这实际上是一个错误。熊彼特(1934)区分了五种创新,其中只有两种创新与生产有关。然而,今天那些自称的熊彼特主义经济学家只强调生产中的技术创新,而排除掉其他三种创新形式。在这三种创新形式中有两种是关系到开发新产品市场的,一个是出口制成品的市场,另一个则是新供给来源的原材料市场。

大多数市场的产生是因为一个企业家,或者,在一些情况下是一组企业家,决定建立市场。市场都是设计用于克服贸易障碍的机制。为了克服这些贸易障碍,市场通常采取具体的形式,企业家扮演一个中间人的角色,从卖方买入,又卖给买方,赚取买卖之间的差额。普通的买方和卖方都愿意支付这个差额,因为对他们来说这个交易过程大大地简化了。

交易有四种障碍。第一种就是不知道在跟谁做交易。为了克服这种障碍,就要在一个方便的中心位置建立一个市场,中间商经常在市场上出现。因此,卖方把他们的商品带到市场上,知道一定会有人愿意购买他们的商品;同时,买方也知道市场上一定会有人愿意出售他们的商品。为了保证这种情况,中间商需要持有一些库存商品以提供给买方,持有一些货币以提供给卖方。

说起货币,它带给我们贸易的第二种障碍,但是中间商能帮忙克服这种障碍。对交易商来说,很难准确地描述他想要购买的东西,或者描述他能提供以作为交换的东西。克服这种障碍的方法就是对展示的商品进行检验,或者至少要检查这些商品中的一个;同时,通过持有货币作为传统的支付工具来提供交换。展示的商品是由中间商在库存中持有的用于满足直接需要的商品构成,事实上,中间商可能已经通知了买方,因为在商品出售之前他就在自己的家中向消费者做广告。

第三种就是价格谈判问题。如果有几个人讨价还价,这是很简单的,因为竞争者的出现鼓励每个人在一开始时就提出最优的价格。几个在相同位置交易相同商品的中间商的存在,让买方和卖方都相信每个中间商的报价都是竞争性的价格。对最优价格寻找的便利性,保证了所有价格都是最优的,因此,也避免了到处选购的现实需要。

第四种就是合同履行问题。由于经常在市场中出现,中间商很快就获得了声誉。一旦他们获得了好声誉,这种声誉就变成了无形资产,中间商就有很强的动机来维护它,对每个人都以诚相待。因为如果他们不履约消息就会很快流传。这就是消费者的质量担保,同时,也是供应商得到支付的担保。如果买方和卖方试图直接进行交易,他们偶尔出现在市场上,缺乏相应的名声,这就意味着他们谁也不会完全相信对方。因此,使用中间商就能建立一个诚信的链条,买方提前付款,卖方逾期交货。没有声誉的人却能进行交易,因为他们都相信这个中间商,中间商消除了与没有声誉的人进行交易的风险。

9.9 企业家网络和国际贸易的增长

从历史的角度看,企业家网络最重大的影响几乎都在国际贸易的发展之中。关于西欧的历史,能最生动地检验企业家网络的影响的,是"地理大发现",和随后的"商业革命"时期。这种深远的影响在第二个千年中也完全能看得到(Britnell,1993;Snooks,1995)。

已经克服的贸易障碍不仅仅是运输成本、关税以及在海外管辖范围内的经营。国际关系是不稳定的,在可以进行贸易的地方,政府领导人却征收了很高的关税和通行费。最不受欢迎的商人是那些出口当地粮食的出口商,他们抬高了必需品的价格,如当地市场的谷物;或者是"抢先行动"的当地消费者,他们共同在农场主的家门口进行批发式购买(Chartres,1985)。此外,有些进口商也值得怀疑,清教徒指责他们创造了对新奇而廉价的小商品的浪费性社会需求;工人指责他们危害了当地手工艺人的工作。

企业家网络支持国际贸易的作用可以用图9.1的图解来说明。它展示了位于不同国家的两个工业区,每个工业区都有三个上游工厂与两个下游工厂相连,每个工厂都用一个正方形表示,每个工厂的最优规模在不同阶段是不同的,所以不利于垂直一体化。因此,假设每个工厂都被一个独立的、自雇的企业家所拥有和经营,从上游工厂流向下游工厂的中间品用粗黑线表示,箭头表示原材料的流动方向,在相同的工业区内,任意一家上游工厂都能供应任意一家下游工厂。

假设两个工业区生产的产品类型相同,但产品却具有不同的形式。两种产品在两个国家都能消费,一些消费者喜欢一种形式的产品,而另一些消费者则喜欢另一种形式的产品。这两种形式的产品只是在设计上不同,而做工工艺的质量相同,销售的价格也大致相同;或者,一种产品的质量明显好于另一种,同时溢价出售;然而,如果一种形式的产品价格有巨大的下降,有些消费者就会转向这种形式的产品。不同种类的产品在一定程度上是相互替代的。第一种产品的流动发生在国家1,第二种产品的流动发生国家2。

用于国内市场的商品直接分配给国内批发商,而用于出口的商品发送到最近的港口,也是通过这个港口进口另一种形式的商品。从这个港口进口的商品分配给国内的批发商,批发商再按当地零售商要求的比例对这两种形式的商品进行组合,同时把它们发售出去。

信息流动如图9.2所示,用细黑线表示,用圆圈表示的是个人之间的信息流

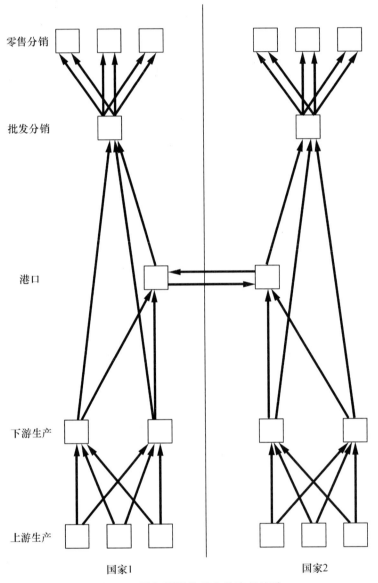

图 9.1 国际贸易体系中的产品流动

动,而不是工厂之间的信息流动。信息流动是双向的,因此,两个方向都有箭头;每个地区都有一个商人,M_{11} 和 M_{12},处理信息是他们的专长,他们起到信息枢纽中心的作用。在合同条款中,他们从上游生产商那里购买产品,再把它"拿出来"在下游加工。他们与生产商就商品价格和数量进行谈判,运用他们从上游生产商那里搜集到的信息,使与下游生产商的谈判更加明智;反之亦然。他们加工的信息通常编译在报价中。

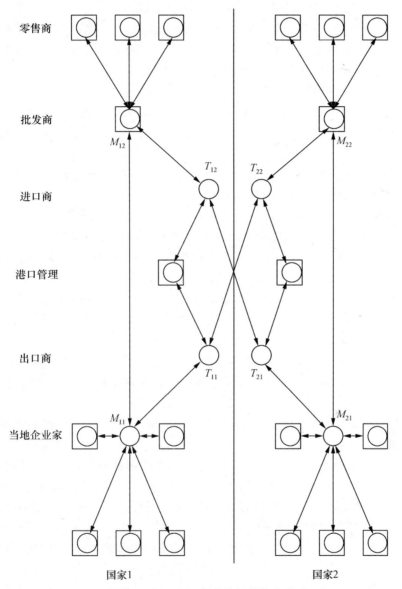

图 9.2　用于国际贸易协调的信息流动

应该注意:信息流动反映了与产品流动不同的方式。信息流动是由商人来协调的,而产品流动则不是。商人处理信息,同时把生产商之间的合同连接起来,但是他自己并不处理实物产品。为了直接把产品从上游生产商运输到下游生产商,他只是发出指令,要求把什么样的产品交付到什么地方。商人只处理信息,因此,代表他的圆圈和任何一个正方形都没有联系。

这个图解说明:每个工业区只有一个商人;同时,每个国内市场只有一个批发商。在实践中,每一种类型的商人可能有几个,而且这几个商人可能根据自己的力量组成一个团体。他们相互潜在地竞争;但实际上,他们也可能相互勾结。因此,当需求上涨时,为了出售产品,同一工业区的这几个商人可能提出一个习惯价格;而当时机不好时,他们也可能保留进一步降价的权利。从更加积极的层面上看,他们可能与当地学校交流,组建一个学徒培养体系;同时,通过集体驱逐"猎头"来鼓励"在岗"培训。

这个图说明有四种特殊的商人从事国际贸易,每个国家有两个,一个组织出口,另一个组织进口。这些商人跟国内的同行相同,并不处理产品,只是协调产品的流动。每个出口商从他们当地工业区内的商人那里购买产品,再卖进海外的分销渠道;同时在买价和卖价之间设立一个差价,以补偿管理成本。这些管理成本包括征收的港口费、运输费以及从本港转出和从其他港口转入的转港费。因此,在国家1出口商 T_{11} 从商人 M_{11} 那里购买产品,再卖给商人 T_{22},T_{22} 又卖给批发商 M_{22};进口商 T_{12} 从商人 T_{21} 那里购买商品,再卖给批发商 M_{12}。同样的,在国家2内,出口商 T_{21} 从 M_{21} 那里购买产品,再卖给 T_{12};进口商 T_{22} 从 T_{11} 那里购买商品,再卖给批发商 M_{22}。

应该注意到,由商人做出的协调涉及很多阶段。国内市场涉及两个商人,即产品的"拿出来者"和批发商;而国际市场至少涉及四个阶段,把"拿出来者"与批发商连接起来的,是母国的出口商和海外的进口商。

证明所有这些阶段正当的理由就是:每个中间者都能克服那些相互连接的两个中间人在决定避开他直接交易时会遇到的障碍。在国内市场上的困难是普通人都面临着大量的谈判,其中需要对确定的价格和数量做出判断。搜集做工工艺质量的声誉信息以及付款和交货可靠性的声誉信息都是很重要的。在国际市场中,能把两个不同国家的信息结合在一起,同时保证这些信息能即时更新,就是主要的优势。如果必须要面对面地搜集关键信息,的确可能要耗费大量时间的去旅行。当然,这可能就像克服一个语言障碍那么简单。比如,出口商可能说外语,而进口商不说外语。但是这只能解释在国际背景下协调的另一个阶段,必然还存在在另一种因素,如需要用当地风俗习惯和法律专业知识来加强联系。

支持国际贸易的网络结构如图9.3所示。它是一个成员关系相互锁定的层级网络,每个网络用一个框表示,框里装入的是这个团体的个体成员,网络的高层由国际商人组成。这个图还描述了这个团体内部的水平连接和垂直连接,这

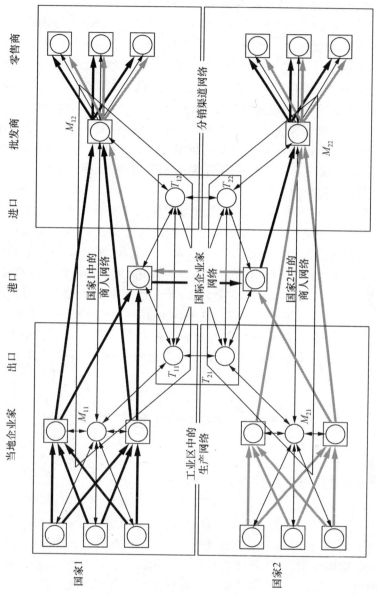

图 9.3　国际贸易：企业家网络

些连接可能自然地产生于讨论会和国际交易展览会上的偶然邂逅。这些活动是在海外市场建立商业贸易关系的传统方式。这些展览让不同国家的出口商分享其他国家的非竞争行业里的商人的经验,同时,也让一个国家的出口商和进口商分享整个国内产业前景的相关信息。更为一般的,每一个人都能对其他人做得如何进行评价,同时,也能更精确地衡量自己和竞争对手的表现。

有两个中间层次的网络,它们由每个国家的商人组成,每个网络的一半成员属于高层的国际网络,另一半则属于低层的国内网络。图9.3表明有两种主要类型的低层网络:一个是生产网络,另一个是分销网络。在生产网络中,"拿出来者"的作用是主要的,正如前面所述,通常构成了一个"拿出来者"的团体,他们是当地的商业精英,同时相互交往;他们也是在包括了工匠企业这个更大范围内的主导团体。根据他们追求战略的整体重要性,自雇工匠企业家是这个系统的底层企业家。在销售网络中批发商和零售商之间存在类似的差别,批发商本质上是"渠道的领导者",他们把条件强加于零售商,凭借与生产的后向联系从而能更优先地获取信息。

应该强调的是,从经济角度来看,主要是高层企业家的主动权维持着不同层次企业家之间的连接,这些高层的企业家发现高度信任的网络连接着成本效益的维持控制方法。如果国际商人不与国内商人交往,那么他们不得不与后向的生产进行一体化,或者与前向的销售进行一体化,从而获得他们所需要的控制;同样的,如果"拿出来者"不与工匠交往,那么他们不得不把自己与生产进行一体化,同时还要雇用工匠作为员工,这要求有工匠生产方法的具体知识,而他们没有这些知识。此外,如果批发商不与零售商交往,那么他们不得不把自己与前向的零售业进行一体化,同时雇用零售商作为员工;而监督雇员的成本很高,而在"握手"和友好方面进行投资更便宜一些。

9.10 网络的几何形状

值得注意的是,每个层次水平的网络的几何形状是不同的。在低层网络中,当地商人是交流的枢纽中心,影响协调的是商人与工匠之间的交流,而不是工匠与工匠之间的交流。为了安排上游产品交付给下游的生产者,工匠们需要交流;但只有商人才能决定谁是上游生产者和谁是下游生产者。枢纽中心的存在创造了网络的层级结构,但这不像是典型企业内部中的那种权力和控制的层级结构,而是影响的层级结构,效果可能非常相同。从这个意义上说,工匠会遵从商人在定价上的判断,因为商人比他们对环境的看法有更宽阔的视野。

高层网络完全没有层级结构,因为所有成员都能直接相互交流。与低层网络相比,高层网络是民主和合议的,这反映了团体内部专业知识的分散。每个人知道一些肯定对其他人都有用的信息,这对维持直接交流的渠道提供了很强的动力,尽管根据用于交流的时间,它的成本可能很高。

中间层次的网络就像一个车轮的轮辋,而不是轮毂。成员直接与邻近的成员交流,"拿出来者"与批发商和出口商保持联系;批发商与"拿出来者"和进口商保持接触;等等。这种结构反映出的事实是:连接的重点是维持国内和进口产品的分销渠道,不支持这种功能的连接是完全不能维持的,例如,出口商和国内批发商之间的连接,进口商和"拿出来者"之间的连接。出口商和进口商之间存在连接,仅仅是因为他们在高层团体中的成员关系。

这种分析说明了团体几何形状之间的连接以及它们表现出来的功能。总之,团体的层次越低,就越注重日常业务的操作;同时,枢纽中心效应就越强。

9.11 高层企业家网络的地理区位

企业家往往是相对自由的。他们进行操作的层次越高,看起来就更自由。很多企业家好像都是在一个相对开放的社会中成长起来的,在那里,移民是很平常的,外界的影响是很强烈的,单纯的当地习俗和传统力量是相对较弱的。他们的社区欢迎新人,这种状态的形成是基于个人能力和对社区的贡献,而不是出生的地点或者是出生的家庭。这些社区与外界的强大商业连接,使雄心勃勃的年轻人认识到其他地方存在的机会。

高层企业家都愿意追逐任何可能存在利润的机会,作为在当地经济中已经取得很多成功的人,他们有能力"把自己补进"其他地方的社会网络中,但是这些网络可能具有排他性。事实上,在很多情况下企业家在取得成功之前都有一段自由的经历。他们的创新思想可能产生于自身经历。从历史上看,这种经历可能是军事服务、外交服务、科学调查工作或工程工作,可能与沿街叫卖的小贩、牲畜商贩或者当代销售代表连接在一起。

在分析企业家流动性的过程中,最合适的分析单位可能是地区,尽管还有更小的单位,例如城镇和城市,或者更大的分析单位,如单一民族国家。在当代社会早期,当运输成本很高而且交流速度很慢时,城镇就是合适的分析单位;但是,随着时间的发展,运输成本和交流成本大幅下降,因此,更大的单位就变成了更合适的分析单位。即使是现在,通常把民族国家作为分析单位仍然是很流行的,但是人口太分散导致不能像网络单位那样有效地发挥功能,与政府和金融连接的重要功能除外。因此,除了袖珍城市国家,如新加坡,最合适的就是把地区而不是国家作为分析单位。

如果企业家是流动的,从长期看,最成功的地区肯定是那些对企业家最有吸引力的地区。最明显的吸引力在于这个地区是信息枢纽中心,正是在这里那些重大创新所需要的范围更广的信息合成才最容易获得,因为大量的商业信息都以价格形式进行编译,同时,价格又是在市场中确定的。因此,市场范围是一个关键因素。

此外,现有市场中心显然也是企业家为创新性产品开发新市场的地方。找到一个现有市场来开辟一个新市场,企业家就能简化采购过程,因为在一次光顾中,普通消费者就能完成几项交易。这种集聚经济也可以通过其他经济来强化。在任意给定市场中进行长期交易时,竞争强度和流动性对确保合理的消费价格是非常重要的。通过简单地加入已有市场,企业家就能增加这个市场的"深度"。减少消费者信息成本所导致的市场深化程度越大,就越能把这个市场中心变成一个更有吸引力的地方来进行贸易。总之,这对市场产生了规模报酬递增的效应,使市场规模可以用贸易量来衡量。由于消费者把交易从一个市场中心转移到另一个市场中心,他们转移到的那个市场中心对其他消费者就具有更大的吸引力;同时,他们转出的那个市场中心对其他消费者的吸引力就会降低,这激励了不同市场中心的策略竞争;在策略竞争过程中,每个中心都试图对边际消费者进行补贴,因此,内部边际消费者就得到更好的服务,而且愿意多支付一点(Krugman,1991)。正是这个中心使这个策略达到了最优效果,因此,从长期看,这个中心就会变成对新企业家最有吸引力的地方。

当中间商的诚信声誉很坏时,在购买商品之前必须要检查。这意味着这个交易市场必须位于一个货物运输的枢纽中心,而此处的诚信标准很高,商品凭样品就能交易。专业化的多式联运成为可能,搬运货物过程中形成了铁路运输和海洋运输的专业化,而飞机旅行和电信都用于信息交流。因此,进行散装和整装操作以及原材料加工的重要港口和铁路枢纽,不再像市场中心和信息枢纽中心那样具有吸引力,相反,航空和电信基础设施变得更重要了。

凭样品交易的另一个好处在于它使流动销售变得更加容易,如果消费者不太关心价格的比较,因为几乎没有其他选择,那么市场就可以有效地分散到消费者的家中。这就会降低这个枢纽中心集中化的吸引力,但吸引力不会完全消失,因为尽管不鼓励人们光顾这个枢纽中心,但它仍然是一个策略区位的枢纽中心,许多销售代表还居住在那里。

如果消费者关心价格的比较,而且喜欢检查商品和接受面对面的报价,则市场体系中的集聚就会非常强;同时,当创造市场的企业家要求得到专业化服务的支持时,这种集聚也很强。这个枢纽中心周围空间的可获得性也是很重要的,例如展览中心、会议设施和宾馆等。如果要给富有的企业家和他们的家人提供一个可以接受的生活质量——虽然为他们提供非技术人工服务的这些人的生活质量是很差的,那么人口密度就不能太高。

不言而喻,为了促进合同的履行,市场中心要求一个有效而又诚信的相应法律体系,去解决潜在的复杂的法律争端。人们必须能自由地进入市场,同时能自由地组建公司;商业和政府的网络必须能有效地运行,显然,税收和被征用的风险必须都很低;当地文化应该欢迎具有企业家精神的移民,同时应该增进网络化。企业家之间的网络化,不仅提高了他们为消费者提供的服务的整体质量,而且促进了设计用来增加贸易量的策略投资的集体融资能力。高度竞争和冷酷的文化是不适宜的,因为它意味着有太多的自私自利,并且在法律必然不能充分覆盖的事件上滋生猜疑。从长期看,最成功的中心位置是那些其文化能增进企业家之间的高度信任的地理区位。

参考文献

Best, M.H. (1990) *The New Competition: Institutions of Industrial Restructuring*, Oxford: Polity Press

Brenner, R. (1993) *Merchants and Revolution: Commercial Change, Political Conflict and London's Overseas Traders, 1550–1653*, Cambridge: Cambridge University Press

Britnell, R.H. (1993) *The Commercialisation of English Society, 1000–1500*, Cambridge: Cambridge University Press

Bull, A., M. Pitt and J. Szarka (1993) *Entrepreneurial Textile Communities: A Comparative Study of Small Textile and Clothing Firms*, London: Chapman and Hall

Carter, M.J. (1995) 'Information and the division of labour: implications for the firm's choice of organisation', *Economic Journal*, **105**, 385–397

Casson, M.C. (1995) *Studies in the Economics of Trust*, Aldershot: Edward Elgar

Casson, M.C. (1997) *Information and Organisation: A New Perspective on the Theory of the Firm*, Oxford: Clarendon Press

Chartres, J.A. (1985) 'The marketing of agricultural produce', in J. Thirsk (ed.), *The Agrarian History of England and Wales V: 1640–1750, II Agrarian Change*, Cambridge: Cambridge University Press, 406–502

Collard, D.A. (1978) *Altruism and Economy*, Oxford: Martin Robertson

Fontaine, L. (1996) *History of Pedlars in Europe* (trans. V. Whittaker), Oxford: Polity Press

Frank, R.H. (1988) *Passions within Reason: The Strategic Role of the Emotions*, New York: W.W. Norton

Grassby, R. (1995) *The Business Community of Seventeenth Century England*, Cambridge: Cambridge University Press

Krugman, P.R. (1991) *Geography and Trade*, Cambridge, MA: MIT Press

Leibenstein, H. (1968) 'Entrepreneurship and development', *American Economic Review*, **58**, 72–83

Pirenne, H. (1925) *Medieval Cities: Their Origins and the Revival of Trade* (trans. F.D. Halsey), Princeton, NJ: Princeton University Press

Schumpeter, J.A. (1934) *The Theory of Economic Development* (trans. R. Opie), Cambridge, MA: Harvard University Press

Snooks, G.D. (1995) 'The dynamic role of the market in the Anglo-Norman economy and beyond, 1086–1300', in R.H. Britnell and B.M.S. Campbell (eds), *A Commer-*

cialising Economy: England 1086 to c.1300, Manchester: Manchester University Press, 27–54

Thaler, R.H. and H.M. Shefrin (1981) 'An economic theory of self-control', *Journal of Political Economy*, **89**(2), 392–406

第十章 结论：国际商务中的方法论问题

马克·卡森　萨瑞娅娜·M.伦丹

10.1　引　　言

本书为国际商务研究提出了一个新的研究议程，而且强调了这一主题的经济方面的内容，尽管它的影响比这还要深远。当然，这种深远的影响也是本章分析的主题之一。

这个新研究议程是激进性的，在研究方法上涉及四个重大变化。在接下来的部分（第10.2节）中将会更详细地对第一章提出的四种变化进行解释。它涉及从一个相对静态的、局部的、宿命论的、狭窄的国际商务的经济观点向一个以更加动态的体系为主导的观点转变，在这个动态体系中波动被充分考虑。新方法说明了在全球体系中企业家的创新活动是如何产生弹性的，也解释了社会因素和经济因素是如何制约这种体系演进的。

然而，本书提出的全球系统的观点不是实现国际商务建模的唯一方法，例如，怀特莱（Whitley，1992a，b）运用他的国家商务体系理论阐述了国际商务竞争的观点。类似的，波特（Porter，1990，1991）对他的竞争策略思想进行了扩展，提出了他对国际商务的观点。因此，这些竞争模型之间存在着竞争。

对国际商务建模竞争的长期根源在于这一主题所代表的不同学科。本书所采用的方法是建立在经济理论的基础之上。在许多情况下，竞争性的方法是基于其他学科。因此，怀特莱把他的灵感建立在社会学和社会人类学的基础之上，但运用的方法是不同的；在其他的例子中学科相同，但是应用的方法各异。因此，尽管波特的方法也是基于经济学，他提出运用"框架"而不是模型把经济学的观点应用到实际的问题中。国际商务中的跨学科竞争性质在第 10.3 节中将详细地评述;第 10.4 节和第 10.5 节分析了其他替代的观点;第 10.6 节对主要结论进行总结。

10.2 全球系统的视角——总结与重述

如上所述,与国际商务传统的经济理论相比,全球系统的观点有四个独特的方面。

10.2.1 从局部到系统的观点

在 20 世纪 70 年代,理论的主要兴趣焦点在于跨国公司的性质。全球系统的观点追求的是把跨国公司放在对跨国公司的环境进行检验的背景中,这也是偏离国际商务而单纯地以企业为中心的观点的一部分。国际商务未来的发展取决于全球经济体系的模型在整体上要与作为企业的跨国公司现有的模型一样好。当然,旧的研究议程已经认识到企业环境的重要性,因为环境的变化是对企业行为变化的一个重要刺激因素。因此,根据生产周期理论(Vernon,1966),海外市场的增长很可能导致出口向对外直接投资的转变。环境的变化通常都视为给定的——即环境是外生的。为了简化,理论研究的兴趣集中在给定变化对企业行为影响的解释上。企业对环境系统变化的集体反应反过来又会诱导进一步的变化,这一点已大体上得到了认同,但在分析中却被排除了。然而,这并不是因为原始方法是错误的,而是在这个问题中的观点被故意片面化了。

10.2.2 引入波动和信息成本

系统思考并不是新现象。20 世纪 60 年代由工程师提出的"控制论"模型就是系统思考的重要例子。这些模型的特征在于子系统之间的相互依赖关系,这个特征也是系统观点的标志;这些模型还有一个特征就是反馈循环,它使模型具有动态性。反馈的性质——无论它是正的还是负的——都制约了系统在时间上的稳定性。这种类型的建模方法由福里斯特(Forrester,1971)运用到全球经济之中。他在分析增长"黄金时期"的最后几年时写到:"系统理论学者争议性地认为'增长极限'的原因在于投入到工业中的原材料的枯竭。"(Meadows et al., 1974)对这些模型的广泛批评是这些模型缺乏弹性。它们都是工程师喜欢的典型的"硬件"模型,它假设系统的结构和参数在时间上是固定的,不稳定的模型最终会"爆炸"或崩溃,因为它们中的单个个体,例如,企业和家庭,在行为上过于刚性,以至于对问题不能做出明智的反应。

例如,对资源稀缺性增加的自然反应应该是开发替代产品。在市场经济中,这种替代过程是由相对价格变化支配的。接近枯竭的资源的价格会上涨;同时也鼓励生产者节约使用这种资源,转换到替代的投入品,或者生产不同类型的替代产品。新古典主义经济学的瓦尔拉斯模型巧妙地抓住了这种形式的弹性反应,在这个模型中价格调整维持了所有的商品和劳务市场,使其处在长期均衡之中。

然而,瓦尔拉斯模型自身也有问题。根据这个模型瓦尔拉斯拍卖人对所有调整的影响是没有成本的;但在实践中,搜集信息的成本很高;实际上,许多信息很贵,这意味着许多决策都是在不确定条件下做出的。瓦尔拉斯拍卖人可以通过引入相机远期合同来解决这个问题,如果不是因为信息交流成本也很贵。为了协调所有单个个体对不确定性做出的反应,这肯定会产生可怕的交流成本。在实践中,对所有相机远期债权定价的谈判将是令人望而却步的。因此,瓦尔拉斯模型不可能与系统观点的方法很好地对接在一起。

如果所有问题都不确定,拒绝瓦尔拉斯模型这个问题,就是"任何事情都发生在不确定性世界"这种态度的发展。要提出瓦尔拉斯模型的替代模型,向前迈出的重要一步就是要认识到,尽管不确定性无处不在,但是不确定性所采取的形式在时间上是不变的,这是因为在经济体系中存在着系统波动的原因。把波动的动力纳入系统模型中,就可能对系统如何运行进行准确的描述。如果系统的某些部分在随机冲击下能重复出现,就可以计算出在任意给定时间内给定类型冲击出现的概率;理性个体运用这个概率和信息成本来评估替代的决策策略,同时选择最优的策略。一种策略就是推迟决策直至知道一些相关的冲击是否已经发生;另一种策略就是采用一种测量指标,它能提前说明这种冲击是否要发生。如果推迟的成本和采用这种测量指标的成本给定,就能运用概率来决定这种决策是否要根据测量结果继续进行。

系统的不同部分可能要经受不同类型的冲击,系统的每个部分都可以采取能有效处理经常发生的各种冲击的决策程序。一旦认识到了对每个系统和对系统每部分有影响的各种冲击,原则上,就能决定这个系统的不同部分与另一些部分需要在何种程度上进行交流;同时也能决定它们需要交流什么内容。起源于这个系统某个部分的冲击越多地传播到这个系统的其他部分,在这个系统的不同部分间相互保持有规律的接触就越重要。这些规则以及与这些规则类似的其他规则,就能对理性个体建立系统的方法做出预测,这种系统能使理性个体面临不确定性所导致的困难变得最小。

在全球经济的背景下,每个国家和每个市场都面临一种独特的波动来源,在这些国家和市场中经营的企业,都是对波动做出反应的机制的一部分。正是企业的管理程序决定了每天如何处理这些不确定性。通过跨越国家边界,跨国公司能够协调对不同区位中的不同冲击所做出的反应。如果没有跨国公司的干预,外部市场同样能影响相同类型的协调。跨国公司在市场中的优势在于它在某种情况下对不同来源信息合成的卓越能力以及做出协调反应的强大能力。

10.2.3 企业家精神和弹性体系的演进

瓦尔拉斯模型的另一个缺陷,上面提出的替代模型也有。它们假设全球经济结构在长期内是基本不变的,因此,这种假设排除了新产品的创新。在瓦尔拉斯模型中,这种限制的明显证据就是市场数量固定的假设;然而,这在波动模型中并不很明显;上面提出的模型的问题是它假设所有的冲击都是瞬间的,而且,制约冲击发生率的概率在时间上是稳定的。

令人满意的替代模型必须考虑全球体系中产品市场数量的变化,要用巧妙的方法才能至少在一个简单的模式中满足这种要求。要用这样一种方法来确定这种替代模型,它必须在一开始就能包括所能想象到的所有产品市场。在这种模型的框架中,当以前不能生产的产品开始生产时,就发生了创新。这种产品可能以前完全不生产,因为它的成本太高,或者只是因为还没有发明一种技术去生产它——这完全取决于模型的初始参数。新产品的出现通常导致其他产品过时,甚至停止生产。正如熊彼特(1934)所说的,创新的本质是结构的改变,而结构改变则是通过"创造性破坏"实现的。经济生产中的产品组合改变了,要对这种结构改变的过程进行建模,必须在一开始就把所有产品市场都纳入模型中;而与此同时,其他产品的生产开始下降到零。

这种人为因素很强的方法可能会遭到反对,因为大多数人并不会主动思考以前不生产的产品是否真正需要生产。然而,他们不这样做的原因很容易根据模型的条件解释,就是信息的成本极其昂贵,以至于这种决策不能根据常规来做出。

然而,在任何经济体系中总是会有一些人的信息成本比常人低;这些人可能很享受对这种"假设分析"的情节进行猜测——特别是对那些以前尚未出现的产品开始生产的情节进行猜测。因为他们享受这种猜测,他们的好奇心促使他们去搜集信息,来帮助他们决定如果这些产品实际生产是否真正能卖出去。实际上,市场经济鼓励这些思考者走得更远,去计算从他们自费开始进行的实验性生产中所获得的可能利润。尽管他们面临着不确定性,但是他们能借助上述决策过程来评价应该立即创新还是静观事态的发展。这些人善于决策,因为他们很低的信息成本使他们在这种活动中具有比较优势。他们就是这个体系中的企业家,同时,他们的决策是决定体系结构在时间上演进的关键。

一旦一个企业家成功地为新产品开辟了市场,他就需要保证市场能正常运转。正如第五章的解释,他需要通过市场来优化信息流动的结构,尽可能地使执行交易的总成本最低。这不仅是按常规方法定义的交易成本的最小化问题,因为这些方法太重视由机会主义所产生的问题;也不是信息总成本最小化的问题,信息总成本主要由来自于机会主义的成本和来自于非机会主义的成本构成,例如,与消费者保持联系的成本和向消费者交流产品特定功能的成本。企业家通常能通过建立具体的组织,例如建立一个能开辟市场的企业,来使信息成本最小化。

开发市场的企业的核心活动是市场营销而不是产品生产。只有在垂直一体化的经济能鼓励生产时,企业才能很好地进行生产。如果要保持技术领先的竞争地位而需要持续改进产品时,企业必须要实现对研发活动的整合。持续的研发必须要摒弃让企业多元化地生产其他产品的思想。用这种方法,通过内部的研发活动维持企业家精神的动力,不仅促进经济体系的演进,而且为企业的发展提供了动力。

然而,要建立这种正式的模型还有一个限制。要把过去曾经生产过的可以想象得到的产品都包括在这个可以管理的模型中的观点是不现实的。然而,假设经济建模者能预测到由全球体系中成千上万的竞争的企业家所做出的决策,不管他们有多能干,这显然是非常愚蠢的。因为这些原因,把模型作为预测工具的价值有限。

但是,这种情况与历史的解释不同。不管是哪里的历史,在特定时代内实际已经生产的产品范围是已知的。显然,跨越的时间越长,生产的产品范围就越大;但是曾经生产过的产品总量是有限的。

用对全球体系历史进行绘图的方法对企业家创新进行建模,是非常有价值的。早期全球经济的构造可以解释成当代全球经济具有很多限制的模拟,这种限制是因为技术落后,运输和交流成本比现在高。因此,建模者在时间上越向前回溯,劳动分工就可能越落后,同时,流通中的产品就越少。按现在的标准,在最早的经济体中交易的商品数量很少。历史周期与帝国的繁荣和衰落相连,但总体趋势还是很清楚的。

这种趋势为什么这么清楚?原因是全球经济中技术进步是不断积累的。就科技知识积累而言,每个持续的文明都是"站在前人的肩膀上"。但是,有些科技比其他科技更重要,如第八章的说明,运输技术的提高对降低运输成本非常关键。从全球系统的视角看,运输成本在一定程度上决定了当地给定产品的哪些种类将被标准化的全球产品所取代。通常,给定产品的每个种类都在当地市场生产和销售,而标准化的全球产品在整个世界范围内也只有几个区位生产。与此相似,通信技术进步降低了交流成本——特别是远距离的交流成本。国际商务的学者们已经认识到远距离交流成本对国际商务运营管理的重要性,尽管他们对远距离交流成本下降导致企业办公活动日益高度集中在劳动力成本较低的地理区位的方式不是很熟悉。相同的趋势鼓励了企业家的创新活动重新分布在信息交流专业化的枢纽中心,在这个中心能收集到全世界的信息,并对这些信息进行合成,用来指导有关全球标准化产品的创新决策。

10.2.4 社会因素与经济动机的融合

传统的观点认为,企业家的创新活动不仅受追逐利润的目标所驱动;同样的,也有大量的事实表明,跨国公司的管理者和工人也不仅被工资和薪金收入的渴望所激励。这说明物质动机只能解释经济体系中某些方面的活动。还需要考虑道德和社会因素,这些因素对国际商务理论有重大的影响。例如,第五章解释的交易中的机会主义的作用被过分夸大,因为交易者没有对某种信息撒谎的动机;还可能需要补充的是,即使存在欺骗的动机,交易者也可能会抵制欺骗,因为道德和社会因素会约束他们的行为。这对内部化理论长期强调的企业边界在什么地方的问题有重大影响。在社会标准和道德标准很高的社会中,甚至会严格地要求人们遵守这些标准——即一个高度诚信的社会——正常交易中存在欺骗的可能性很低。没有机会主义则意味着把中间产品市场进行内部化的动机很小;但与此同时内部市场可以高效地运行,这是因为管理这些市场的管理者可能很诚实,并努力地工作。因此,内部市场和外部市场的交易成本都很低,内部化的决策就没有战略意义。另一方面,在社会和道德标准很低的社会,对遵守这些标准的要求也很低——即一个诚信度很低的社会——机会主义是一个很严重的问题。结果,外部市场的交易成本很高;同时,内部市场的交易成本也很高,因为管理者企图欺骗他们的雇主,同时逃避繁重的工作。由于这两种安排的成本都很高,在两者之间做出正确的选择就极其重要。因此,在一个诚信度很低的社会中,内部化的决策具有战略意义,这是高度诚信社会所缺乏的。

实际上,内部化的决策在国际商务中如此重要的原因在于国际贸易中的交易者之间的诚信比单纯国内贸易中的交易者之间的诚信度低;另一个原因是许多国际商务交易涉及技术转让,技术转让为欺骗提供了特别的机会。因此,国际技术转让是内部化决策最重要的一个领域。与此相反的是国内市场的交易成本比较低,而且在普通有形商品的交易市场中这些商品质量容易检测,例如在制造业中普通的中间商品可以从上游生产向下游生产传递。因此,巴克利和卡森(1976)所提到的国际技术转让的领域,与威廉姆森(1975)所提到的国内多阶段生产的环境相比,过分强调机会主义的危险在某种程度上是比较低的。

机会主义是一个重要问题,因此,能减少机会主义的道德和社会方法对企业来说是非常重要的。在诚信度低的社会中,这会使企业主投资建立自己的独特企业文化。这种文化可以通过合适的雇佣战略来加强,根据这种战略,企业可以从少数家庭或教育机构中雇用一些人,这些家庭或教育机构能培养传统的工作价值观,如诚信。然而,企业主需要注意他们向员工介绍企业文化的方式,"你应该努力工作,这样我们才能获得更多利润"的说法是不太可能有说服力的。但是,雇用一位极具个人魅力的高级主管,他不仅坚信企业产品的固有社会价值,并且用自己的实际行动和语言来表达这种社会价值,这就很有可能产生理想的效果。然而,企业主必须认识到在做出这种任命时他付出了额外成本,因为他必须允许这位主管按照自己的想法来安排日常工作。这位主管为了实现自己的社会责任,可能会亏本把产品卖给穷人。企业主允许这种行为的发生可能也是必要的,因为这可以使这位主管为了他所弘扬的价值观而获得赞誉。企业主没有这种利润的牺牲,就不能获得由于员工受到更好的激励所产生的更大收益。

利润牺牲的不同,可能与对不同类别员工实施的激励有关。对贫穷消费者的补贴对以获得工资为目的的员工有吸引力;对教育和医疗福利的补贴对有薪金收入的管理者才有更大的意义;而从研发预算中拨出一定比例的资金用于"开放式学术研究"则会对科学家、工程师以及其他科研人员产生重大的影响。

用这种方法提高员工工作热情的能力是企业竞争优势的一个潜在来源。受到更好激励的员工具有比较高的生产效率,受到更好激励的管理者会更加有效地利用公司的资源,受到更好激励的研发人员将具有更高的创新能力。国家的文化价值越弱,从公司文化中获得的价值就越大。

10.3 建模过程中的跨学科竞争

到目前为止,本书提出的系统观点主要是作为一种对跨国公司行为注入新思想的工具。系统的观点有助于解释为什么国际商务环境的改变会采取这种方式——即它不是从"黄金时期"结束时开始,而是从国际商务关系崛起的几个世纪之后才开始。因此,它有助于加深理解从事国际商务的企业为什么把自己转换成现在的形式。但是系统的观点还取得了另一个更大成功,就在于它对企业行为解释的基础和对全球体系中其他组织机制解释的基础是完全相同的,它们都是全球体系的一部分。组织机构处理波动性的原则,不仅适用于企业,而且适用于其他组织形式。类似的,道德和社会的力量能加强自发合作的理念,不仅能解释企业内部秩序的维持,而且能解释社会秩序其他方面的内容。

因此,系统的观点包括了国际商务运营的整个环境,通过适当的修改,能解释企业行为的原则,也可以解释政府、工会、雇主联合会、中小学、大学以及其他机构的行为;为了做出决策,这些机构通过处理信息来分配他们拥有和控制的资源。为了协调他们自己的决策与这个系统中其他组织的决策,他们都需要与其他机构进行交流。

例如,跨国公司第一次在某些国家投资时所做出的地理区位决策,在这个决策中传统方法可能只关注当地劳动力成本的重要性,同时也要认识到运输成本节约和关税的重要性;与这些成本节约相反,由于在海外投资而不是在国内扩张生产,也会产生额外的规模经济损失。然而,最近有关对外投资的研究开始关注区位决策中的其他因素。20世纪90年代全球市场波动性的增加,导致许多企业把投资经营从很多小市场中撤出。东道国的政策制定者更加关注那些能把外资企业留下的因素,政策开始从对外商投资的吸引急剧转向对外商投资的挽留。同时,这种趋势也反映在国际商务的研究中,当地组织机制之间的长期关系是诱使企业根置于某个特定地理区位的关键因素之一。

许多方法可以加强当地"根置"的优势。外资企业与东道国政府关系的质量,对防止税收上涨是很重要的;当地工会和当地雇主联合会关系的质量,对保证良好的劳动关系是很重要的,恶劣的劳资关系推动了劳动力成本的增加,主要是工人通过罢工威胁来增加工资,以及通过限制性的工作法规来降低生产率;政府、专业联合会和学校关系的质量,对确保当地实用合格的劳动力以及其他资源的充分供给也是非常重要的。在长期内保持这些关系的存在具有特殊的重要性。然而,如果不能在用于分析这个企业的框架中对其他类型的组织进行建模,对这些关系对企业表现的长期影响进行建模就是非常困难的。

对一个可能包含所有想象到的组织种类的全球体系进行建模的方法,必然是代表一个社会科学知识的特殊综合形式。它涉及两种不同的知识综合形式。一方面,它把不同范围内的理论观点整合到社会体系的性质之中;另一方面,它把不同国家和地区的研究整合到对单个全球单位的研究之中。因此,为了接受本书提出的全球系统方法的观点,就要接受组织机制的理论,这种理论能支持它形成综合性社会科学的基础。

对许多读者而言,接受这些观点可能太勉强了。反对的观点集中在过分重视本书中的一些经济学概念。对许多国际商务的学者而言,经济学——作为一种社会科学——只是一个"门外汉"。经济学家喜欢追求他们自己学科的发展,使本学科的发展独立于其他社会学科;他们通常忽视了社会学家、政治学家及类似学科学者的工作,同时把那些在经济学中已经证明成为定理的任何命题都看成是固定不变的。这种自大的态度为其他社会科学家对忽视经济学发展而感到公平提供了理由。

这两种态度都是错误的。如果社会科学的目标是解释不同类型组织机制是如何运行的,那么在理论上它必须对任何社会科学开放,从而提出任何给定组织机制是如何运行的思想。任何社会科学对某种类型的组织机制提出的垄断性解释都是一种错误。一套规则——如经济学的规则——只适用于社会科学的一个领域,如市场;而另一套规则——如政治学的规则——则适用于社会科学的另一个领域,如政府。这种思想使得根本不可能用一种相互一致的方法来分析两种现象,即政府与市场。比较好的方法是:那些能提出解释市场行为的规则的学者对规则进行修改,同时对这些规则进行概括并用于对政府行为的解释;与此同时,那些能提出解释政府行为的规则的学者对他们的规则进行修改,同时把规则应用扩展到对市场行为的解释。这两种方法之间的竞争可以建立一种有创造性的冲突,这种冲突的结果就产生了一套综合性的规则,这些综合性规则能解释这两种现象——政府的行为和市场的行为。

然而,这并不意味着开始出现的两种方法就一定会出现在最终的分析合成之中。实际上,这种情况最不可能发生。对内部一致性的需要说明这种合成可能是通过把这一套规则提升到一个相当抽象的层面上——把它们变成普遍的公理——而把另一套规则变成一套实用的临时规则,这套临时规则能说明那些普遍公理在特定情况下是如何解释的。这正是本书所采用的特定方法。经济学原理已经被分解成许多普遍的、抽象的、细小的核心原理——最为著名的是工具理性原理——同时它把来自于其他社会科学学科中的许多规则结合在一起,这些规则包括信息加工的高昂成本论——它来源于西蒙(Simon,1959)的认识科学和心理学——和每个人除了物质和自私自利的目标外还有道德和社会的目标的思想——它来源于社会科学和人类学。

这里描述的竞争过程有时会被指责成社会科学中的"帝国主义",特别是经济学家会被指控为帝国主义的代表,这归因于他们已采用的核心经济学原理以及把这些原理用于政治——例如"宪政经济学"(Buchanan et al.,1978)——和法律——例如法律经济(Posner,1981)——中的方式。然而,与类似于帝国主义的指责相反的是,一些社会科学家决定向经济学宣战,根据伊兹欧尼(Etzioni,1988)和其他学者的研究,社会经济学家们开始把社会学原理应用到主要的经济体制之中——例如市场(详细的分析见 Smelser and Swedberg,1994)。他们明确地指出在某种程度上市场和社会机制都有它们自己的习惯、程序和行为规范。换言之,市场都具有"社会根置性"的特征,像包括企业在内的其他任何经济组织机制一样(Granovetter,1985)。为了避免与经济学的残酷竞争,这些学者们已经用更加实用和贴切的术语重新表述了传统社会学的原理;同时,也通过激励经济学家对他们自己的学科所依据的基本原理进行重新检验,这种发展肯定能进一步促进对经济学的精炼。

同时也应该注意:经济学和社会学之间的冲突并不总是像各自站在自己立场上的主角所声称的那样严重。有一些命题,如"共同的利益能维持合作",在两种学科中都是相同的。而呈现在眼前的是,这些相似的命题可能被不同学科使用的不同术语隐藏了;当用不同的专业术语来表达时,这些相同的命题听起来就大不相同。一个综合性社会科学的另一个优势在于它可以避免复制:根据奥卡姆剃刀原理,每种命题只能描述一次。

如果存在某些标准能决定出谁是"胜者",那么为了建立一个综合性的社会科学而在不同学科之间进行竞争的概念才是有效的。如果每个学科对成功的衡量都有自己的标准,那么可以操纵这些标准以确保每个学科都能根据自己的标准获得胜利。关于如何评价不同理论的表现,这些社会科学间有重大的分歧。例如,实证主义论者认为客观事实可以在竞争的理论中进行区分;相反,其他对客观性和准确性持怀疑态度的学者则可能强调内在的有效性,甚至是对直觉的吸引力。经济学家倾向于实证主义,他们认为价格和数量是需要解释的主要事实;而社会学家对质量事实的解释更感兴趣,倾向于把关注重点放在内在的有效性上。社会学理论通常通不过经济学家的检验,因为它无法提供数量预测;而经济学理论通常通不过社会学家的检验,因为它一般缺少内在有效性。相对主义者认为应该根据当地的和临时的而不是全球的和绝对的基础来评价理论。相对主义很明显是一些人的临时避难所,这些人认为自己的理论是最优的,而且不愿意直接与那些认为其他理论最优的人直接竞争。因此,对于理论的竞争性评价,极端相对主义也是极端虚无主义。

因此,要想在一个综合性社会科学的建构过程中取得持续的进步,在评价上达成一致是必要的。一旦在评价上取得这些一致,每个学科就开始把以前一些基础性的具体规则进行通用化。在通用化实现的过程中,一些更为狭隘的和具体的规则不得不被摒弃,同时被更为通用的规则所取代。这些更为通用的规则可能是从其他学科中引进的,因为发现全新规则的范围是很小的。因此,竞争的过程对正在从事竞争的单个学科产生了转型影响。每个学科通过在新出现的分析理论合成中发挥特定的作用来加强自己的优势,这个特定的作用就是最合适的作用——即能体现比较优势的作用。

一种独特的专业化方式就是本书提出的应急合成理论所建议的方式。经济学的优势在于它的内部一致性,通过它的公理化方法就能取得这种一致性;心理学的优势在于它对信息处理的精神过程的理解;而社会学的优势在于它对情感互动分析的专业知识。如果每个学科都能发现自己的作用,其结果如上所述。来自经济学的理性行为规则被提升到很抽象的水平上,同时来自心理学的信息成本规则以及来自社会学的道德和社会激励规则使它具备了合格的条件。这两方面的资格都很重要,它们意味着理性行为规则对本书提出的全球系统观点中的行为有不同的影响,这种影响不同于其在传统经济学教科书中的影响。

如果承认理论进步通常来源于竞争,那么就会出现一些问题:例如,谁是主要的竞争者？他们的理论行为是如何表现的？哪种社会学科是本书提出的全球系统观点的主要竞争对手？如前所述,以下两节将分析两个主要的竞争对手。第一个就是迈克尔·波特(Michael Porter,1980,1990)的商务策略的方法。尽管这种方法整体上对社会科学的影响有限,但在商学院却是一个被广泛使用的教学框架,同时它对国际商务研究产生了重大的影响——例如通过哈默尔和普拉哈拉德的著作(Hamel and Prahalad,1994)。第二个就是由理查德·怀特莱(Richard Whitley,1992a,b)提出的针对全球经济的"国家商务体系"的方法。怀特莱的方法对反实证主义的观点进行了示例分析,那些反实证主义的观点对许多研究过国际商务问题的社会学家和社会人类学家来说都是相同的。其他竞争对手已经讨论过了,但是这两个案例研究足以提出主要的观点,特别是由威廉姆森(Williamson,1985)和诺思(North,1990)发扬光大的"新制度经济学"(Droback and Nye,1997)与本书提出的方法极为接近,因此,没有必要进行单独讨论。尽管还有许多重要的差别,但是绝大多数差别都是技术性的,而且都采取大量的空间因素来解释。

对这些模型的相对优点进行最终判断还不成熟,因为到目前为止它们中没有一种模型被详细地解释过；而且,根据所有不同学科使用的标准和这些方法可能保留的多样性,任何一种方法都不可能做得最好。然而,如果读者断定本书提出的方法在未来可能有很大的发展潜力,也不必感到惊奇。如果这种判断是正确的,就意味着在可以预见的未来全球系统的观点肯定会成为国际商务研究的主要方法。

10.4 波特的分析框架

波特的方法与本书的方法类似,在某种程度上它把概念从企业移植到其他类型的组织机制上,而不是正好相反。因此,波特在研究了企业的竞争优势之后(Porter,1980),就接着研究国家竞争优势(Porter,1990),在这项研究中他把以前提出来的用于企业策略分析的一些相同的策略概念应用到国家的分析之中。概念的简洁使用使波特能展示范围经济的重要性,它降低了读者对智力投入的要求,读者不再需要掌握两套不同的概念,更不需要把两者联系起来。

波特的方法与本书的方法还有一个相似点就是它以经济学为基础。然而,波特的语言非常含糊,而且与本书中的观点相比他的观点是不正式的。波特对比分析了"模型"和"框架"的区别。他把传统经济学的方法看成是建立模型,"这个模型能把竞争的复杂程度抽象成几个关键的变量,并对这些变量的互动进行深入分析"(1991,p.97)。"任何模型所得结论的运用性几乎都不可避免地受到限制,它们只能在那些符合模型假设特征的一部分企业或产业中应用"(1991,p.98)。波特用建立框架的能力来分析策略管理的过程。"然而,这个方法是建立分析框架,而不是模型。一种框架,例如用竞争性的力量来分析产品结构,就会包括很多变量,并且试图获得实际竞争中的一些复杂性"(1991,p.98)。这些分析框架类似于系统,它是为特定产业或企业量身定做的。"我自己的框架体现了优化的概念,但在这个词语的一般意义上却没有均衡的含义。相反,却有一种持续演进的环境,在这个环境中竞争对手之间的竞争性互动会永远发生。此外,在这个框架中许多变量之间的所有互动作用都不能严格界定"。

值得注意的是,波特的许多论述都是与产业建模相关,而不是与企业建模相关。产业是由许多企业构成,所有这些企业都生产相似的产品。因此,它们之间的交叉替代价格弹性是非常高的。如果这个产业是由少数企业构成的,那么寡头互动的正式建模是极端复杂的。因此,建立框架的理由就非常充分。波特更倾向于把自己分析的重点放在产业层面上,但相反的是他的许多追随者却把分析的重点集中在企业层面,即使在企业层面使用框架而不使用模型的理由是非常脆弱的。

在第二章、第三章和第六章提出的理性策略选择模型研究了与单个企业相关的策略管理理论提出的许多问题。研究结论说明:尽管一些策略管理研究的戒律是非常好的,但也有一些是不好的。策略管理的方法不能对给定条件下的所有替代策略进行检验,它只能集中地对在给定条件下看起来似乎直观可信的一些成对的替代策略进行比较分析。因此,从策略管理理论推导出的结论与从严格的经济学方法推导出来的结论相比可能具有误导性。

如前所述,经济学建模的一个重大优势是它的不言自明的方法,可以非常清晰地做出假设。在国际商务的模型中,必须详细说明每个企业面临的所有的可能策略,同时要清楚地说明每个策略的细节。运用这种严格的假设就是要尽可能地简化分析,简洁的分析能使逻辑更加透明,同时确保结论更容易理解。与此相反,波特并不总是能使他的假设更为明晰。一些故意把假设做得模糊不清的人就很容易批评那些把假设做得很清晰的人,因为前者能指出后者做出的与直觉相反的一些假设。当一些清晰的假设被放松以后,主要结论仍然能保持相当强的稳定性,这种概率通常被忽略。但是,让那些把假设做得很清楚的人去批评把假设做得模糊不清的人,这是非常困难的,因为前者并不真正地知道后者的假设是什么。因此,含糊的假设使模型创建者可以轻易地否定已经做出的任何具体的假设,而且可以轻易地宣称他们的含糊模型比清晰的替代模型看起来更接近现实。事实上,模糊不清的模型并不是一个真正可行的替代模型,因为只要关键的假设是模糊不清的,就不需要对逻辑看上去很好的模型做检验。

正如本书所强调的,工具理性在经济学方法论中发挥重要作用,它在国际商务理论中的作用就是预测企业选择给定策略的环境。理性的假设并不是一种被误导的心理,而是对简化实际需求的一种反应(Buckley and Casson,1993)。如果企业的目标是利润最大化,策略选择就受企业收益成本结构的影响,这是由企业的环境决定的。对这种环境关键特征的识别,就使得能用一种非常简洁的方式对企业的行为进行建模。利润最大化的假设和建模者对收益成本结构的限制共同决定了模型的预测结论。模型预测的失败可以通过对这些限制进行重新检验来解释,而不是抛弃最大化原理这一理论的核心。

进入理性选择经济理论中的变量并不是必须具有严格的经济性质,选入的标准就是能从理性行为的视角对其进行分析。这里有一个很好的例子就是第六章对国际合资经营的分析,这个例子中的经济要素,如市场规模,加上技术、法律、文化和心理的因素,就能建立一个令人满意的模型。

经济学的通用性肯定远远大于许多策略管理学家可能看见的通用性,经济理论的多样性可以反映在不断演进的方法上。对经济学批评者来说,经济学就是一个"移动的靶子"。在许多情况下很多批评者并不能跟上经济学发展的步伐。例如,这一主题的最新发展说明:现在对产业的动态分析比20年前波特第一次提出的分析框架更容易,特别是非合作博弈的理论现在被广泛地用于产业组织的研究,它可以处理波特对寡头分析所提出的许多问题(尽管不是全部)。实际上,可以这么认为:寡头竞争的概念在博弈论的背景之外并不能得到正式的详细解释。从这种意义上讲,在正式的博弈分析决定它们在逻辑上是否成立之前,从波特分析框架中所推导出来的结论仍然只是临时性的。

现在可以用第七章提出来的实物期权理论来正式地分析产业演进的动态过程。实物期权理论解释了管理者为什么比一般静态经济模型所提出的应该谨慎的态度更加谨慎。实际上,也可以这样说:对实物期权理论的直观理解就是企业竞争优势的一种关键来源。在做出一项投资决策时,一个愿意分析"上升机会"和"下跌风险"的高级管理者可能比通常采取乐观主义观点的人能获得更好的长期盈利记录,尽管乐观主义很可能与许多人对成功企业家的直观印象是一致的。因此,策略管理理论是不完全的,除非充分地考虑实物期权理论。由于实物期权理论已经通用化了,最容易的方法就是在正式的策略管理理论框架中分析实物期权理论。对单个企业而言这种正式的理论就类似于本书提出的理论,尽管对寡头产业来说这种正式的理论可能包含了非合作博弈论的一些因素。

总之,对于一些坚持对建立正式模型来处理策略问题的可能性持怀疑态度的策略管理学家,可以建议他们采用系统的观点。然而,这些批评更多的是针对波特的追随者,而不是针对波特本人。经济模型不仅是把每个人已经知道的事实进行合理化,建构经济模型的方法还意味着它们不仅能解释以前被设计用来处理的事实,而且有能力做出一些新奇的预测。对这些预测进行检验就会得出新的结论,这些新结论进一步对理论发展提供了新动力。经济学的能力就是重视以前没有注意过的现象,并且把对这些现象的解释和对已知现象的解释结合起来,这就是对模型成功的真正测量。通过比较分析发现,策略管理理论的预测通常过于含糊或模棱两可而最终不能产生新的实证研究和理论发展的新进展,因为它从开始以来就相当缓慢。

10.5 怀特莱的全球经济"国家商务体系"的方法

本书在开始时就注意到了20世纪70年代亚洲新兴工业化国家的竞争对西方国家带来的冲击,对这些国家的"经济奇迹"的常用解释通常都是根据国家文化来表达的。一些评论家甚至走得更远,在总体上把亚洲经济的崛起归因于所有这些国家共同的"亚洲价值观"。例如,森岛通夫(Morishima,1982)主要研究日本,他认为这些价值观的根源在于儒家伦理。

从政策的角度看,理解亚洲国家的国家商务体系与西方体系在哪些方面是不同的,显然非常重要。管理者和政治家都试图分析支持亚洲成功的"成功法则"(Zysman and Tyson,1983),以及这些成功法则(如果存在)是否能够移植到其他国家并取得成功(Gerlach,1992)。文化价值观的转移以及使其具体化的制度形式在历史上都有很好的记载,而且也得到了文化艺术和考古事实的有力支持。同时,许多美国人依然相信:他们自己传统的价值观,例如"法律下的自由",及其相关的民主制度在实践上一定能移植到每个国家。尽管如此,一些人认为亚洲价值观是不同的。这些价值观反映了某些种族族群的独特心理,而且不可能移植到西方人群之中。另外,它们反映的是对权威智慧的天真信赖,而这些在更加"现实"和愤世嫉俗的西方国家是不可能持续的。如果这些反对意见是正确的,那么在21世纪稳定的国际关系中它们不可能找得到应用的市场。

因此,对一个概念框架的社会需求是存在的,用概念框架有利于分析主题。最直接的方法就是基于这些简单的成见,运用了一系列的概念,如"盎格鲁-撒克逊公司"、"亚洲商务系统"、"地中海文化"、"中国资本主义精神"等(详细的例子见 Laurent,1983;Redding,1991)。一个极端的例子是 J 型企业概念,据说它是 20 世纪 70 年代日本经济成功的原因。复杂的分析支持了这种方法(Aoki,1984),但这是一个例外,而不是一个规律。例如,如果按照它的逻辑结论,这种方法说明中国的经济行为可以用它的 C 型商务体系来解释,而且韩国与中国相反,经济行为可以用韩国的 K 型商务体系来解释。当然,这种解释都是空洞无物的,因为它们仅仅是同义重复。

要恰当地满足解释的需求,必须发展一套概念和定义,这样相互一致的命题就能得到发展。在这一领域取得的贡献主要有沃格尔提出的非正式比较分析(Vogel,1991)、汉密尔顿和毕加特采用的正式比较分析(Hamilton and Biggart,1988)以及琼斯(Jones,1995,1997)和福斯(Foss,1997)的理论分析。

其中一个最巧妙的处理文化的方法是由怀特莱提出来的(Whitley,1992a,b),他有两本书分别研究了欧洲和亚洲的文化。下面的批评是针对他对亚洲的分析,因为这部分是与本书主题最相关的内容。怀特莱把全球经济视为不同文化单位的集合,每个文化单位都在追踪自己经济发展的历史根源路径。这与波特和本书所采用的方法相反,在怀特莱的分析中单个决策者的作用有限。当企业深受国家文化影响时,它们不可能理解它们面临的所有替代文化,唯一能理解的是有很多合理的原因而被合法化的它们自己的文化。因此,在相似的情况下来自不同文化的不同企业就会做出不同的行动。

怀特莱把分析的焦点集中在"国家商务体系"上,他把国家商务体系作为国家文化的体现。文化中许多共享的观念都与这个基本主题相关,如什么样的制度形式对经济活动的组织是最自然的。这些观念反映在一个国家的国家商务体系结构中,因此,对国家商务体系的研究就能显示许多支持它的国家文化。怀特莱并没有对国家商务体系给出一个简单定义。他只是通过描述这些体系的三种主要特征来间接地对它定义,这些特征分别为:

1. 占支配地位的企业类型;
2. 企业间高度信任的网络型关系相对于非个人市场关系的优点;
3. 组织中权威的来源及性质,特别是管理权威和工人下属的性质。

以上每个方面都被分割成许多离散的类型,这种方法可以使怀特莱对每个国家的事实进行概述,他把每个国家分配到三种不同特征的文化空间的特定区域中。文化空间的一些区域是有生命力的,而另一些区域则没有,每个有生命力的区域都有一种特殊的发展路径,没有一个区域明显优于其他区域。每一个国家都锁定在某个特定的区域,而且注定会按照这一区域的路径发展。

怀特莱通过分析这三种关键的特征来避免一维分析的过度简化——例如,儒家文化国家和非儒家文化国家之间的区别。另一种极端是,当每个国家能用与其他所有国家不同的方法来进行界定时,也可以避免已出现的每个特征的过度扩张。

怀特莱除了分析亚洲国家文化之间的相似性,还重点研究了国家文化间的差异性。他并没有讨论"亚洲价值",而是讨论国家价值。为了与前面提到的那种肤浅的成见作斗争,他正确地强调了分解的重要性。但是,他自己的分解却没有超过国家的层面。对国家经济分解有很多不同的方法(Räsänen and Whipp, 1992; Storper and Scott, 1995),但在怀特莱的分析中却没有指出一种重要的方法。

在大多数国家中,一方面中心城市之间存在着巨大的文化差异,另一方面在中心城市之外的地区之间也存在着巨大的文化差异。农村之间的差异可能来源于移民部落过去的定居方式,也可能来源于地理区位对农业生活或者是乡村生活性质的影响。对于经济表现而言,这些文化差异是相当重要的。地区层次上的面对面的交流显然比国家层次上的面对面交流更容易,而且在这个层面会产生大量的"网络",在第九章产业区域的讨论中已经提到这一点,地区文化可能会影响网络采取的形式。一些网络可能是开放的而且是外向型的,同时用于促进竞争;另一些网络可能是封闭的而且是内向型的,同时用于限制竞争。全球系统的观点认为文化在地区层次上的影响比在国家层次上的影响更容易看得见(参见 Casson, 2001,第七章)。

移民方式不仅与现在高度相关,而且也与过去高度相关。怀特莱研究的一些亚洲国家已经遭受了重大的民族冲突,特别是"海外华人"的商业社区与当地族群之间的冲突。尽管海外华人拥有巨大的财富,但是当地族群却掌握最强大的政治权力。实际上,在20世纪许多国家经常遭遇的文化冲击是令人印象深刻的——从使英国陷入困难的阶级冲突到使美国饱受痛苦的种族矛盾,再到导致欧洲各国爆发革命和内战的政治冲突。

不应该忘记国家政府在国防、法律和社会秩序方面应尽的基本责任。文化因素毫无疑问也对国内法制和外交政策产生重要影响,但是这并不意味着只有国家政府才能创造文化。文化的形成通常分布在不同的社会团体之中,而不能只依赖政府。民主的政府会通过对相互容忍度和个体权利的普遍尊重进行立法来反映这种多样性。而一个典型的极权政府则会为了促进一个文化集团的利益而操纵文化,拥有权力的文化集团会牺牲没有权力的文化集团的利益。因此,就政治稳定性而言,对替代政治体系合意性的信念是文化的核心内容。然而,这些信念并不是一些国家意识的必然组成部分,那些被不同集团所持有的关于国家政治的信念才是国家意识的组成部分。

一个更为严重的问题是关于产业间的差异。全球系统的观点认为从属于不同产业的人类团体之间的文化是不同的。因此,国家文化的存在只是部分地反映了经济的产业结构。这种特定产业的方法否定了C型、K型和J型体系的所有基本原则。相反,这些基本原则与组织形式有关,而这些组织形式在科学技术发展的特定阶段对特定的产业可能是最合适的。每个产业都有自己特定的功能性逻辑,是这种逻辑决定了管理的最优实践方式,同时决定了最优的所有权方式。因此,规模经济意味着每个国家的钢铁产业是由少数几个大型企业来支配的,而规模不经济则意味着印刷业通常是由大量的小企业构成的。总的来说,每个产业本身都有自己独特的"诀窍"(Spender,1989)。管理者通常知道这种"诀窍",而且乐于遵守这种方法,因为他们内心已经认为这是最适合他们的条件的方法。由自然资源禀赋、劳动力技能等决定的一个国家的比较优势,决定了哪些类型的产业支配了这个国家,也决定了什么类型的组织形式是这个国家的典型组织形式(Gray and Lundan,1993)。

怀特莱并没有打算把这种特定产业的观点融入他自己的分析之中。事实上,他不遗余力地批判特定产业的方法,认为不同国家中的相同产业是用不同的方法组织起来的,而相同国家中的不同产业是用类似的方法组织起来的。因此,在怀特莱的观点中,通常是国际的差异支配着产业间的差异;在他的眼中,一个国家企业的性质、企业之间制度安排的性质和权力结构,与产业"诀窍"是没有关系的;相反,他似乎建议要根据这个国家的历史来对它进行解释。总的结果是怀特莱严重地低估了他所研究的国家的文化多样性。

怀特莱以国家为核心的方法有另一个严重的问题,那就是国家商务体系会随时发生变化。对于亚洲经济体而言这是一个严重的问题,因为改变显然是怀特莱在书中精选的快速增长国家的主要特征。怀特莱认识到这个问题,同时他通过假设每个国家都有自己特定的动态变化来做出反应。因此,尽管国家经济的某些表面内容发生了变化,但是这些基本规则却没有发生变化——这些基本内容是不变的,而且把每个国家都锁定在自己特定的增长轨道上;而且在怀特莱看来,这些国家增长了,但并不是同时增长。它们在文化上保持相等的距离,甚至彼此隔离。显然,它们没有收敛在一起的趋势。根据20世纪90年代亚洲商务体系变化的方式,就可以得到这个强有力的结论。尽管亚洲的变化比许多西方评论家所预期的要慢得多,但可以肯定的是这些变化已经发生了。尽管亚洲体系和西方体系之间的收敛很慢,但是却难以与怀特莱的方法进行调和。

应该设计一种什么样的机制使每个国家都能保持在自己独特的发展轨道上

呢？怀特莱认为最有效率的方法就是以与过去做商务相同的方法来继续开展商务活动。创造新制度的成本是极其昂贵的——特别是这种创新是根本性创新的时候。新增的变化是相对便宜的,而且风险相对较小;当然完全没有变化是所有策略中最便宜的策略。但这只是这个问题的部分答案,并没有解释初始条件是如何产生的;而且怀特莱并没有正面解释这个问题。然而,却存在两种主要的可能。

第一种就是在一个国家过去的某个"决定性的时刻"设立了这种机制。这种决定性的时刻,如一场危机,可能暂时解放了这个国家通常很严格的制度框架。例如,面对侵略者的军事失败可能导致传统统治者的下台,同时新的精英会走上权力的前台;变化的时刻很快就会过去,尽管新的精英还需要很长的时间来巩固他们的地位。新领导者为了使新崛起的权力合法化而会重写历史,同时甚至可能会抹去以前政体的记录,从而把自己描绘成国家的创立者。如果这是怀特莱的观点,那么在他研究的这个国家的决定性时刻必须在很长一段时间之前就已经发生了,因为他写到亚洲商务体系所根置的国家文化在他们与西方建立经济联系之前很长一段时间就产生了。

第二种就是商务体系在对许多新增变化的反应中发展速度太慢,这些变化是非常小而稀少的,因此不能从最新事实中对其重建。尽管这种系统依然是很原始的,但它却相当有弹性,而且能调整它对从没有记载过的随机变化所做出的反应。但是由于随机变化变得更加复杂,系统也变得更加严格。这种社会组织就会演变成具有一套独特价值观和信念的"文明"。这种文明有一种逻辑——它有助于单个行动的合作协调。但是,这种文明的存在,不仅维持了功能价值的价值观和信念,而且维持了武断性很强的价值观和信念。在这种观点中,文化代表了"对过去的继承",但这种过去高深莫测而经不起严格的分析。

通过对比分析,特定产业观点中对变化的分析很容易受到影响,这是全球系统方法所偏好的。根据这种观点,亚洲第二次世界大战以后的增长起源于人口从乡村到城镇的大规模转移,把劳动力从农业转移到制造业;贸易自由化和国际运输成本的下降,叠加在一起影响劳动力供给的变化,并导致国际比较优势的重大变化(见第一章)。跨国公司认识到这一点,就在亚洲国家投资海外加工生产。很高的国内储蓄率,加上逐渐的金融管制放松和增加的资本流动性,使这些投资在利率很低的情况下就能得到融资。这些投资是高科技制造业中劳动密集型加工经营增长的主要动力,它进一步促进了出口的发展。

比较优势的转移把一国的经济环境与其产业结构联系起来,正如第四章和第五章所做的解释,同时信息成本的原理把产业结构与组织形式联系在一起。每个产业都面临一种独特的波动形式,同时为了对此做出反应它会按照一套独特的程序进行演进。这种演进的程序进而又受到独特的组织结构的支持。波动方式的任何变化,或者信息成本水平的价格变动都会诱导组织结构的变化。由于新的组织形式可以证明它的价值,文化的信念就会更新以反映新的现实,尽管它存在着时滞。当然,这种时滞越短,产业的发展就越好。

在分析中不变的是经济学原理,而不是国家文化,经济学原理影响了从比较优势基本动力和信息成本到制度形式的映射。变化的根源位于现在,而不是过去。每个国家的商务体系都会对变化的环境做出持续的调整,而且这种调整过程的初始位置对调整的速度和方向只能产生微弱的影响。

在产业特定的观点中,对调整速度的主要限制是设立新制度的巨大成本,以及随后要激励这个国家的公民尽可能地去充分利用已有的制度。制度是一种不可分割的资产,同时设立制度时会产生固定成本,而且废除这些制度时也可能会产生固定成本。在一套相互依赖的制度下,例如国家商务体系,不可分割性和不可逆转性是非常重要的。环境中任何单一的变化都不可能保证一定会导致变化,但是如果发生连续的变化,现有的制度问题就会累积起来,出现一个变化收益超过变化成本的点,因此,重大的变化就可能随时发生。这说明不一定要把制度变化中的明显时滞看成是仅仅由社会力量而不是经济力量所维持的惯性结果;相反,应该把它看成是基于调整成本的理性计算的结果。

较早注意到的是,尽管国家商务体系的概念对怀特莱的分析很重要,但是怀特莱从没有对它正式定义;他界定了三种变体的情况,但是并没有说明国家商务体系的功能。这个缺点是反对产业特定方法的另一个结果。因为他贬低产业间的差异,倾向于把每个产业和应用到的每个企业看成是"典型"产业或"典型"企业的微小复制品。他强调一国的劳动分工只是把一个大单位分割成小单位,这个大单位是国家,许多小单位则是单个企业。实际上,劳动分工是把整个经济分解成一系列独特的具有特定功能的单位——单个企业或产业,每个单位都有自己的特征:专利技术、单个商标名、特殊的管理经验等。不同的产业彼此互补,同时有大量的中间产品流动把它们连接在一起。受国家商务体系影响的合作协调的一个关键内容就是维持这些联系,通过降低中间产品市场的交易成本,就能保证国家经济的总体效益。由于怀特莱不能接受产业基础的异质性,他无法认识到国家商务体系在产业之间关系合作协调中的作用。

正如本书所强调的,国家经济运行所在的国际环境是一个持续的流动状态,经济越开放,就越容易受到外部经济冲击的伤害。长期而言,国家经济成功取决于它根据环境中发生的变化而重构内部劳动分工的能力。因此,在全球化持续发展而且相互依赖不断增加的世界经济中,对变化的需求是持续的。由于劳动分工的复杂性,不断地改变就是一项很困难的工作,它需要特殊的专业知识。

在混合经济中,例如亚洲的混合经济,重构的责任可以按不同的比例由政府和企业共同承担。政府负责制定总体"游戏规制"——例如决定竞争与合作间的平衡关系,同时,在出口市场上提供作为公共产品的智力;而企业负责与企业中的定价、产出和投资等相关的更为具体的事务。国家商务体系的许多重要功能中的一个功能是提供一个可以开展这些创新活动的有效率的框架。遗憾的是,由于他对劳动分工有相当多的限制,以及他强调的是停滞而不是变化,怀特莱从来没有真正抓住国家商务体系关键的内容。

怀特莱反对产业的观点,同时拒绝提出他的理论规则,似乎有一个共同的原因,就是社会科学研究中反对理性主义在意识形态上的承诺(关于这一点,请参见 Whitley,1984)。这种承诺要求他拒绝产业特定的观点,因为该观点的理性主义血统反映在它的效率驱动的逻辑上。同时这种承诺也要求他否认其观点是建立在理性行为的原则上,即使这些原则导致他做出了与全球系统方法的理性行为观点一样的结论。

怀特莱明确地认为社会理论比经济理论更有优越性,同时试图用他的书来证明这一点。像许多社会学家一样,他也希望强调社会的有机性;他反对能巩固传统新古典经济学的微观社会模型,强调合作协调的价值,同时反对竞争。他尊重亚洲社会,因为他在亚洲文化中看到了这种有机的思考,这是一种系统的思考;同时他在亚洲制度中也看到了合作的责任,他认为这种合作的责任在资本主义的西方国家中相当缺乏。他希望能通过证明经济表现也有社会根源来给经济学家一些打击,同时也希望有机的社会,如他研究的亚洲国家,能超越基于微观经济理论的西方社会。

在他比较黑暗的时刻,他似乎认为经济学是一种伪科学,所谓微观社会结构是有名无实的。他认为这种问题的根源在于它对理性的假设。不幸的是,关于这一点他是错误的。一些与理性相似的规则,类似的还有效率的概念,都是严谨的社会科学建模所不能缺少的。现代制度经济学十分清晰地说明了理性行为不仅能应用到社会微观个体,实际上,在交易成本的世界中理性行为也会直接导致怀特莱所赞扬的这种社会制度的创新。

令人遗憾的是怀特莱自己拒绝使用理性行为的建模方法,如果他使用了这种方法,他就可以用更为直接和简洁的方法来表达他的观点;现在已经认识到他的拒绝是出于局外人对理性行为规则使用所涉及的问题的误解,这一点非常令人遗憾。

国家商务研究向前发展的道路就是要改变——同时要把企业家作为改变的主体,要在国家商务体系分析中更多地突出企业家的重要作用。只运用理性行为的方法就能很容易地做到这一点;同时要认识到这种变化是持续的,要适应这种变化就必须持续地更新信息,有创新精神的制度也必须用一种更有效率的方法来更新信息。忽视变化并不能形成一个完整的制度理论,因为处理信息以及分配使用这些信息的自由都是制度的重要内容。只有把变化放在核心位置,同时也要认识到对这种变化的反应是一个有成本的过程,国家商务体系的理论才能得到充分的发展。

10.6 结 论

这一章评价了本书提出的全球系统观点的两种替代理论,评价的结果总结在表 10.1 之中。这个表提出了国际商务理论六种合意的性质,分别列在表的左列。

表 10.1 全球背景下国际商务行为分析三种替代方法评价的总结

	全球系统	策略管理	国家商务体系
规范化	强	中	弱
强调波动性	强	强	弱
企业家精神	强	中	弱
社会和经济要素一体化	强	中	中
产业竞争	弱	强	弱
文化	中	弱	强

在前面几章的讨论中已经重点分析了其中四种性质,第一个就是要把理论一般化,这意味着要用更加严谨的方法来解释理论。理论的假设必须清晰,同时要求用完全透明的逻辑过程把结论从这些假设中直接推导出来。比较理想的是应该尽可能地运用数学模型来检验理论的某些特例,即使整个理论可能过于一般化而不能方便地用数学术语来总结。全球系统的观点能完全满足这种标准,波特的竞争策略理论只能部分满足这种标准,而怀特莱的国家商务体系理论则根本不满足这种标准。

第二个就是要求理论必须清晰地分析波动性。不能认识到组织的存在主要是对波动做出反应,就不能充分地研究组织。组织成员在信息汇总集成上的合作就是为了更新对他们所控制的信息资源的分配,目的是对持续变化的环境做出反应。这一点可以应用到企业、政府和工会,实际上,也可以应用到全球经济体系中的各类组织。尽管怀特莱详细地讨论了各种不同的组织,但是他却从来没有提到这个关键点。他似乎认为组织的存在是不言自明的,同时假设组织结构是由历史传统决定的,而不是由他们需要满足的功能决定的。结果国家商务体系的方法在分析波动时被认为是很弱的。波特只重视波动性对企业竞争策略的影响;但毫无疑问,他也赞成波动性对企业组织结构的广泛影响。因此,和全球系统的观点一样,波特的方法在分析波动性时注定会成功。

组织最适合处理特定类型的波动,如持续随机过程导致的瞬间冲击流;它们不适合处理那些影响它们面临的波动种类的变化。这正是20世纪70年代西方企业所遭遇的问题,如第一章所述。波动类型的持续变化要求组织形式发生变化。现有组织要么适应,要么不能适应而最终死亡。例如,一个企业如果要生存,就必须进行重组,必须要建立新企业去取代那些过于刚性而无法改变的企业。竞争性的市场可以为这些改变提供激励,但是只有企业家才能对市场创造的激励做出反应;具有远见的企业家能认识到改变的需要。清楚地认识到企业家精神是完善这个理论的第三个要求,也正是在这里全球系统的观点才能展现它最大的优点。它能在组织内部对波动的常规反应和能导致组织自身改变的即时反应做出清楚的区分。

波特对企业家精神的研究方法是含糊不清的。一方面,他写的关于竞争策略的一些内容——特别是产业动态进入和退出的内容——只能看做是实战企业家的"初级读物";另一方面,为了将竞争性策略简化成一套人人都能遵守的戒律,他否定了即席创新所有重要方面的内容,而这正是上述企业家精神的核心内容。如果产业中的每个企业都从表面上遵从波特的戒律,则会产生一些奇怪的结果。正是因为有能即时发挥聪明才智的企业家才避免了这些奇怪的结果。结果,必然可以判断波特在企业家作用的分析上只能取得一般的成功。

无论如何,怀特莱在这一领域都没有取得成功。他的系统和组织的观点只强调了静态而不是变化,"过去的不散的阴魂"贯穿了怀特莱的整个著作,这直接与他对企业家的忽视有关。如上面的提示,怀特莱有关亚洲经济著作的最大悖论在于他通过强调没有发生实际变化的因素来解释它们已经取得的巨大经济变化。他不能识别亚洲企业家精神在经济成功中所起的作用,因为他的国家商务体系的静态视野没有给企业家留下空间。

这个理论第四个合意的特征就是把社会因素和经济因素结合起来。波特过分依赖传统经济学的工具包,他对公司行为社会层面的强调有限。然而,理论框架的弹性意味着其他人可以把组织行为的观点整合到他的方法之中;但是由此而生产的理论还没有一般化,仍然很难把经济学理论和社会学理论结合起来。因此,策略管理的一些最新研究表明:在对待竞争对手的态度上具有高度理性的管理者在处理与他们同行的关系上可能高度不理性。这种观点可能体现了一些有用的见解,但是并不能说是一种合适的管理行为的理论,除非能正确地界定理性与非理性之间的边界,同时也能更加全面地解释这两种行为模式间的转换性质。因此,根据这种标准策略管理理论的得分只能是中等。

怀特莱也只能获得中等的成绩,但是却有不同的原因。他自己的理论是基于社会学而不是经济学,因为致力于经济现象的研究,他有义务吸收社会学的观点来实现这个目标。怀特莱的问题是他没有充分地吸收社会学观点。究其原因,即使是用来分析经济现象,他也不接受经济学的合法性,这一点相当奇怪。他试图单方面地把社会学理论扩展到经济学领域,这意味着在某些情况下他只能"白费力气地重复工作"——其结果有时被他用不熟悉的术语表达所隐藏了。如果他执行的结果是成功的,他可能重新塑造整个经济学,在用统一的方式来表达社会学和经济学的所有观点方面将会取得重大的进步。但事实上他只能重新创造少量的主题,像竞争优势和信息成本这样的关键概念他根本就无法重新创造。结果它们只能被忽略,同时亚洲经济增长的重要方面依旧不能得到解释。尽管怀特莱在企业理论上取得了一些中等成绩,但是他的经济社会学理论依旧很不完善,即使有可能得到完善,能否与经济学理论一样精炼也是值得怀疑的,因为他反对理性行为的规则。但是并不能对这个问题做出最终的判断,除非这两个方面的研究都完成了。

至此,一些读者可能反对这些偏好于全球系统的观点的评价,同时它也是以经济学为基础的方法,因为到目前为止用于评估这些理论的四个标准和全球系统观点打算取得的质量是相符的。也可以这样说,这是一个很好的理由,即波特和怀特莱谁都没有特地打算创建一个全球经济系统的理论,因此,他们的理论显然会低于这些标准。公正的评估应该会充分地考虑各种替代理论所想要取得的目标,表10.1余下的两个标准就是致力于解释这个问题的。

第五个标准反映了波特理论的重要优点——对产业动态的分析。必须承认全球系统观点在分析产业动态上是很脆弱的,在第二章、第三章、第六章和第七章中提出的正式模型都重点研究单个企业。关于与其他企业互动的问题,主要是合作而不是竞争的关系——例如,其他企业都是合资经营的合作方、分包商和被许可方。

第六个标准反映了怀特莱理论的主要优点——对文化的研究。文化显然包括在全球系统观点之中,但是只在一个有限的程度上。公司文化激励员工的重要作用在本书的几章中均简单地提及,但没有任何系统的方法。怀特莱似乎认为在经济学理性行为的框架下是不可能全面分析文化的,但是在其他地方可以证明这是错误的(Casson,1991;2000,第一章)。根据领导者和追随者之间的互动关系——领导者制定价值观和信念,同时追随者分享这些信念,可以从理性行为的角度对文化进行分析。这种互动关系能产生效率上的收益,因为它利用了价值观和信念这种"公共产品"的性质。然而,要系统地应用这些观点,就必须考虑它们的影响,不仅仅是对企业的影响,而且是对地区和国家政府的影响;实际上是对构成全球系统的每一种类型的机构的影响。

因此,可以明确的是全球系统观点的发展仍然不完善,这也是本书副标题为什么是"一个新的研究议程",而不是"一个新理论",仍然有大量的工作需要完成,其中一些工作是相当含糊的,从企业动态向产业动态移动,从公司文化向国家文化移动。这是一项高风险的研究,通过概念创新把它推向理论前沿。还有一些工作可能是技术性的——通过更多地放松它们的一些限制性假设,来提炼本书提出的这些模型,例如增加国家的数量或者企业的数量;这项工作的风险相对较小,但同样要求以自己的方式来完成。为了增加刺激性,还有一些来自于替代研究议程的持续竞争性的挑战,它们可能来源于国际商务的内部,也可能来源于国际商务的外部。上面分析的竞争性理论是已经建立的竞争性理论,新的竞争性理论还可能会出现。例如,一些人可能会在不久之后提出混沌全球动态模型作为国际商务的基本。

之所以需要新议程,是因为旧议程已经完成了它的工作。根据国际商务对关键事实的解释能力以及与管理和公共政策的相关性,已经证明它是应用经济学最成功的领域之一。这种优势需要通过新议程来维持,对新议程来说,旧议程是一个很好的"跳板",国际商务的进展最有可能来自于已经建立的基础,而不是为了支持全新的东西而拒绝它们。本书已经开始证明这是可以做到的。

参考文献

Aoki, M. (ed.) (1984) *The Economic Analysis of the Japanese Firm*, Amsterdam: North-Holland

Buchanan, J.M. *et al.* (1978) *The Economics of Politics*, London: Institute of Economic Affairs

Buckley, P.J. and M. Casson (1976) *The Future of the Multinational Enterprise*, London: Macmillan

Buckley, P.J. and M. Casson (1993) 'Economics as an imperialist social science', *Human Relations*, **46**(9), 1035–1052

Casson, M. (1991) *Economics of Business Culture: Game Theory, Transaction Costs and Economic Performance*, Oxford: Clarendon Press

Casson, M. (2000) *Enterprise and Leadership: Studies on Firms, Markets and Networks*, Cheltenham: Edward Elgar

Drobak, J.N. and J.C. Nye (eds) (1997) *The Frontiers of the New Institutional Eco-

nomics, San Diego: Academic Press

Etzioni, A. (1988) *The Moral Dimension: Towards a New Economics*, New York: Free Press

Forrester, J.W. (1971) *World Dynamics*, Cambridge, MA: Wright-Allen Press

Foss, N.J. (1997) 'Understanding Business Systems: An Essay on the Economics and Sociology of Organisation', Copenhagen Business School, Mimeo

Gerlach, M.L. (1992) *Alliance Capitalism: The Social Organisation of Japanese Business*, Berkeley, CA: University of California Press

Granovetter, M. (1985) 'Economic action and social structure: the problem of embeddedness', *American Journal of Sociology*, **91**, 481–510

Gray, H.P. and S.M. Lundan (1993) 'Japanese multinationals and the stability of the GATT system', *International Trade Journal*, **7**(6), 635–653

Hamel, G. and C.K. Prahalad (1994) *Competing for the Future*, Boston, MA: Harvard University Press

Hamilton, G.C. and N. Woolsey Biggart (1988) 'Market, culture, and authority: a comparative analysis of management and organisation in the Far East', *American Journal of Sociology*, **94** (supplement), S52–S94

Jones, E.L. (1995) 'Culture and its relationship to economic change', *Journal of Institutional and Theoretical Economics*, **151**(2), 269–285

Jones, E.L. (1997) 'China's strategic preferences', *Agenda*, **4**(4), 495–504

Laurent, A. (1983) 'The cultural diversity of Western conceptions of management', *International Studies of Management and Organisation*, **13**(1–2), 75–96

Meadows, D. et al. (1974) *The Limits to Growth: A Report for the Club of Rome's Project on the Predicament of Mankind*, 2nd edn, New York: Universe Books

Morishima, M. (1982) *Why has Japan Succeeded?: Western Technology and the Japanese Ethos*, Cambridge: Cambridge University Press

North, D.C. (1990) *Institutions, Institutional Change and Economic Performance*, Cambridge: Cambridge University Press

Porter, M.E. (1980) *Competitive Strategy*, New York: Free Press

Porter, M.E. (1990) *The Competitive Advantage of Nations*, London: Macmillan

Porter, M.E. (1991) 'Towards a dynamic theory of strategy', *Strategic Management Journal*, **12** (special issue), 95–117

Posner, R.A. (1981) *The Economics of Justice*, Cambridge, MA: Harvard University Press

Räsänen, K. and R. Whipp (1992) 'National business recipes: a sector perspective', in R. Whitley (ed.), *European Business Systems: Firms and Markets in Their National Contexts*, London: Sage Publications

Redding, S.G. (1991) *The Spirit of Chinese Capitalism*, Berlin: de Gruyter

Schumpeter, J.A. (1934) *Theory of Economic Development* (trans. R. Opie), Cambridge, MA: Harvard University Press

Simon, H.A. (1959) 'Theories of decision-making in economics and behavioural sciences', *American Economic Review*, **49**, 253–283

Smelser, N.J. and R. Swedberg (eds) (1994) *The Handbook of Economic Sociology*, Princeton, NJ: Princeton University Press for the Russell Sage Foundation

Spender, L.C. (1989) *Industry Recipes: The Nature and Sources of Managerial Judgement*, Oxford: Basil Blackwell

Storper, M. and A.J. Scott (1995) 'The wealth of regions: market forces and policy imperatives in local and global context', *Futures*, **27**(5), 505–526

Vernon, R. (1966) 'International investment and international trade in the product cycle', *Quarterly Journal of Economics*, **80**, 190–207

Vogel, E.F. (1991) *The Four Little Dragons: The Spread of Industrialization in East Asia*, Cambridge, MA: Harvard University Press

Whitley, R. (1984) *The Intellectual and Social Organisation of the Sciences*, Oxford: Clarendon Press

Whitley, R. (ed.) (1992a) *European Business Systems: Firms and Markets in their National Contexts*, London: Sage

Whitley, R. (1992b) *Business Systems in East Asia: Firms, Markets and Societies*, London: Sage

Williamson, O.E. (1975) *Markets and Hierarchies: Analysis and Anti-trust Applications*, New York: Free Press

Williamson, O.E. (1985) *The Economic Institutions of Capitalism*, New York: Basic Books

Zysman, J. and L. Tyson (1983) *American Industry in International Competition – Government Policies and Corporate Strategies*, Ithaca, NY: Cornell University Press

索 引

（页码为原书页码，见译文边际处）

A

Academy of International Business　国际商务学会　1
acquisitions, foreign market entry　收购，海外市场进入　33
adjustment costs, reducing　调整成本，降低　17
affection, network relations　影响，网络关系　261
Africa, technology transfer　非洲，技术转让　8—9
agglomeration　集聚　276
ambiguities, in theorizing　模糊，在理论构建中　97
Annual Conference of the Academy of International Business (1998)　国际商务学会年会(1998)　228
artisan entrepreneurs　手工艺企业家　273
artisan production　手工艺产品　238
Asia　亚洲
　　labour market flexibility　劳动力市场弹性　10
　　national business systems　国家商务系统　294—295
technology transfer　技术转让　7—8
UK manufacturing　英国制造业　12—13
assumptions, economic modelling　假设，经济建模　292
assurance costs　担保成本　67
asymmetric linkage costs　不对称连接成本　89
Austrian school, IB studies　奥地利学派，国际商务研究　228—235
autocratic management　独裁式管理　107, 154

B

Bayes' Rule　贝叶斯法则　111
Behavior　行为
　　meta-rational　超理性　101
　　real options　实物期权　189
behavioral theory　行为理论　95
Black-Scholes pricing formula　布莱克-斯克

尔斯定价公式　195
bonding, network relations　连接,网络关系　261
boundaries, of firms　企业边界　3
　　flexible　有弹性的　14—16
　　fuzzy　模糊的　14
　　see also system-wide organizations　另见全系统的组织
bounded rationality　有限理性
　　concept of　（有限理性）的概念　94—96
　　illusion of　（有限理性）的幻觉　96—98
brain drain　人才外流　250
business, link with universities　企业,与大学的联系　12
business networks　商务网络　263—264

C

call options　看涨期权　193
capital accumulation　资本积累　232—233
central information　中心信息　155
centralized co-ordination　中心协调　125—126
change　变化
　　forecasting　预测　16—17
　　industry specific view　产业特定视角　299—300
　　tracking, information gathering　跟踪,信息搜集　118
childhood experiences, network relations　儿时经历,网络关系　261
civilization　文明　299
co-operation, network relations　合作,网络关系　261
co-ordination　协调
　　global systems　全球系统　58—59,71—74
　　intermediate product flow　中间产品流动　125—127
　　MNEs　跨国企业　117
　　Networks　网络　255,273
coal mining　煤矿开采　241
communal relaxation　公共休闲　261
communication　交流
　　division of labor　劳动分工　150—153
　　innovation in　（交流的）创新　245—246
　　in networks　网络中的　255
communication costs　交流成本　67
　　analysis of　（交流成本）分析　113—114
　　decentralization　分散化　153—156
　　external　外部的　108—111
　　internal　内部的　106—108
　　location-specific　特定区位　68—69
　　technology　技术　284
communitarians　共产主义者　21
comparative advantage　比较优势　11
competition　竞争
　　economic modeling　经济建模　278,286—291
　　firms' boundaries　企业边界　62—63
competitiveness　竞争力
　　policies to restore　（竞争力）恢复政策　11—13
　　search for national　寻求国家（竞争力）　10—11
compromise strategies, IJVs　国际合资经营中的妥协策略　24—25
consultative management　咨询式管理　19,107—108
continuous time models　连续时间模型　196
contracts　合同
　　dishonesty in information　信息欺诈　258
　　enforcement of　（合同）执行　276
contractual options　合约式期权　194

in IB　国际商务中的（合约式期权）
　　　201—204
control, observational error　控制，观测误差
　　144—146
correlation, decision procedures　相关性，决
　　策程序　138—139
costs　成本
　　bounded rationality　有限理性　97
　　entry strategies　进入策略　44
　　linkages　连接　67—70
　　marketing　市场营销　71
　　production　生产　70—71
　　R&D　研发　70
　　see also communication costs　另见交流成本
creative destruction　创造性破坏　282
cultural differences　文化差异
　　communications costs　交流成本　68—69
　　encoding and decoding messages　编码和解码的信息　153
　　false information　虚假信息　258
culture　文化
　　distrust of monopoly　对垄断的不信任　13
　　foreign market entry　海外市场进入　34
　　IJVs　国际合资经营　173
　　Whitley treatment of　怀特莱的文化方法　295—297, 305—306
customers, dialogue with　消费者，与消费者对话　108—111
cybernetic models, systems thinking　控制论模型，系统地思考　279—280
cyclical instability, industrial capitalism　循环不稳定性，工业资本主义　231

D

decentralization, communication costs　分权，交流成本　153—156
decision procedures　决策程序
　　correlation　相关性　138—139
　　technology　技术　157
decision-making　决策
　　accumulation of experience　经验积累　113
　　entrepreneurship　企业家精神　265—266
　　information for strategic　信息策略　17—18, 130—132
　　meta-rationality　超理性　101—103
　　rational　理性的　100—101, 129
　　synthesis of information　信息合成　132—134, 151—152
decisiveness　决断力　134—138
decoding messages　解码的信息　153
deferred decisions　延期决策　5, 191—192
defining moments　决定性的时刻　298—299
delayering　机构扁平化　20, 22, 248
demand uncertainty　需求不确定性　204—207
deposit costs　储蓄成本　130
diagnostic skills　诊断技术　145
diagrammatic analysis, IB evolution　图解分析，国际商务的演进　235, 237—246
dialogue, with customers　与消费者的对话　108—111
diffusion　扩散
　　of knowledge　知识（扩散）　249—250
　　technology transfer　技术转让　7—9
dis-integration　去一体化　14—15, 248
discrete choice models　离散选择模型　66, 91, 129
discrete-time models　离散时间模型　196
dishonesty　不诚实
　　contract information　合同信息　258

network relations　网络关系　260
takeover raids　掠夺性收购　22
distribution, economic evolution　分配,经济演化　248—249
distribution hubs, equipment　分销枢纽中心,设备　214—216
diversity, networks　多样化,网络　255
division of labour　劳动分工
　　communication　交流　150—153
　　functional and spatial dimension　功能和空间维度　235—246
　　information processing　信息加工　98
　　joint decision-making　共同决策　101—102
　　dominance relations　支配关系　45—47
downsizing　裁员　20,22,248
dynamic analysis　动态分析　23—24,27

E

eclectic theory　折中理论　1,31
economic logic　经济逻辑　133
economic modeling　经济建模　5
　　efficiency judgments　效率判断　161
　　interdisciplinary competition　跨学科竞争　278,286—291
　　new analysis techniques　新分析技术　23—26
　　see also Porter; Whitley　另见波特;怀特莱
economic motivation, social factors　经济动机,社会因素　284—286
economic system, evolution of　经济系统演变　237—246
economic theory, rationality　经济理论,理性　99
economics, conflicts, sociology and　经济学,冲突,与社会学　289

economy, system-wide view　经济,全系统的观点　232
efficiency, institutional arrangements　效率,制度安排　255
embeddedness, advantages of local　嵌入性,局部嵌入的优势　287
emotional mechanisms, networks　情感机制,网络　259—262
encoding messages　编码的信息　153
engineering networks　工程网络　260
engineering trust　工程信托　20—21
entrants, foreign markets　进入成员,海外市场　35—38
entrepreneurial networks　企业家精神的网络　6
　　international aspect　国际因素　256
　　international trade　国际贸易　267—273
　　location of high level　高层次的区位　274—276
entrepreneurs　企业家
　　firms' boundaries　企业的边界　62
　　psychology of　(企业家)心理　233—234
entrepreneurship　企业家精神
　　anti-theoretical stance　反理论的立场　6
　　Austrian and Schumpeterian schools　奥地利和熊彼特学派　228—235
　　competitiveness　竞争　12,304
　　global systems view　全球系统的观点　281—284
　　internal　内部的　19,20
　　judgemental decision-making　判断性决策　265—266
equilibrium theory　均衡理论　232
equipment, international hubs　设备,国际枢纽中心　214—216
ethical factors, network relations　伦理因素,网络关系　259—262

ethnic tensions, Asian countries 伦理冲突, 亚洲国家 297
evolutionary models 进化的模型 96
evolutionary theories, of the firm 企业的进化理论 143—144
exchange of threats 威胁的交换 35
experiences 经验
    decision-making 决策 113
    network relations 网络关系 261
experimentation 实验
    information gathering 信息搜集 146
    learning by 实验学习法 113
explicit information 显性信息 107
external communication 外部交流 108—111
external linkages 外部连接 88—89

F

face-to-face communication 面对面的交流 260
factory system 工厂体系 241
false information 虚假的信息 257—258
FDI see foreign direct investment FDI, 参见海外直接投资
financial options 金融期权 193—195
firm size, entrepreneurship 企业规模, 企业家精神 234—235
firm-specific competitive advantage 企业特定竞争优势 11
    flexibility 弹性 19—20
firms 企业
    bounded rationality 有限理性 94—96
    flexible boundaries 弹性的边界 14—16
    fuzzy boundaries 模糊的边界 14
flagship firms 旗舰企业 128
flexibility 弹性
    costs of （弹性）成本 20—21

firm-specific competitive advantage 企业特定竞争优势 19—20
firms' boundaries 企业边界 14—16
information gathering and volatility 信息搜集和波动 223—224
internal organization 内部的组织 16—18
labour market 劳动力市场 10,13
location 区位 18—19
    production, MNEs 生产，跨国企业 217—223
    to evade monopoly 规避垄断 13—14
    volatility 波动 4—5,9—10
flexible systems, evolution of 弹性系统的演进 281—284
flows, economic evolution 流动, 经济演化 247
follow firms 跟随企业 128
foreign direct investment（FDI） 海外直接投资
    foreign market entry 海外市场进入 44—45
    information capture 信息获取 24
foreign market entry 海外市场进入
    contractual options 合约式期权 201—204
    demand uncertainty 需求的不确定性 204—207
    historical development, theory 历史发展, 理论 32—35
    model 模型
    discussion of results 结果讨论 51—52
    features of （海外市场进入）的特征 31—32
    formulation of （海外市场进入）的公式 35—40
    implications for research 研究的意义 53

solution of （海外市场进入）的解决方法 41—51
scale and reversibility 规模和可逆性 207—208
format model, IJV selection 设计模型,国际合资经营选择 175—177
 applications 应用 182—184
 extensions 扩展 184—185
 generalization of results 结果的一般化 185—186
functional differences, networks 功能差异,网络 255
functional dimension, division of labour 功能维度,劳动分工 235—236
fuzzy boundaries, firms 模糊边界,企业 14

G

game theory 博弈论 293
geographical costs, transmitting information 地理成本,信息传递 106
geographical distance, linkage costs 地理距离,连接成本 68
global systems 全球系统
 innovation 创新 174—175
 modelling 建模 23
 possible system strategies 可能的系统策略 71—74
 see also system-wide organizations 另见全系统的组织
globalization 全球化
 linkage costs 连接成本 86—87
 volatility 波动 25
Godric, Saint 圣·戈德里克 237
golden age, end of 黄金时代的结束 7—9
goodwill 商誉 88
greenfield ventures 新建合资企业 33,45,46

H

hierarchies, networks 层级结构,网络 271—273
high-level networks 高层次网络
 democratic nature of 民主的本质 274
 interlocking groups 内部锁定的集团 265
 location of entrepreneurial 企业家精神的地理区位 274—276
high-trust networks 高度信用的网络 256,259
high-trust society 高度信用社会 284
history, theory and 历史,与理论 5—6
host-country rivals 东道国竞争对手 38—40
hub strategy 枢纽中心策略
 global markets 全球市场 25—26
 real options 实物期权 214—216,217
human nature, entrepreneurship 人性,企业家精神 233—234

I

IB see international business IB,参见国际商务
IJV see international joint ventures IJV,参见国际合资经营
immigration, Asian countries 移民,亚洲国家 297
imperialism 帝国主义 242—243,264,288
incompetence, false information 失职,虚假信息 258
independence, decision-making 独立性,决策 138
industrial capitalism, cyclical instability 工业资本主义,循环的不稳定 231
industrial dynamics 产业动态 305

industrial revolution 产业革命 241—242

industries, modelling 产业,建模 291—292

industry specific view 产业特定的视角 298,299—300

inequalities, optimal choice 不等式,最优选择 134

information 信息
    as by-product 作为副产品的(信息) 146—148,151,158,224
    capture, FDI (信息)获取,海外直接投资 24
    decision-making 决策 130—132
    flexibility 弹性 16—18
    flows, international trade 流动,国际贸易 269,270
    organization, MNEs 组织,跨国公司 117—118
    quality control 质量控制 257—259
    rational decisions 理性决策 99—100

information costs 信息成本
    decision-making 决策 102
    global systems view 全球系统的观点 279—281
    judgemental decisions 判断性决策 282
    linkages 连接 67—69
    reducing 降低(信息成本) 17
    theory, MNEs 跨国公司理论 117
    transaction costs 交易成本 119—122

information economics 信息经济学 129—132

information gathering 信息搜集
    by observation 通过观察(搜集信息) 146—147
    investments 投资 209—211
    memory 记忆 113
    sequential process 时序过程 100—101

tracking change 跟踪变化 118

volatility and flexibility 波动与弹性 223—224

information processing 信息加工
    division of labour 劳动分工 98
    organizational structure 组织结构 123—124

information technology, new 新信息技术 156—157

inland commerce, development 内陆贸易,发展 238—239

innovation 创新
    clustering, IB 集群,国际商务 231
    in communications 交流的(创新) 245—246
    creative destruction 创造性破坏 282
    global economy 全球经济 174—175
    MMMs 做市商型跨国公司 128
    product cycle phenomenon 产品周期现象 249
    Schumpeterian typology 熊彼特主义的分类方法 234
    sources of (创新)来源 247—249

instrumental rationality 工具理性 99,292

integrated social science, global systems 集成的社会学,全球系统 287—290

integrity 完整性
    decline in (完整性)的降低 20—21
    intermediators 协调者 276

intermediate product flow 中间产品的流动 125—127

intermediation, international trade 调解,国际贸易 271

intermediators 协调者
    entrepreneurs as 作为协调者的企业家 266
    integrity 完整性 276

internal communication　内部交流　106—108

internal linkages　内部连接　69,88

internal markets　内部市场
　　firms' boundaries　企业边界　63—64
　　opening up　开放　15

internal organization, flexibility　内部组织，弹性　16—18

internalization　内部化
　　foreign market entry　海外市场进入　32—33
　　linkage costs　连接成本　69
　　optimizing　优化　74—77
　　strategic choice, IJVs　策略选择，国际合资经营　171—174

internalization theory　内部化理论　65,91

international business (IB)　国际商务
　　Austrian and Schumpeterian schools　奥地利和熊彼特学派
　　common ideas and concepts　普遍的观点和概念　232—233
　　complementarity of perspectives　互补的视角　234—235
　　limitations of perspectives　视角局限性　233—234
　　national to global perspective　从国家视角到全球视角　230—232
　　studies　（国际商务）研究　228—229
　　evolution　（国际商务）演进　235—237
　　diagrammatic analysis　（国际商务）演进图解分析　237—246
　　lessons of history　（国际商务）演进的历史教训　246—249
　　future research　（国际商务）的未来研究　249—250
　　methodological issues　（国际商务）的方法论问题　278—306

networks　（国际商务）网络　254—276

real options in　（国际商务）中的实物期权　189—226

research agenda　（国际商务）研究议程　2—7

use of IJVs　国际合资经营的使用　182—184

see also global systems　另见全球系统

international joint ventures (IJVs)　国际合资经营　161—162
　　advantages of　（国际合资经营）的优势　16
　　compromise strategies　（国际合资经营）的折中策略　24—25
　　foreign market entry　海外市场进入　34,40
　　format model　设计模型
　　　application of　（设计模型）的应用　182—184
　　　extension of　（设计模型）的扩展　184—185
　　　generalization of results　（设计模型）结果的一般化　185—186
　　　market size and volatility　市场规模与波动　177—182
　　　of selection　（设计模型）的选择　175—177
　　innovation　创新　174—175
　　internalization, strategic choice　内部化，策略的选择　171—174
　　production hubs　生产枢纽中心　25—26
　　real options　实物期权　211—214
　　strategy set　策略集合　167—171
　　typology of　（国际合资经营）的分类　162—167

international trade　国际贸易
　　development of　（国际贸易）的发展

239—240

entrepreneurial networks 企业家精神的网络 267—273

internationalization theory 国际化的理论

interpersonal communication costs 人际交流成本 106

intertemporal optimization 跨期优化 190

investments 投资
    demand uncertainty 需求的不确定性 204—207
    information gathering 信息搜集 209—211
    international hubs 国际枢纽中心 214—216,217
    scale and reversibility 规模和可逆性 207—208
    timing of （投资）时机 201—204

irrationality 非理性 96

irreversibility, real option theory 非可逆性,实物期权理论 192—193

J

joint decision-making 联合决策 101—102

joint ventures *see* international joint ventures 合资企业,参见国际合资经营

judgemental decision-making 判断性决策 265—266,282

K

knowledge transfers 知识转移 249—250
    asymmetries （知识转移）的不对称 89
    linkage costs （知识转移）的连接成本 68,70

L

labour market, flexibility 劳动力市场,弹性 10,13

labour migration, skilled 熟练劳动力移民 250

laissez faire, flexibility 自由放任,弹性 19

law, moral values 法律,道德价值观 263

leaders 领导
    decision-making 决策 102
    moral authority 道德权威 263

leadership, charismatic 领导力,魅力 19

learning, rational 学习,理性 111—113

learning organizations 学习型组织 19—20

legal system, impartiality of British 法律制度,英国式的公正 264

legislation 司法
    competitiveness 竞争力 11—12
    cultural factors 文化因素 297

licensing agreements, IJVs 许可证协议,国际合资经营 170—171,172

linkage costs 连接成本
    globalization 全球化 86—87
    types （连接成本）的类型 67—70

linkages 连接
    external and internal 外部的和内部的（连接） 69,88—89
    firms' facilities 企业的设施 59
    information gathering and flexibility 信息搜集与弹性 224
    location strategy 区位策略 71—74
    see also triangle problem 另见"三角形"问题

local information 区位信息 155

local markets 当地化的市场 237—238

location 区位
    global systems 全球系统 59,71—74
    high-level networks 高层次网络 274—276

location decisions, modelling 区位决策,建

模 286—287

location-specific costs 特定区位成本 68—69

locational flexibility 区位弹性 18—19,20

logical transparency 逻辑透明度 97

low-trust society 诚信度很低的社会 284

lower-level networks 低层次网络 256

M

managerial revolution 管理革命 246

manufacturing sector, development 制造业部门,发展 241—242

maritime trade 海上贸易 239—240

market centers, entrepreneurs 市场中心,企业家 275

market opportunity, use of symptoms 市场机遇,症状的使用 145

market research, costs 市场研究,成本 120

market size, and volatility, IJVs 市场规模,与波动,国际合资经营 177—182

market structure, foreign market entry 市场结构,海外市场进入 34—35

market system 市场系统
    agglomeration 集聚 276
    firms' boundaries 企业的边界 61—62

market-making multinationals (MMMs) 做市商型跨国公司 127—129,158,283

marketing 市场营销
    costs (市场营销)成本 71
    MMMs 做市商型跨国公司 158,283
    organizational structure 组织结构 122—125

marketing expertise, IJVs 市场营销专业知识,国际合资经营 162—165

marketing strategy, external communication 市场营销策略,外部交流 108—111

Marxism 马克思主义 230

mass production 批量生产 243—244

mathematical proof, decision-making 数学证明,决策 133

membership, networks 成员,网络 256

memory 记忆
    economics of （记忆）经济学 139—141
    information gathering 信息搜集 113
    procedures （记忆的）程序 104—106

memory costs 记忆成本 104,130

mercantilist policy 重商主义政策 250

merchants 商人
    economic evolution 经济的演化 248
    international trade 国际贸易 269,270—271

mergers 兼并
    foreign market entry 海外市场进入 33
    IJVS 国际合资经营 168—170,174

meta-rationality 超理性 101—103
    external communication 外部交流 110
    organizational theory 组织理论 114
    procedures and routines 程序与日常惯例 103—104

metallurgy 冶金术 240

methodological issues, in IB 国际商务中的方法论问题 278—306

methodology, systems perspective model 方法论,系统视角的模型 66

middle-level networks 中间层次网络 274

migration, diffusion of knowledge 移民,知识扩散 250

military metaphors 军事暗语 261

military-industrial nexus 军工产业相联系的 240—241

mineral evolution 矿物演变 240—241

mining technology 采矿技术 241,243,248

mirror image strategy 镜像策略 72—74

mobility, entrepreneurial 流动性,具有企业家精神的 275
monopoly, flexibility to avoid 避免垄断的弹性 13—14
moral values 道德价值观
    functionally useful 在功能上有益的 262—264
    lack of （道德价值观）的缺乏 21
motivation 动机
    military metaphors 军事暗语 261
    non-pecuniary 非金钱的 6
multinational enterprises (MNEs) 跨国公司
    flexible production 弹性生产 217—223
    information cost approach 信息成本的方法 117—159
    models of （跨国公司）的模型 1—27
mutual insurance, IJVs 互助保险,国际合资经营 173

N

nation-specific competitive advantages 国家特定竞争优势 11,291
nation-states, moral values 民族国家,道德价值观 263
national business systems 国家商务系统 6—7,294—302
national champions 全国冠军(企业) 8,183
negotiation, decision-making 谈判,决策 102
neoclassical theory, firms 新古典理论,企业 60
network firms 网络型企业 14,128
networking, importance of 网络化的重要性 6
networks 网络 15—16
    concepts and definitions 概念和定义 256—257
    economic approach to （网络的）经济学方法 254—256
    emotional mechanisms 情感机制 259—262
    geometry of （网络的）几何形状 273—274
    high-trust relationships 高度信用的关系 259
    moral values 道德价值观 262—264
    overlapping and interlocking groups 重叠和内部锁定的集团 264—265
    see also entrepreneurial networks 另见具有企业家精神的网络
new information technology 新信息技术 156—157
non-contractual options 非合约式期权 194
non-pecuniary motivation 非金钱动机 6
non-production activities 非生产活动 33

O

observation, information gathering 观察,信息搜集 146—147
observation costs 观测成本 113,130
observational error, symptoms and control 观测误差,症状与控制 144—146
opportunism 机会主义
    economic motivation 经济动机 284,285
    transaction costs 交易成本 119—120,125
optimal choice 最优选择 134
optimization, real options theory 优化,实物期权理论 190
option pricing, techniques of analysis 期权定价,分析技术 195—201
option value, sequential procedures 期权价值,时序过程 134—138
organizational behaviour, procedures 组织行

为,程序 105
organizational memory 组织记忆 105—106
organizational structure 组织结构
    changes in （组织结构）的改变 3—4
    communication costs 交流成本 154,155
    flexibility 弹性 16—18
    information costs 信息成本 157—158
    marketing and procurement 市场营销与采购 122—125
    volatility 波动 4
    see also restructuring 另见重建
organizational theories 组织理论
    logical flaws 逻辑缺陷 97—98
    meta-rationality 超理性 114
ownership, global systems 所有权,全球系统 59

P

patent rights 专利权 172
path dependence 路径依赖 148—150
PC suppliers 个人电脑供应商
    economics of memory 记忆经济学 140—141
    information as by-product 作为副产品的信息 147
    information economics 信息经济学 130—132
    MMMs 做市商型跨国公司 128—129
    sequential investigation strategy 时序投资策略 135—138
    synthesis, decision-making 合成,决策 152
periodization, IB 周期化,国际商务 236
persistent information 持久的信息 141, 142,143
planning versus prices 计划与价格 60—61,64
policies, competitiveness 政策,竞争力 11—13
political differences, linkage costs 政策差异,连接成本 68
Porter, IB modelling, 波特,国际商务建模 278,291—294,302—303,304,305
Positivists 实证主义者 289
price advantage, Asian products 价格优势,亚洲产品 8
primary production, technology 初级生产,技术 248
privatization, flexibility 私有化,弹性 12
probabilistic statements 概率论 100
procedures 程序
    memorizing 记住 142—143
    memory 记忆 104—106
    meta-rationality 超理性 103—104
procurement, organizational structure 采购,组织结构 122—125
product cycle 产品周期 249
product flow 产品流动
    co-ordination of intermediate 中间产品的协调 125—127
    international trade 国际贸易 267,268
product markets 产品市场
    firms' boundaries 企业的边界 63
    IB modelling 国际商务建模 281—282
production 生产
    costs 成本 70—71
    flexibility, MNEs 弹性,跨国公司 217—223
    IJVs 国际合资经营 166
    information-cost approach 信息成本的方法 124
    locational flexibility 区位弹性 18—19
    MMMs 做市商型跨国公司 129

specialization 专业化 245
system-wide costs 全系统的成本 62—63
production hubs 生产枢纽中心 25—26
equipment 设备 214—216
profit equations 利润等式 41—44
profit sacrifice 利润上的牺牲 285
profit-maximization 利润最大化 161,175—177,293
propensity, entry strategies 倾向,进入策略 48—51
psychology, entrepreneurs 心理学,企业家 233—234
put options 看跌期权 193
putters-out 包出制的雇主 273

Q

Quakers 贵格会 263—264
quality control, information 质量控制,信息 257—259
quantitative information 定量的信息 156—157

R

rational action 理性行为 302
rational choice models 理性选择模型 292
rational economic man 理性经济人 233
rational learning 理性学习 111—113
rationality 理性
　defined 界定的 98—101
　see also bounded rationality; metarationality 另见有限理性,超理性
real options 实物期权 189—190
　deferred decisions 延期决策 5
　and financial options 与金融期权 193—195
　flexible production, MNEs 弹性生产,跨国公司 217—223
　hub strategy 中心枢纽策略 214—216,217
　IJVS 国际合资经营 211—214
　investment, information gathering 投资,信息搜集 209—211
real option theory 实物期权理论
　principles of (实物期权理论)的原则 190—193
　strategic management 策略管理 293—294
reflection 影响 260
regions, attractive to entrepreneurs 地区,对企业家有吸引力的地区 275
reinvention, versus tradition 再投资,与传统 141—144
relativism 相对主义 289
relaxation 放松 260—261
religion, organized 有组织的宗教 263
reputation, transactors 声誉,交易 120—121
reputation mechanisms 声誉机制 258—259
research, foreign market entry 研究,海外市场进入 53
research agenda, IB 研究议程,国际商务 2—7,278
research and development (R&D) 研发(R&D)
　collaboration, IJVs 合作,国际合资经营 165
　costs 成本 70
　flexibility 弹性 16
　location strategy 区位策略 72
　MMMs 做市商型跨国公司 283
resource flows, network co-ordination 资源流动,网络协调 257

resources, substitution 资源,替代 280
respect 尊重
    incentive to earn 赢得(尊重)的激励 262
    network relations 网络关系 260
restructuring 结构重组
    mixed economies 混合经济 301
    MNEs 跨国公司 13—14
retrieval costs (信息)检索成本 130,140
reversibility, investments 可逆性,投资 207—208
rigid equipment 刚性设备 214
ripple effects, shocks 涟漪(微波)效应,冲击 9—10
routine, concept of 日常惯例的概念 94
routines 日常惯例
    knowledge-base, firms 以知识为基础的(日常惯例),企业 95—96
    meta-rationality 超理性 103—104

S

sanctions 制裁 263
satisficing, concept of 满意度的概念 94
scale, investments 规模,投资 207—208
Schumpeterian school, IB studies 熊彼特学派,国际商务研究 228—235
self-employed artisans 自雇工匠 273
self-respect, emotional reward 自我尊重,情感回报 260
sequential procedures 时序程序
    information gathering 信息搜集 100
    option value 期权价值 134—138
    path dependence 路径依赖 148—150
service economies 服务经济 10
shadow prices 影子价格 60—61
shared experiences, network relations 共享的经验,网络关系 261

shareholder capitalism 股东资本主义 21—22
shocks, ripple effects 冲击,涟漪效应 9—10
small business, entrepreneurship 小型企业,企业家精神 235
social events, relaxation 社会事件,放松 260
social factors 社会因素
    economic motivation 经济动机 284—286
    network relations 网络关系 259—262
social science, global systems 社会科学,全球系统 287—290
sociological theory 社会学理论 4,289,301—302,305
spatial dimension, division of labour 空间维度,劳动分工 235—236
specialization 专业化
    economies of (专业化)经济 233
    production (专业化)生产 245
specificity, lack of, IJVs 缺乏特定性,国际合资经营 172—173
stages models, foreign market entry 阶段模型,海外市场进入 33
static analysis 静态分析 23,26—27
steam power 蒸汽动力 241
stocks, economic evolution 股票,经济演化 247
strategic management 策略管理 292,293—294
strategies 策略
    co-ordination, global system 协调,全球系统 71—74
    foreign market entry 海外市场进入 42,43
    IJVS 国际合资经营 24—25

market size and volatility 市场规模和波动 177—182
switching between 策略间的转换 24
techniques of analysis 技术分析 23—24
strategy set 策略集合
    foreign market entry model 海外市场进入模型 41
    IJVS 国际合资经营 167—171
structure, systems perspective model 结构, 具有系统视角的模型 66—67
subcontracting 分包 14,46
subjective beliefs 主观信念 100
subjective probabilities 主观概率 131,138
subsidiaries 子公司 34
subsistence economies 维持生存的经济 237
substitution, market economy 替代,市场经济 280
sunk costs 沉没成本 192—193
switching 转换
    costs (转换)成本 219
    partners, IJVs 合作伙伴,国际合资经营 174—175
    strategies 策略 24
symptoms, observational error 症状,观测误差 144—146
synthesis 合成
    decision-making 决策 132—134,151—152
    of information through networks 通过网络的信息(合成) 257
system-wide organizations 全系统的组织 2,58—60
    conclusions 结论 90—91
    historical background 历史背景 60—63
    model 模型
    applications 应用 86—87
    extensions 扩展 87—90

outline 框架 66—71
updating 更新 63—66
summary 总结 279—286

T

triangle problem 三角形问题
    numerical example, solution 数值化的例子,解决方案 80—86
    optimizing internalization 最优的内部化 74—77
    scope for simplification 简化的范围 79—80
    solutions 解决方案 77—79
system-wide view 全系统的视角
    economy 经济 232
    IB 国际商务 247
tacit information 隐含信息 154—155
    communication costs 交流成本 106—107
takeover raids 掠夺性接管或并购 21,22
tariff, EU 关税,欧盟 12—13
technological expertise 专业技术知识
    accumulation of (专业技术知识)积累 283—284
    IJVs 国际合资经营 162—165,172
technological innovation 技术创新 128
technology 技术
    economic evolution 经济演化 247,248
    patent rights 专利权 172
    proprietary product 专利产品 244
technology transfer 技术转让
    Africa 非洲 8—9
    Asia 亚洲 7—8
    international 国际的 285
theory, and history 理论,与历史 5—6
theory of teams 团队理论 117,254
tradable assets 可交易的资产 194—195
trade 贸易

by sample　通过样品（贸易）276
　　liberalization　（贸易）自由化　9,245
　　obstacles to　（贸易）壁垒　266
　　see also international trade　另见国际贸易
tradition, versus reinvention　传统，与再发明　141—144
transaction cost analysis　交易成本的分析　118
transaction costs　交易成本　67—68
　　information costs　信息成本　119—122
　　transfer costs　转移成本　67,68
transient information　瞬间信息　140—141, 142,152
transportation, innovation in　运输方式上的创新　245—246
triangle problem　三角形问题
　　numerical example, solution　数值化的例子，解决方案　80—86
　　optimizing internalization　内部化的优化　74—77
　　scope for simplification　简化的范围　79—80
　　solutions to　（三角形问题）的解决方案　77—79
trust, economic motivation　信任，经济动机　284—285

U

uncertainty　不确定性
　　decision-making　决策　129
　　demand conditions　需求条件　204—207
　　rational choice　理性选择　112
　　real option theory　实物期权理论　190—191
　　technological expertise, IJVs　专业技术知识，国际合资经营　172
uninational firms　单一民族（国家）的企业　3
universities, link with business　大学，与商务的联系　12
unlearning　不学习　20

V

vengeance mechanism　复仇机制　259
versatile equipment　多功能的设备　214, 215
vertical integration　纵向一体化　14
Vienna　维也纳　228
virtual firm　虚拟企业　14
volatile environments, entrepreneurial decision-making　波动环境，具有创新性的决策　265—266
volatility　波动　4—5
　　demand for flexibility　对弹性的需求　9—10
　　global systems view　全球系统的视角　279—281
　　globalization　全球化　25
　　information gathering and flexibility　信息搜集和弹性　223—224
　　and market size, IJVs　与市场规模，国际合资经营　177—182
　　MMMs　做市商型跨国公司　158
　　modeling　建模　23

W

wait and see approach　"等等看"的方法　189
Walrasian theory　瓦尔拉斯理论　232,280, 281
Whitley, IB modeling　怀特莱，国际商务建模　278,294—302,305—306
wind-power　风能动力　241

译后记

随着经济全球化的发展,国际商务活动的范围不断拓宽,传统的国际贸易、国际投资和国际金融理论不能全面深入地解释国际商务活动中的一些现象,这就需要理论工作者不断进行理论创新和理论融合。

2006年初,当我获得国家留学基金委的资助,准备到英国雷丁大学做访问学者的时候,我的导师陈继勇教授叮嘱我要多关注该校商学院(现在改名为亨利商学院)跨国公司理论方面的著名经济学家邓宁教授和马克·卡森教授的理论。我全面系统地研究了这两位教授的著作,发现中国学界对邓宁的生产折衷理论耳熟能详,对马克·卡森的跨国公司理论则并没有深入了解。而马克·卡森和彼得·巴克利的著作《国际商务经济学:一个新的研究议程》不仅从另一个角度拓展了跨国公司的经济学理论,而且把企业的研发、生产、知识产权许可、市场分销、对外贸易和对外直接投资等国际商务活动行为结合在一起,建立了国际商务活动的一般经济理论。这本书的理论内容体现了跨国公司理论的创新,也体现了国际商务理论的融合。

2006年底,我在马克·卡森教授的指导下学习跨国公司及国际商务经济学的相关理论,并与他讨论了把本书翻译成中文出版的事宜;与此同时,陈继勇老师在了解了这本书的内容之后,立刻联系了北京大学出版社经济与管理图书事业部的主任林君秀,林主任爽快地答应了出版这本书的中文翻译版。2007年底我回到武汉大学之后,就开始着手翻译工作,本书最初的翻译由邓烈烈、郝群花、雷欣和金田等人参加。翻译工作在2008年到2009年曾一度中断,2010年暑假的两个月里我在家中进行全书的集中翻译和逐字校对,最终完成了本书的中文文稿。

本书的顺利出版得益于北京大学出版社相关部门的支持。首先要感谢的是北京大学出版社的林君秀主任,当翻译工作遇到障碍时,林君秀主任及时与我沟通并给予了很多鼓励,才让我最终把本书的翻译完成。还要感谢张静波编辑,是他联系并协助出版社的版权部门获得了该书的中文翻译版权;也要感谢马霄编辑,她细致的工作让我领略到北京大学出版社科学严谨的态度和对学术的尊重。

最后,也要感谢教育部第二类特色专业建设点项目《国际经济与贸易国际化人才培养》(项目号:TS2291)的资助。

肖光恩

2011 年 4 月于武汉大学经济与管理学院